rowohlt
BERLIN

Petra Gerster
Christian Nürnberger

STARK FÜR DAS LEBEN

Wege aus dem Erziehungsnotstand

10/10/03

Rowohlt · Berlin

Ein Projekt der Moutasser Medienagentur

1. Auflage März 2003

Satz aus der Ehrhardt PostScript PageMaker bei Pinkuin Satz und Datentechnik, Berlin
Druck und Bindung Clausen & Bosse, Leck
Printed in Germany
ISBN 3 87134 464 8

Die Schreibweise entspricht den Regeln der neuen Rechtschreibung.

Wieder unseren Kindern Livia und Moritz gewidmet, die es «voll bescheuert» finden, dass ihre Eltern noch ein Buch zur Kindererziehung schreiben mussten: «Weil einen die Leute dann immer so angucken, ob man sich auch gut benimmt – total nervig.»

INHALT

Ein geheimer Zauber 9
Unser Mann fürs Katzenklo 12
Stark für das Leben 19

ERZIEHUNG – WAS IST DAS?
Vom nacktarschigen Affen und den Genen 29
Eine unendliche Geschichte 35
Eltern – allein zu Haus 43

DIE FAMILIE
Schicksalsjahre 53
Futter fürs Gehirn 59
Moik, die Egerländer und ich 71
«Dann schlafen wir eben unter Brücken» 79

WER KÜMMERT SICH?
Hauptamtliche Mütter, egoistische Powerfrauen 87
Wie viel Mutter braucht das Kind? 96
Geständnisse eines Hausmanns 108
Die Profis kommen 117

SPRACHE – UNSER GENERALSCHLÜSSEL
Flucht aus dem Schweigen 127
Lesen macht frei 136
«… auch wenn ich nur eine Gans bin» 141
Der Genius spricht 146
Wie kamen wir jetzt von der Katze auf Johannes Gross? 152

DER TANZ DER NEURONEN
Worte für den Embryo 165
Sport macht schlau 172
Geigen statt Gameboys 180
Das Leben in die Schule holen 185

WAS UNS WIRKLICH WICHTIG IST
«Sieht freundlich drauf von fern ...» 197
Das Buch, ohne das man nichts versteht 203
Eine Flucht und die Folgen 211
Ach, die Werte 221
«Mit Verlaub, Sie sind ein Arschloch» 230
Vorbilder 240
Nachwirkungen einer Großmutter 246

ANMERKUNGEN 265

EIN GEHEIMER ZAUBER

Immer wenn Malfoy auftritt, wird es kalt. Streit liegt in der Luft, die Stimmung verdüstert sich, es riecht nach Kampf. Malfoy ist zwar erst elf Jahre alt, aber schon ein aggressiver Schnösel. Er hat gelernt, mit großer Bugwelle aufzutreten.

Seine Arroganz und sein kalter Machtwille speisen sich nicht aus Leistung, sondern aus dem Hochmut, den ihm seine Eltern einimpften: «Du bist etwas Besonderes, dir ist alles erlaubt, weil deine Familie zu den besten des Landes gehört.» Aus diesem Bewusstsein wächst sein Ego, und das bleibt nicht ohne Folgen.

So sehen wir Malfoy an seinem ersten Schultag mit erhobenem Kopf durch Schloss Hogwarts schreiten, das Internat, in dem er jetzt leben wird. Alle anderen Mitschüler sind ein wenig verunsichert, eingeschüchtert, wie man sich eben so fühlt, wenn man jäh in eine neue Situation geworfen wird und unter lauter Fremden ist.

Auch die Neuankömmlinge Harry, Ron und Hermine stehen ein wenig befangen herum, als Malfoy auf sie zukommt, begleitet von Crabbe und Goyle, zwei dicklichen Fieslingen, die sich aufführen wie seine Leibwächter. Malfoy wirft einen abschätzigen Blick auf den rothaarigen Ron, spottet über dessen ärmliche Kleidung und stellt gleich klar, wer hier der Chef ist. Er will einen Keil treiben zwischen Harry und Ron, die sich eben erst angefreundet haben. Hermine beachtet er gar nicht.

«Du wirst bald feststellen, dass einige Zauberer-Familien besser sind als andere», sagt Malfoy zu Harry Potter, «du wirst dich doch nicht etwa mit der falschen Sorte abgeben?» Während er Harry seine Hand entgegenstreckt, fügt er hinzu: «Ich könnte dir behilflich sein.»

Für einen Augenblick hält man den Atem an. Wie wird Harry reagieren? Wird er einschlagen? Wird er Ron verraten?

Ängstliche Kinder würden einschlagen, denn dieser Malfoy, das erkennen sie sofort, ist stark. Ihn als Freund zu haben bedeutet Schutz und Dazugehören. Seine Hand auszuschlagen, das heißt Ärger und Ausgeschlossensein.

Harry riskiert den Ärger, schlägt aus und sagt kühl: «Danke, ich entscheide selbst, wer zur falschen Sorte gehört.» Das ist der Beginn einer wunderbaren Freundschaft zwischen Harry, Ron und Hermine, einer Bande, die gegen Malfoys «falsche Sorte» kämpft.

Eine eher beiläufige Szene aus dem Kinofilm über Harry Potter (im Buch spielt sie nicht auf dem Schloss, sondern im Zug), und doch fragten wir uns in diesem Augenblick unwillkürlich: Wie würden unsere Kinder sich verhalten? Können sie schon, wie Harry Potter, erkennen, dass Malfoy zwar stark erscheint, aber zur «falschen Sorte» gehört? Hätten sie den Mumm, seine Hand auszuschlagen?

Woher nimmt Harry Potter diese Stärke? Was brauchen Kinder, um die «richtige» von der «falschen Sorte» unterscheiden zu können und so stark zu werden, dass sie sich der Malfoys dieser Welt zu erwehren wissen?

Natürlich, wir reden hier nicht von realen Kindern, sondern von Märchenfiguren. Dieser Potter hat es einerseits schwerer als die meisten unserer Kinder, weil er ein Waisenknabe ist, dessen Pflegefamilie ihn unterdrückt. Gleichzeitig hat er es leichter, denn ihn schützt ein starker Zauber. Schon als Baby war er stark genug, einem Fluch zu widerstehen, der seine Eltern getötet hat. Und er wird noch immer bedroht. Aber jetzt hält Albus Dumbledore, der große Zauberer und Leiter der Schule von Hogwarts, seine schützende Hand über ihn, und zahlreiche Freunde aus der Zauberergemeinschaft achten sorgfältig darauf, dass Harry kein Leid geschieht.

Harry Potter hat es trotz seines harten Schicksals als Waisenkind märchenhaft gut. So wie ihn würden auch wir «Muggels», die wir leider nicht zaubern können, gerne unsere Kinder schützen. So einen Harry wünschen auch wir uns als Sohn. Doch haben schon viele Eltern mit ansehen müssen, wie stattdessen ein Malfoy heranwuchs.

Ist so etwas Schicksal? Liegt es an der Macht der Gene oder an der Erziehung? Haben wir Muggels wirklich keine Möglichkeiten, unsere Kinder gegen die Gefährdungen des Lebens zu immunisieren, als ob ein geheimer Zauber sie schützte?

Wir Eltern möchten, dass unsere Kinder mit traumwandlerischer Sicherheit durchs Leben gehen, und wissen doch: Dies gelingt kaum je einem Menschen, uns selber auch nicht. So kommt es darauf an, dass unsere Kinder, wenn sie irgendwann fast unvermeidlich auf die Nase fallen, die Kraft haben werden, wieder aufzustehen, sich nicht entmutigen zu lassen und ihren Weg erfolgreich weiterzugehen.

Können wir unseren Kindern diese Kraft geben? Was macht unsere Kinder stark für das Leben?

UNSER MANN FÜRS KATZENKLO

Es war irgendein Tag im September des Jahres 2002, das Datum haben wir schon wieder vergessen, aber das damit verbundene Ereignis nicht: Unser neunjähriger Sohn Moritz hatte seinen ersten richtigen Aufsatz in der Schule geschrieben, ganz ohne unsere Hilfe, und an diesem Tag kam er mit dem benoteten Aufsatz nach Hause.

Nun könnte man denken: Der Vater ein Schreiberling, die Mutter eine schreibende Moderatorin, da werden die beiden doch wohl ein bisschen Sprachgefühl an ihre Kinder vererbt haben.

Das hatten wir zunächst auch geglaubt. Bei unserer Tochter Livia schien alles nach Plan zu laufen. Für sie war Deutsch nie ein Problem, und wir hielten das für selbstverständlich.

Bis unser Sohn in die Schule kam. Das Einzige, was er einigermaßen gut konnte, war lesen, doch dieses Talent beschränkte sich aufs Videospielen mit «SuperMario». Um dort vorwärts zu kommen, war es nötig, ab und zu die Tipps auf hübschen Täfelchen zu lesen, die im Verlauf des Spiels immer wieder auf dem Bildschirm auftauchten. Also war es ungeheuer wichtig, lesen zu lernen – das blieb aber der einzige positive Effekt von «SuperMario».

Außer den Täfelchen wollte er nichts lesen, schon gar keine Bücher. Geschichten hörte er sich zwar gerne an, aber nacherzählen wollte er sie nicht, nicht mündlich, erst recht nicht schriftlich. Fernsehen wollte er stattdessen. Seine Rechtschreibung war anfangs miserabel und bessert sich seitdem nur langsam. Seiner Hausaufgaben entledigt er sich innerhalb von zehn Minuten, und so sehen sie auch aus. Dass er in der Schule nichts auf die Reihe kriegte, haben wir schon in unserem ersten Buch beschrieben. Es wurde besser, nachdem wir die Videospielkonsole auf den Speicher verbannten. Aber Moritz blieb unser Sorgenkind, entwickelte sich nicht so problemlos wie seine Schwester.

Wir vermuteten, er leide unter den Folgen eines frühkindlichen Traumas. Als er noch keine zwei Jahre alt war, hatte seine Mutter sich einem lebensgefährlichen chirurgischen Eingriff unterziehen müssen. So verschwand sie von einem Tag auf den anderen aus seinem Leben. In den drei Monaten, die sie im Krankenhaus verbrachte, wurde Moritz in der Verwandtschaft herumgereicht, bekam seine Mutter erst nach Wochen nur einige Male im Krankenhaus zu sehen. Und da erkannte er sie nicht wieder. Sie lag in einem Gipsbett, konnte sich nicht rühren, war von der Operation gezeichnet.

Dann kam die Mutter nach Hause, aber verhielt sich nicht so, wie eine Mutter sich normalerweise verhält – wenn zum Beispiel ein Baby die Ärmchen ausstreckt, um aus seinem Bett gehoben zu werden. Moritz' Mutter durfte ihr Kind nicht heben.

Ein paar Wochen später war sie wieder weg, musste in die Rehaklinik. Als sie zurückkehrte, lehnte Moritz seine Mutter ab, wollte nicht mehr zu ihr, war ganz auf den Vater fixiert, mindestens ein Jahr lang.

In der Folgezeit wirkte Moritz im Vergleich zu Gleichaltrigen in seiner Entwicklung zurückgeblieben. Er fing erst spät an zu sprechen, machte bis kurz vor der Einschulung noch viele Grammatikfehler.

Was sollten wir tun? Wir kümmerten uns sehr um ihn. Wir versuchten, so gut wir konnten, herauszufinden, was ihn wohl gerade interessieren könnte, und wollten dieses Interesse nach Kräften fördern.

So erzählten wir ihm von Dinosauriern, als er sich für Dinos interessierte, lasen ihm aus Dinosaurierbüchern vor, ließen ihn Dinosaurierfilme sehen, zeigten ihm das Dino-Skelett im Frankfurter Senckenberg-Museum. Das gleiche Programm wurde abgespult, als er sich für Ritter interessierte, dann für Reptilien, Fische, Schlangen, Frösche, Kaulquappen. Wir pflanzten Schilf im Gartenteich, setzten Goldfische hinein, Wasserschnecken, Süßwassermuscheln, Kaulquappen und beobachteten das Leben in diesem kleinen Teich.

Einerseits wollten wir für unser Kind eine anregende Umgebung schaffen, andererseits war es strikte Notwehr – eine gezielte Ablenkung von seinen «wahren» Bedürfnissen, welche sich in heftigem Verlangen nach Gameboys, Pokémons und Videospielen äußerten. So haben wir auch Haustiere angeschafft, um unsere Kinder vom Pokémon-Plunder abzulenken. Einen Hund hatten wir schon vor den Kindern. Als dieser starb, holten wir uns einen neuen, und dazu auch gleich zwei Katzen. Und jede Menge Hunde- und Katzenbücher.

Die wurden aber von unseren Kindern ignoriert. Wahrscheinlich dachten sie: Wozu Bücher über Hunde und Katzen lesen, wenn diese Viecher bei uns auf dem Teppich herumfläzen?

Tochter Livia las wenigstens andere Bücher. Moritz las gar nichts. Wir versuchten, ihn mit all unseren Überredungskünsten zum Lesen zu bewegen. Ohne Erfolg. Sagen, Märchen, biblische Geschichten, Abenteuergeschichten interessierten ihn nur, wenn wir sie ihm vorlasen. Selber lesen kam nicht in Frage.

Wollte er sich damit Zuwendung erzwingen? Fürchtete er, das Gutenachtritual werde ein Ende haben, wenn er selber läse?

Wir wissen es nicht, aber die Rettung kam durch Harry Potter. Als er den Film im Kino gesehen hatte, war er so beeindruckt, dass er das Gesehene noch einmal selber nachlesen wollte. Er las in wenigen Tagen den kompletten ersten Band. Danach den zweiten, den dritten und den vierten.

Und er versuchte plötzlich, so intelligent zu gucken wie Harry. Und mit seinem Freund Lukas, der äußerlich Ron ähnelt, schloss er Blutsbrüderschaft. Mädchen begegnet Moritz mit etwas mehr Respekt und Interesse, seit er gesehen und gelesen hat, dass es für einen Jungen durchaus nützlich sein kann, eine Freundin wie Hermine zu haben.

Seit über einem Jahr wartet Moritz nun auf den fünften Band. Zwischenzeitlich etwas anderes zu lesen kam aber nicht in Frage. Das wäre ja Verrat an Harry. Und außerdem ist es doch immer noch schön, abends im Bett vorgelesen zu bekommen. Die Gänsehautbücher sind derzeit die Favoriten.

Schon relativ früh merkten wir, dass ihn Dinos nicht nur begeisterten, weil es halt Mode war, sondern weil er ein fast wissenschaftliches Interesse entwickelte – nach der Dino-Phase dann für Reptilien, Insekten und allerlei Gewürm. Er konnte stundenlang im Garten Spinnen, Käfern, Maden, Raupen und Würmern bei der Arbeit zusehen. Immer wieder mussten wir ihn im Zoo zu Schlangen, Leguanen, Krokodilen, Skorpionen und Spinnen führen. Und zu den Fischen. Also kauften wir ihm Bücher über Fische, Reptilien und Insekten. Oh Wunder: Diese Bücher las er. Er schlug sie immer wieder auf. Las regelmäßig einzelne Dinge nach, hatte Fragen und versuchte, in den Büchern Antworten zu finden. Auf Reisen, im Urlaub mussten Zoos, Aquarien, Terrarien und naturkundliche Museen besucht werden.

Dann wollte Moritz unbedingt angeln. Eine Angel wurde angeschafft. Das störte zwar die tierliebe Mutter, aber darauf konnte keine Rücksicht genommen werden. Angelbücher, Angelzeitschriften: Moritz las alles gründlich. Wir gingen mit ihm angeln. Fingen nichts, aber das störte ihn überhaupt nicht, der Weg war das Ziel. Nur Livia hielt nichts davon. «Fische interessieren mich nicht», sagte sie kategorisch schon im Alter von fünf Jahren, «und Angeln schon gar nicht, das ist tiermörderisch und bescheuert», merkte sie fünf Jahre später an.

Im vergangenen Jahr entdeckte Moritz plötzlich seine Leidenschaft für Pflanzen. Er bekam sein Beet im Garten. Er hegte es und pflegte es, fuhr die Ernte ein, die aus fünf einzelnen Bohnen, sehr kurzen Karotten und verwurmten Rettichen bestand, und verkaufte alles teuer an seine Eltern. Sein kaufmännisches Gewinnstreben ist noch größer als seine gärtnerische Begabung.

Livia säte anfangs auch mit Begeisterung, aber dann überließ sie ihr Beet den Schnecken und der sengenden Sonne. Sie hört lieber Musik und hat darum keine Zeit fürs Gießen und für die Schädlingsbekämpfung. Die verschiedenen Interessen müssen also fein austariert werden. Das Leben in solch einer Familie ist eine beständige Übung in Toleranz – eine Übung, die auch den Eltern abverlangt wird.

Wie vermutlich alle Jungen interessierte sich auch Moritz besonders für tote Tiere und deren Verwesung, zumal unsere Katzen für eine kontinuierliche Belieferung mit Mäusen, Siebenschläfern und manchmal auch Ratten und Vögeln sorgen. Diese Leichen wurden von Moritz und seinen Freunden mit dem Messer aufgeschlitzt und untersucht. Wir duldeten es.

Andere Tiere wurden eingegraben und drei Wochen später wieder ausgegraben, abgewaschen, fotografiert, wieder eingegraben und wieder ausgegraben. Wir duldeten auch das. Vielleicht dient das ja der Auseinandersetzung mit dem Leben und dem Tod.

Dann hatten sie die Idee, die Beute unserer Katzen in Marmeladengläsern luftdicht zu verschließen und den Verwesungsprozess zu beobachten. Wir bestanden nur darauf, die Gläser im Garten zu deponieren statt im Kinderzimmer. Gelegentlich wurden die Gläser auch wieder geöffnet, nicht selten auf dem Küchentisch, und unsere Proteste gegen den bestialischen Gestank wurden von Moritz und seinen Freunden toleriert. Unsere Erziehung zur Toleranz trug also Früchte.

Daraus entstand übrigens auch noch ein erzieherisch unbeabsichtigter, aber für die Familie enorm wichtiger Nebenvorteil: Da sich Moritz vor nichts ekelt, macht es ihm überhaupt nichts aus, das Katzenklo zu reinigen. So wurde er unser Mann fürs Katzenklo.

Und jetzt sollte er also einen Aufsatz verfassen. Moritz und seine Klassenkameraden mussten ein «Watuzi» beschreiben. Die Lehrerin hatte sich von einem Gedicht Peter Maiwalds über das «Watuzi» anregen lassen und gab diese Anregung weiter an ihre Schüler. Sie sollten sich die näheren Einzelheiten dieses geheimnisvollen Phantasiewesens ausdenken.

Das fiel bei Moritz auf fruchtbaren Boden.

Während andere Kinder oft nur das Äußere dieses Wesens beschrieben, hatte Moritz auch genaue Vorstellungen darüber, wie sich so ein Watuzi ernährt, sich fortpflanzt, welche Krankheiten es bekommen kann, wie es sich seinen Artgenossen gegenüber verhält – er schrieb wirklich «Artgenossen» – und dass es im Sommer in die Sommerfrische und im Winter «in die Winterstarre geht».

Der Aufsatz war ein voller Erfolg. Das Ergebnis: Eine Eins mit Sternchen. Und zwei stolze Eltern. Unsere Mühe war nicht umsonst.

Natürlich hatte Moritz auch Glück. Wenn seine Lehrerin nicht diese schöne Geschichte über das «Watuzi» gelesen und nicht gleich ein Aufsatzthema daraus abgeleitet hätte, wenn sie nicht von dem Wunsch beseelt gewesen wäre, ihren Schülern den Spaß am Schreiben zu vermitteln, ihre Phantasie anzustacheln, wenn sie stattdessen darauf bestanden hätte, einen Aufsatz über den letzten Ausflug schreiben oder eine mäßig interessante Geschichte nacherzählen zu lassen – dann hätte unser Moritz bestimmt kein Extralob nach Hause gebracht.

Es muss also viel zusammenkommen, bis so ein Einser mit Sternchen entsteht. Es muss neun Jahre lang schwer geschuftet werden. Gene für Deutsch oder Mathematik mag es ja geben, aber diese allein bewirken gar nichts. Der Ertrag der Schufterei steht in krassem Missverhältnis zum Aufwand, aber immerhin: Es gibt einen Ertrag, und sei er auch so karg wie Moritz' erste Gartenernte. Die Mühe ist nicht umsonst. Erziehung ist eine sinnvolle Tätigkeit, wenngleich eine, die offenbar niemals aufhört.

Da es mit Deutsch, auch mit Rechnen, bei unserem Sohn jetzt

zu klappen scheint, können wir uns anderen Defiziten zuwenden. In seinem nur rudimentär vorhandenen Charme beispielsweise steckt noch viel Entwicklungspotential. Und die pubertierende Livia schichtet gerade ihre Interessen um. Ihr Bedürfnis nach Schule und guten Noten erlebt zur Zeit einen dramatischen Schwund. Coole Jungs, coole Klamotten und heiße Partys zählen umso mehr.

Nach zwölf Jahren Leben mit Livia und neun mit Moritz glauben wir, eines behaupten zu können: Jene politischen und administrativen Maßnahmen, über die jetzt nach der PISA-Studie bei uns diskutiert wird, und all die ministeriellen Beschlüsse, die nun als Konsequenz aus dem PISA-Desaster noch zu erwarten sind – sie kratzen nur an der Oberfläche dessen, was Erziehung eigentlich bedeutet. Erziehung ist komplexer und schwieriger, als es sich auf Kultusministerkonferenzen und Symposien zur Leseförderung darstellt. Erziehung ist eine Aufgabe, die uns alle mehr fordert, als uns lieb ist.

STARK FÜR DAS LEBEN

Es fing damit an, dass sich die Wirtschaft über ihren Nachwuchs beklagte. Berufsanfänger, die frisch von der Uni kämen, seien nicht zu gebrauchen, schimpfte die Industrie.

Die Uni wies jede Schuld von sich und zeigte mit dem Finger aufs Gymnasium. Dieses ist schuld, sagte die Uni, es schickt uns massenhaft Abiturienten, die gar nicht studierfähig sind.

Das Gymnasium verwies auf die Grundschule. Die Grundschule zeigte auf den Kindergarten, der Kindergarten auf die Eltern. Und auf deren Schultern lastet jetzt das ganze Gewicht einer Misere namens PISA.

Für uns persönlich kündigte sich die Misere etwa vor drei Jahren an. Damals versuchten Politiker, Wirtschaftsfunktionäre und etliche Medien den Eindruck zu erwecken, das größte bildungspädagogische Problem unseres Landes seien fehlende Internet-Anschlüsse an den Schulen und die mangelnde «Kompetenz» unserer Schüler, Businesspläne zu erstellen. Zufällig fiel das mit dem Wechsel unserer Tochter von der Grundschule aufs Gymnasium zusammen.

Vom ersten Tag an fiel der Deutschunterricht aus. Sport auch. Von unseren Bekannten und Verwandten aus anderen Bundesländern hörten wir das Gleiche: Unterrichtsausfall ist der Alltag an deutschen Schulen. Wir fragten uns: Kann es sein, dass die Politiker, Funktionäre und Bildungsexperten in einer anderen Welt leben als Schüler, Lehrer und Eltern?

Als Journalisten fingen wir an zu recherchieren. Die Recherche ergab, was wir unter dem Begriff Erziehungsnotstand zusammenfassten: Eltern, die nicht mehr erziehen, weil sie es nicht können, nicht wollen oder sich überfordert fühlen; Kindergärten und Krippen, in denen Kinder zwar betreut, aber eigentlich kaum gefördert werden; Schulen, in denen sich ausgebrannte, von ihren Aufsichtsbehörden gegängelte, entmutigte Lehrer und lustlose, schlecht erzogene Schüler gegenseitig anöden; Schulmauern, von deren Wänden der Putz bröckelt; Schulbücher, die teilweise zwanzig Jahre alt sind und weder vom Euro noch vom Fall der Mauer künden.

Die Lehrer erzählten uns von armuts- und wohlstandsverwahrlosten Kindern, von Schulklassen mit fünfzig Prozent Ausländerkindern, die kein Wort Deutsch sprechen, von den Problemen der Scheidungskinder und den Sorgen Alleinerziehender. Sie stöhnten über sprachgestörte und verhaltensauffällige Kinder, das «Zappelphilipp-Syndrom» ADS, die Schwierigkeiten der Jungen, eine männliche Identität auszubilden. Sie berichteten von Mobbing im Klassenzimmer und Aggressionen auf dem Schulhof, von Gewalt und Erpressung auf dem Schulweg, von Drogen, vom Konsumterror, von wachsender Kriminalität bei Kindern und Jugendlichen und von Kindern, die vor Fernsehgeräten, Videospielkonsolen und Computermonitoren vereinsamen und verstummen.

Aber unsere Politiker und Wirtschaftslobbyisten beklagten den fehlenden Internet-Anschluss.

Uns erschien der Widerspruch zwischen der öffentlich geführten Bildungsdebatte und der Erziehungsrealität in Familie, Kindergarten und Schule so groß, dass wir beschlossen, das Ergebnis unserer Recherchen als Buch zu veröffentlichen. Die Ergebnisse der PISA-Studie waren damals noch nicht bekannt, aber wir hatten von ihr gehört und riskierten in unserem Buch die Prognose: Sie wird kaum schmeichelhaft für unser Bildungssystem ausfallen. Es kam bekanntlich noch schlimmer.

Dank PISA erhielten wir, was wir wollten: eine öffentliche Debatte über Bildung und Erziehung in Deutschland. Und dazu einen Waschkorb voll zustimmender Post. Während Deutschland über PISA diskutierte, gingen wir auf Lesereise. PISA füllte uns die Säle und Buchhandlungen. In rund vierzig Städten zwischen Kampen auf Sylt und Konstanz am Bodensee lasen wir vor einer großen Zahl von Zuhörern und diskutierten mit Eltern und Lehrern.

Der Tenor unzähliger Briefe und Wortmeldungen in unseren Lesungen war stets der gleiche: Bleibt dran an dem Thema, denn sonst wird sich nichts ändern. Doch wir wollten es eigentlich mit dem ersten Buch bewenden lassen.

Zumal wir bei deutschen Kultusministern ein neues Phänomen beobachteten: Hyperaktivität. Nach fast zwanzigjähriger Lethargie im deutschen Bildungswesen schien dies ein Zeichen der Hoffnung. Keinesfalls wollen wir die Politiker daran hindern, mehr Lehrer einzustellen, deren Ausbildung und Ansehen zu verbessern, Ganztagsschulen anzubieten, Schulgebäude zu renovieren, so weit es die gähnend leeren Kassen erlauben. Auch das Nachdenken der Lehrer über einen besseren Unterricht wollen wir nicht stören.

Doch bis jetzt wurde nur debattiert. «Der Pisa-Schock vom Frühjahr ist überstanden, und passiert ist: nichts», kritisierte Jeanne Rubner in der *Süddeutschen Zeitung*. Der «Wind des Wechsels» sei abgeflaut, verflogen auch die Packen-wir's-an-Stimmung. Zunehmend gehe es statt um Inhalte nur noch um den Kompetenzstreit zwischen Bund und Ländern.[1]

Tatsächlich dreht sich die Debatte nach PISA schon wieder fast nur um Wettbewerbsfähigkeit, Schlüsselqualifikationen, marktgängige Kompetenzen, «Humankapital». Kurz: um Bildung als Fähigkeit, die Japaner und Koreaner ökonomisch zu schlagen. Schon wieder stehen nicht zuerst unsere Kinder und deren Wohl im Mittelpunkt, sondern das Wohl der Wirtschaft. Die Probleme werden auf Schulprobleme reduziert, und der Eindruck entsteht, unser Bildungssystem müsse nur ein bisschen renoviert und repariert werden, dann stünden wir beim nächsten PISA-Test schon viel besser da.

Pädagogik sei nicht dann schon erfolgreich, wenn sie sich damit begnüge, die jungen Menschen mit Lösungen wie mit einem Reiseproviant auszustatten, sagt der große alte Mann der deutschen Pädagogik, Hartmut von Hentig. Vielmehr sollte sie die Kinder «zum ‹Reisen› ermutigen, sie befähigen, die Chancen und Gefahren zu erkennen, die auf sie warten, ihnen Maßstäbe geben und Zuversicht in die eigenen Möglichkeiten – und einen Überblick über die verfügbaren Mittel»[2].

Darüber, wie wir es schaffen, die Heranwachsenden zum Reisen zu befähigen, wird zu wenig geredet. Zu viel über den Proviant, zu viel über Administratives, über Lehrpläne, Lehrstoff und Leistungskontrollen. Und fast gar nicht über die Rolle der Familie.

Schließlich fragt kaum jemand nach den «Reisenden», unseren Kindern. Es scheint für die Bildungspolitiker und Bildungsforscher von untergeordnetem Interesse zu sein, wie es eigentlich unseren Kindern geht, wie sie aufwachsen, wie es in ihrem Inneren aussieht, wie es um ihre Seele bestellt ist. Wir scheuen uns nicht, dieses altmodische Wort «Seele» zu gebrauchen, weil uns die neumodischen Wörter – «Ressourcenausstattung», «Kerncurricula», «Qualitätsmanagement in Betreuungseinrichtungen» und so weiter – zum Hals heraushängen.

Deshalb schreiben wir nun ein zweites Buch. Sosehr wir uns freuen, dass durch PISA wieder über Erziehung und Bildung debattiert wird, und so sehr wir begrüßen, dass Kultusminister und Schulbehörden jetzt Rechenschaft ablegen müssen für das, was unsere Schulen leisten oder nicht leisten – wir fürchten die falschen Konsequenzen. Seit PISA schwappt eine Testwelle über uns, Kulturbürokraten nennen das «Evaluation» und «Qualitätssicherung». Aus ihren Mündern quellen Wörter wie «Zentralabitur», «Erweiterung des Pflichtfachkanons», «Einführung von Abschlussprüfungen auch für die so genannten Restschulen»,

«Zeugnisnoten von der ersten Klasse an». Mit anderen Worten: «Die erstrebte bessere Qualität wird durch einen Test gemessen, der an Messbarem entwickelt ist.»[3] Gelernt wird also nur noch, was messbar ist. Gepaukt wird, was die Tests verlangen.

Hartmut von Hentig hat schon vor Jahren kritisiert, dieses Testsystem arbeite mit der Fiktion eines «Durchschnittskindes», das zu einem bestimmten Zeitpunkt eine bestimmte Leistung erbringen muss: «Es trainiert die Lehrer in dieser falschen Einstellung. Alle auch gegebenen guten Gründe für eine Evaluation der Schule werden an dieser Selbsttäuschung zunichte. Die Humboldt'sche Vorstellung von Bildung hat man gestrichen.»[4]

Das können wir nicht wollen. Unsere Kinder brauchen eine erstklassige Bildung und nicht mit Gewalt den ersten Platz in den PISA-Charts. Denn PISA testet nicht die Bildung, sondern nur einige für eine gute Bildung wichtige Voraussetzungen. PISA ist lediglich ein Symptom für etwas anderes, um das es uns – wie schon in unserem ersten Buch – eigentlich und immer noch geht: was wir unseren Kindern antun, wenn wir sie weiter so gedankenlos aufwachsen lassen wie in den letzten zwanzig Jahren.

Zuerst das Kind, dann die Wirtschaft, nicht umgekehrt, das ist unsere Forderung an Politiker, Experten und Funktionäre. Zuerst die Familie stärken, besonders die Kinder, die Lehrer und die Institution Schule. Zuerst eine gute Erziehung und emotionale Stabilität für jedes Kind in der Familie, im Kindergarten und in der Schule, dann eine umfassende Allgemeinbildung, die zuvörderst dem Einzelnen nützt und manchem Arbeitgeber als Luxus erscheint.

Erst danach folgt alles Weitere, das auch der Gesellschaft und der Wirtschaft zum Vorteil gereicht. Im Übrigen ist für beide nichts von größerem Nutzen als stabile Persönlichkeiten mit fundierter Allgemeinbildung und guter Erziehung. Wettbewerbsfähigkeit ist eben das unvermeidliche Nebenprodukt einer guten Bildung und Erziehung.

Nicht wenige Briefeschreiber und so manche Diskutantin auf unseren Lesungen sagten uns: Ihr habt den Erziehungsnotstand beschrieben, jetzt zeigt gefälligst auch, wie wir aus diesem Schlamassel wieder herauskommen.

Den allein selig machenden Weg aus dem Erziehungsnotstand können zwei pädagogische Laien nicht weisen. Wir können uns nur an der Diskussion beteiligen und unseren Standpunkt einbringen, und der lautet zunächst: Wir dürfen die Debatte nicht auf die Frage verengen, welche Tests am genauesten welche Kompetenzen nachweisen. Wir müssen sie auf komplexere Zusammenhänge richten.

Darum schreiben wir keinen Erziehungsratgeber, sondern ein Buch, das die Leserinnen und Leser zum Mitdenken einladen, zu eigenen Gedanken anregen und ihnen helfen will, ihre eigenen Wege aus dem Erziehungsnotstand zu finden.

Wir bestreiten nicht den Sinn einer Diskussion über Zentralabitur, Lehrpläne und Leistungskontrollen. Aber das sind zweitrangige Themen. Schon wichtiger ist die Diskussion über eine Reform der Lehrerausbildung, die Verbesserung des Unterrichts und die Gewährung von mehr Autonomie für jede einzelne Schule. Aber auch diese Diskussion blendet aus, dass Schule allenfalls Erziehungsreparatur betreiben kann.

Sowohl die Ergebnisse der PISA-Studie als auch die moderne Hirnforschung legen uns aber nahe, dass wir den Jahren vor der Einschulung unsere besondere Aufmerksamkeit widmen sollten. Die frühkindliche Bildung, und besonders die Sprachentwicklung, beeinflusst in großem Maß den späteren Erfolg in der Schule. Außerdem erinnern neuere Studien an etwas, was wir eigentlich immer schon wussten, aber offenbar vergessen haben: Emotionales Wohlbefinden der Kinder ist eine der wichtigsten Voraussetzungen für den Lernerfolg. Die Qualität des Familienlebens entscheidet in hohem Maße über das Schicksal der Kinder. Daraus folgt, dass der Familie eine Schlüsselrolle bei der Bildung der Kinder zufällt. Davon handelt der zweite Abschnitt dieses Buches.

In vielen Familien erhalten Kinder nicht, was sie brauchen. Hohe Scheidungsraten, Patchworkfamilien, die Nöte Alleinerziehender, die beruflich bedingte ganztätige Abwesenheit beider Eltern, Arbeitslosigkeit, finanzielle Probleme, Forderungen der Wirtschaft nach mehr Mobilität und Flexibilität, ein überbordender Medienkonsum der Kinder und sogar der Geburtenrückgang beeinträchtigen heute in vielfältiger Weise das Familienleben und die Erziehung der Kinder.

Daraus ergibt sich die Forderung an den Staat, vorbeugend und kompensierend einzugreifen, mehr pädagogisches und psychologisches Personal zu beschäftigen und besser zu qualifizieren, Kinderbetreuungseinrichtungen zu schaffen, Elternschulen zu gründen, Familien finanziell zu entlasten und ihnen helfend und beratend zur Seite zu stehen. Darüber reflektiert der dritte Teil.

In einem weltanschaulich neutralen Staat und in einer pluralistischen Gesellschaft, in der prinzipiell alle Wertvorstellungen kritisierbar sind und dadurch auch relativiert werden, sind viele Eltern und Lehrer unsicher, auf welche Ziele hin sie erziehen sollen. Welche Wertvorstellungen und Vorbilder sollen sie vermitteln, ist dies überhaupt sinnvoll? Im vierten Abschnitt legen wir dar, warum wir für eine gründliche Wertevermittlung eintreten, wie dies geschehen kann und auf welche Werte es uns ankommt.

Wir wollen Eltern in der Überzeugung stärken, dass sie die erste Instanz für ihre Kinder sind und bleiben. Es werden nämlich viele Jahre vergehen, bis sich unsere Kultusminister darauf geeinigt haben, wie die Schule und der Unterricht zu verbessern seien. Es wird ein paar Jahre dauern, bis die Universitäten herausgefunden haben, was sie an der Lehrerausbildung ändern müssen, und dann noch einmal mindestens sechs Jahre, bis die ersten neu ausgebildeten Lehrer in die Schulen kommen.

Es werden viele Jahre vergehen, bis der Staat das nötige Geld aufbringt, um zu reparieren und neu aufzubauen, was in den letzten zwanzig Jahren kaputtgespart wurde. Und es wird in der Politik, der Wirtschaft und Gesellschaft noch viel geschehen müssen, bis Familien und Kinder wieder ein Klima vorfinden werden, in dem sie wirklich gut gedeihen können.

Kinder haben wir aber jetzt. Die können nicht warten, bis wir das ideale Bildungssystem ausgetüftelt und finanziert haben. Erzogen werden muss heute, Unterricht ist jeden Tag.

Darum suchen wir nach Antworten auf die entscheidenden Fragen: Wie können Eltern ihren Kindern trotz aller Widrigkeiten zu einem guten Start ins Leben verhelfen? Was ist das eigentlich: eine «gute Erziehung»?

Wir streiten nicht nur für Kinderbetreuung, Ganztagsschulen und Frühförderung, dafür schon auch, uns treibt nicht allein die Frage, was Väter und Mütter jetzt tun können, das selbstverständlich auch. Darüber hinaus aber geht es uns um die Kultur, in der Erziehung stattfindet, und letztlich um die Frage: Woran glauben wir überhaupt?

Noch eine Bemerkung zum Text: Da wir beide pädagogische Laien sind, also weder eigene wissenschaftliche Studien noch Forschungsergebnisse aus Schulen oder Kindergärten vorlegen können, haben wir für dieses Buch die Erfahrungen mit unseren eigenen Kindern einfließen lassen und nicht zuletzt unsere eigene Bildungsbiographie. Weil wir zwei Menschen von unterschiedlicher Herkunft, mit ganz persönlichen Erlebnissen und Einsichten sind, haben wir uns beim Schreiben des Öfteren getrennt, sind vom «wir» zum «ich» gewechselt. In diesen Fällen verzichten wir darauf, jeweils den Autor zu benennen, denn wer schreibt, erschließt sich dem Leser sehr schnell aus dem Zusammenhang.

ERZIEHUNG – WAS IST DAS?

VOM NACKTARSCHIGEN AFFEN UND DEN GENEN

Als die Wirtschaft sich über unqualifizierte Studienabgänger beschwert hatte und der schwarze Peter von der Universität über das Gymnasium, die Grundschule und den Kindergarten an die Eltern weitergereicht worden war, blieb diese Karte dort nicht sehr lange liegen. Die Lesekompetenten unter den Eltern zeigten auf ein Buch und sagten: Wir können gar nicht schuld sein, denn Erziehung ist sowieso sinnlos.

Das weltweit beachtete Buch trägt tatsächlich den Titel «Ist Erziehung sinnlos?», und die amerikanische Autorin Judith Rich Harris beantwortet die Frage eindeutig mit Ja. Der erzieherische Einfluss der Eltern sei wesentlich kleiner als gedacht, interpretiert sie ihre eigenen Forschungen. Viel prägender seien Freundeskreise und das soziale Milieu, den Rest gäben die Gene vor. Der nüchterne Schluss lautet: «Wir sind als Eltern austauschbar wie Fabrikarbeiter.»[1]

Niemand ist also schuld am PISA-Desaster, allenfalls die Peergroups unserer Kinder und das soziale Milieu, und vielleicht nicht einmal das?

Möglicherweise ist alles nur Zufall, sagt Steven Pinker, Professor für Psychologie am Massachusetts Institute of Technology (MIT) in Cambridge. Was wir als «Umwelt» bezeichnen – also das Ergebnis aller erzieherischen Einflüsse –, habe wahrscheinlich gar nichts mit der Umwelt zu tun, sondern sei das Resultat zufälliger Ereignisse bei der Entwicklung des Gehirns.

Tatsächlich ist wissenschaftlich belegt, dass sich Zellen selbst dann unterschiedlich entwickeln, wenn sie exakt dasselbe Erbgut besitzen. Sogar Klone würden sich auf lange Sicht uneinheitlich ausprägen, aber eben nicht aufgrund von Umwelteinflüssen, sondern durch einen genetisch gesteuerten Zufallsgenerator.[2] Daher, so folgert Pinker, sei «ein weiterer Teil unserer Persönlichkeit und unserer Intelligenz biologisch (wenn auch nicht genetisch) bedingt und damit selbst den besten Absichten der Eltern und der Gesellschaft entzogen».[3]

Erziehung ist also vergebens?

Der bisherige Verlauf der Weltgeschichte spricht durchaus dafür. Schon ein kurzer Blick auf diese Geschichte erzwingt die nüchterne Erkenntnis, dass alle bisherigen Bemühungen um die «Erziehung des Menschengeschlechts» zu keinerlei Trost oder Hoffnungen berechtigen. Trotzdem ersinnen Philosophen, Theologen, Pädagogen und Psychologen seit Jahrhunderten alle denkbaren Theorien, die erklären, wie man den störrischen, schwer verbesserlichen Menschen durch Erziehung dorthin bringt, wohin er von Natur aus offensichtlich nicht will. Funktioniert hat bisher noch keine dieser Theorien.

Und wer sich mit der Fülle der pädagogischen Ratgeber abmüht, wird am Ende von den tausendundein einander widersprechenden Empfehlungen so verwirrt sein, dass er zu keiner erzieherischen Handlung mehr fähig ist.

Jeder Vater und jede Mutter mit mindestens drei Kindern lernt aus Erfahrung: Eine bestimmte erzieherische Maßnahme führt beim ersten Kind genau zum Ziel, beim zweiten erreicht sie das Gegenteil und beim dritten etwas völlig anderes, was weder beabsichtigt noch vorherzusehen war. Lernfähige Erzieher schließen daraus: «Jedem das Gleiche» funktioniert in der Erziehung nicht. Also probiert man's mit dem Grundsatz «Jedem das Seine». Mit dem Ergebnis, dass die individuell auf das erste Kind zugeschnittene Maßnahme tatsächlich ihren Zweck erfüllt, die im zweiten Fall maßgeschneiderte Lösung dagegen nur halb funktioniert, und beim dritten Kind klappt überhaupt nichts.

Auf Erziehungsratgeber angewendet heißt das: Von sechs gegebenen Ratschlägen für ein einziges Kind passt, wenn man Glück hat, einer, aber welcher das ist, weiß man vorher nicht, und er hat auch nur Erfolg, wenn man ihn am richtigen Ort zur richtigen Zeit anwendet.

Bleibt, wenn man aus allen Ratgebern und Erziehungstheorien sämtliche Widersprüche eliminiert, noch etwas übrig, was allen gemeinsam ist? Gibt es so etwas wie gesicherte wissenschaftliche Erkenntnisse, einen pädagogischen Konsens, der Bestand hat? Ja doch, den gibt es, die Frage ist nur, wie weit er trägt.

Konsens ist zum Beispiel der Glaube, geordnete Verhältnisse, Ruhe, Rhythmus, Beständigkeit, zuverlässige Eltern – die Amerikaner nennen es «mothering» – seien wichtige Voraussetzung einer guten Erziehung. Chaos, Unruhe, Hektik stehen der gesunden Entwicklung eines Kindes im Wege, glauben wir, glauben alle Ratgeber. Wahrscheinlich trifft das für die meisten Kinder zu, aber einigen anderen scheint genau dies zu einer außergewöhnlichen Persönlichkeit verholfen zu haben. Und anscheinend ist Chaos in der Kindheit hilfreich für eine spätere Schauspielerkarriere.

Wie zum Beispiel beim Schaustellerkind André Eisermann. Aufgewachsen auf Rummelplätzen, zwischen Schaubuden und Panoptiken, kannte er kein geregeltes Lernen und Leben. Er ging mal da und mal dort zur Schule, und manchmal auch gar nicht, erzählt Eisermann in seiner Autobiographie «1. Reihe Mitte. Ein Schaustellerleben». Aber er wurde ein hervorragender Schauspieler. Für die Titelrolle in «Kaspar Hauser» erhielt er Auszeichnungen auf der ganzen Welt.

Ein anderer großer Schauspieler, Gottfried John, sagt von sich: «So etwas wie Erziehung oder eine vernünftige Schulbildung habe ich nie genossen.» In seinen «Bekenntnissen eines Unerzogenen» berichtet der Schauspieler, seine Mutter habe immer beteuert: «Ich bin keine Mutter, ich weiß nicht, wie das geht und was richtig ist oder falsch. Entscheide du!» Das habe ihn oft überfordert, «aber ich kannte ja nichts anderes, insofern habe ich nicht darunter gelitten.»

John hat seinen Vater nie getroffen, wurde unehelich geboren, weshalb sich seine Mutter, gelernte Fremdsprachenkorrespondentin, gläubige Katholikin, als «gefallenes Mädchen» betrachtete. Sie gab von einem Tag auf den anderen ihr bürgerliches Leben auf und führte mit ihrem Kind ein Nomadenleben. Sie ließ sich treiben, trampte von Stadt zu Stadt, nahm jeden Tag als ein Abenteuer.

Der Junge wurde zum Staatsmündel erklärt und in Heime gesteckt, aus denen er regelmäßig wieder ausbrach. Wenn sie so herumzogen, immer auf der Flucht vor dem Fürsorgeamt, wussten sie oft nicht, wovon sie am nächsten Tag leben sollten. Aber es ging irgendwie, der Junge verhungerte nicht, wurde Schauspieler, arbeitete mit Hans Neuenfels, drehte mit Rainer Werner Fassbinder neun Filme, agierte als fieser Gegenspieler von James Bond, gab den Kommissar Beckmann im Fernsehen und den Cäsar in «Asterix & Obelix».

Was er von seiner Mutter bekommen hatte? Liebe statt Ordnung, und wenn man einem Kind nicht beides geben kann, dann ist Liebe der Ordnung auf jeden Fall vorzuziehen. Als sich Gottfried John einmal besonders hässlich fühlte, sagte ihm seine Mutter: «Du bist etwas ganz Besonderes, Goddi. Vielleicht bist du nicht schön, aber dafür bist du interessant. Und wenn du lachst, dann geht die Sonne auf.»

Vielleicht kann solche Liebe über das ganze Chaos hinwegtragen, in das jemand hineingeboren wird. Es gab sicher noch mehr solcher trostreichen Sätze in Gottfried Johns Leben, und wahrscheinlich sind es diese Sätze, die scheinbar gesicherte pädagogische Erkenntnisse ins Wanken bringen.

So ein Gemeinplatz ist beispielsweise der Glaube, eine rundum glückliche Kindheit und ein liebevolles Elternhaus bringe liebevolle Menschen und ausgeglichene, lebenstüchtige, charakterstarke Persönlichkeiten hervor. Dagegen lehrt die Beschäftigung mit Lebensläufen prominenter und nichtprominenter Zeitgenossen, dass sich viele von ihnen trotz traumatischer Kindheitserlebnisse zu ausgeglichenen und empathiefähigen Menschen entwickeln konnten, während so manches liebevoll erzogene Kind trotz hoher Begabung und optimaler Familienverhältnisse später im Erwachsenenalter zu einer unzufriedenen, neurotischen Nervensäge mutierte.

Konsens ist, dass geprügelte Kinder später selber zu Gewalt neigen. Wenn man die Kindheit prügelnder Väter untersuche, stelle man fest, dass 90 Prozent früher selber verprügelt wurden, sagen die Statistiker. Sie können aber nicht erklären, warum Menschen zu Schlägern werden, die als Kind nie geschlagen wurden, und warum viele verprügelte Kinder später keineswegs selber prügeln.

Die Statistik ist also offenbar immer nur ein Argument von begrenzter Reichweite für oder gegen die Erziehung, denn die Zusammenhänge zwischen elterlichen Erziehungsmethoden und Erziehungsergebnissen sind selten so eindeutig, wie wir es gerne hätten. «Möglicherweise kann man mit Erziehung den Kindern nur Glück und Sicherheit geben. Alles andere ist ihre Sache. Wenn sie scheitern, scheitern sie», sagt Cathrin Kahlweit, Redakteurin der *Süddeutschen Zeitung* und Mutter dreier Kinder.

Es scheint uns daher mit unseren Theorien und Mutmaßungen über eine gute Erziehung nicht besser zu gehen als den Aktienanalysten, deren Treiben der Wirtschaftswissenschaftler Burton Malkiel auf die Formel brachte: «Ein blinder, nacktarschiger Affe könnte Dartpfeile auf die Finanzseiten einer Zeitung werfen und so ein Depot zusammenstellen, das ebenso erfolgreich wäre wie eines, das von Experten sorgsam zusammengestellt worden ist.»

Vollends in die Resignation treiben uns seit etlichen Jahren die Genforscher, Biochemiker, Gehirnforscher und Informatiker, die pausenlos melden, schon wieder ein neues Gen, ein Hormon, einen Gehirnbotenstoff oder sonst einen biochemischen Mechanismus entdeckt zu haben, der nun endgültig erkläre, warum wir so sein müssen, wie wir sind.

Menschliche Instinkte und Verhaltensweisen hätten sich in der steinzeitlichen Urhorde entwickelt und in der kurzen Geschichte der Zivilisation noch nicht genügend Zeit gehabt, um uns nackte Affen an die Lebensbedingungen von heute anzupassen, erklären die Soziobiologen. Und mit Vorliebe erzählen sie uns von Orang-Utans, die gern mal einzelgängerische Weibchen vergewaltigen, womit uns die Vermutung nahe gelegt wird, es scheine auch Vergewaltigergene zu geben. Von Glücks-, Raucher- und Verbrechergenen lesen wir ebenfalls regelmäßig in der Zeitung, und auch für Alzheimer, Brustkrebs und Fettsucht und natürlich für die Intelligenz sind neuerdings die Gene zuständig.

Unkoordiniert und wohl auch ungewollt malen Wissenschaftler aller Disziplinen ein Bild des Menschen, das uns als in der Steinzeit programmierte, von Zufällen und Hormonen gesteuerte biochemische Maschinen erscheinen lässt. Und die eine erstaunliche Intelligenz dabei entwickeln, sich über sich selbst zu täuschen und sich der Illusion eines freien Willens und dem Aberglauben an ein personales Ich hinzugeben.

Für Erziehung scheint in diesem Gemälde kein Platz zu sein, allenfalls für Dressur, und diese würde vermutlich sogar für das reibungslose Funktionieren unserer Gesellschaft genügen. Wozu also Erzichung?

EINE UNENDLICHE GESCHICHTE

Wir nennen es «Amoklauf», wenn ein 19-jähriger Schüler schwer bewaffnet seine Schule stürmt und acht Lehrerinnen, vier Lehrer, eine Sekretärin, einen Schüler, eine Schülerin und einen Polizisten niederstreckt – wie am 26. April 2002 in Erfurt geschehen. Wir empfinden es wie ein Naturereignis, beklagen die Opfer und bewältigen unser Entsetzen mit Hilfe anschwellender Zeitungsartikel, Talkshows und Sondersendungen im Fernsehen, bis wir ihrer überdrüssig sind und andere, neue Ereignisse unsere Aufmerksamkeit beanspruchen. Nach einigen Wochen ist der Schauder vorbei.

Für Günter Lamprecht ist nichts vorbei. Der Schauspieler und dessen Frau Claudia Amm waren am 1. November 1999 Opfer eines anderen Amoklaufs geworden. Ein 16-Jähriger hatte in Bad Reichenhall vier Menschen und sich selbst erschossen. In das Schussfeld des Amokschützen geriet auch das Ehepaar Lamprecht-Amm. An den Verletzungen, die es dabei erlitten hat, laboriert das Paar noch heute. Auch psychisch haben die beiden zu kämpfen.

Günter Lamprecht und Claudia Amm finden nicht, «dass sie einfach froh sein sollen, überlebt zu haben».[1] Jemand muss verantwortlich sein, denken sie. Der Amokschütze ist tot, kann nicht mehr zur Rechenschaft gezogen werden. Aber was ist mit den Eltern? Sie haben diesen Jugendlichen erzogen. Sie müssen irgendetwas falsch gemacht haben, ist Lamprechts Überzeugung. Deshalb erstattete er Strafanzeige gegen die Eltern, nicht so sehr, um sie zu bestrafen, sondern weil er «die erzieherische Aufgabenstellung des Elternhauses als Garant für eine positive Lebensentfaltung der in die Welt gesetzten Kinder»[2] festschreiben möchte.

Lamprecht glaubt also, dass wir uns mit Amokläufern nicht abfinden sollten wie mit Naturereignissen. Er hält offensichtlich nichts von der These, Erziehung sei sinnlos, sondern formuliert einen hohen Anspruch an Erziehung. Wenn der Reichenhaller Junge anders erzogen worden wäre, hätte er sich nicht zum Amokschützen entwickelt: Für Lamprecht ist Erziehung eben nicht vergebliche Liebesmüh, die man sich auch sparen könnte, weil Gene und Zufälle alles bestimmen, sondern buchstäblich eine Frage von Leben und Tod. Und die Verantwortung dafür liegt bei den Eltern.

Steckt darin nicht eine gewaltige Überforderung? Als Eltern wünscht man sich unter der Last dieser Verantwortung fast, die Vertreter der Sinnlosigkeitsthese hätten Recht.

Die Vorstellung, Eltern, Lehrer und Institutionen könnten Kinder zu selbstbestimmten, mündigen und glücklichen Menschen formen, wenn dabei nur alles richtig gemacht wird, wurzelt tief. Vor allem Eltern wehren sich daher geradezu instinktiv gegen die Behauptung, auf sie käme es gar nicht so an.

Aber für alles geradestehen, was später bei den Kindern aus dem Ruder läuft? Das will man als Eltern auch wiederum nicht. Diese Bürde ist zu schwer, um sie allein zu tragen.

Die Frage, was Eltern gerne hätten, ist allerdings nicht die entscheidende. Viel wichtiger: Was stimmt denn nun, vermag Erziehung alles oder nichts oder doch wenigstens ein bisschen? Sind wirklich die Eltern schuld, wenn ihr Sohn ein Blutbad in seiner Schule anrichtet? Wurzelt so eine Tat in mangelnder Elternliebe, kaputten Familien, Vernachlässigung oder ungünstigen sozialen Verhältnissen?

Es hängt viel ab von der Antwort auf diese Fragen. Darüber wird seit Jahrhunderten leidenschaftlich gestritten. Gewissheit haben wir bis heute nicht, denn durch bloße Beobachtung menschlichen Verhaltens lässt sich kaum entscheiden, ob der Mensch als Blatt zur Welt kommt, das nach Belieben beschrieben werden kann, oder als fertiges Buch.

Der Erbe-Umwelt-Streit

Vor rund 125 Jahren hat der Engländer Sir Francis Galton (1822 bis 1911), ein Verwandter Darwins, erstmals versucht, den Erbe-Umwelt-Streit wissenschaftlich zu klären. Und er entschied: Zweifellos spiele Erziehung eine Rolle, aber die Erbanlagen gäben den Ausschlag. Galton war der Begründer der Zwillingsforschung, die zu belegen schien, dass das genetische Erbe die bestimmende Kraft war. Doch die Vererbungstheorie stieß schon bald auf Widerspruch. Einerseits lehrte Sigmund Freud, wie folgenschwer sich frühkindliche Erfahrungen auf das spätere Leben jedes Menschen auswirken, andererseits glaubten die Behavioristen wissenschaftlich bewiesen zu haben, dass der Mensch eben doch als unbeschriebenes Blatt zur Welt komme und beliebig beschrieben werden könne.

Einer ihrer wichtigsten Vertreter war der amerikanische Psychologe John Watson, der 1919 durch ein Aufsehen erregendes Experiment berühmt wurde: Er brachte ein Kleinkind namens Albert dazu, sich vor einer Laborratte zu fürchten, indem er jedes Mal das Kind durch Lärm erschreckte, wenn es nach der Ratte greifen wollte. Bald erschrak Albert auch dann, wenn nur noch die Ratte auftauchte, und sonst alles ruhig blieb. Verhalten, folgerte Watson, könne man durch bestimmte Reiz-Reaktions-Mechanismen konditionieren, also sei es erlernt, also sei damit der dominierende Einfluss der Umwelt und Erziehung erwiesen.

Watson war so sehr überzeugt von seiner Theorie, dass er den berühmt-berüchtigten Ausspruch tat: «Geben Sie mir ein Dutzend gesunde, wohlgestaltete Kinder und ein bestimmtes Milieu, in dem ich sie aufziehen kann, und ich garantiere Ihnen, dass ich aufs Geratewohl eines von ihnen herausgreifen und zu jedem beliebigen Spezialisten heranbilden werde, der mir einfällt – Arzt, Anwalt, Künstler, Unternehmer, und ja: sogar Bettler und Dieb, ungeachtet seiner Begabungen, Neigungen, Fähigkeiten, Stärken und der Rasse seiner Vorfahren.»[3]

Obwohl Galton und Watson uns als wissenschaftliche Antipoden erscheinen, standen sie einander letztlich näher, als sie vielleicht selber ahnten. Bei allen Gegensätzen blieben beide einem mechanistischen Menschenbild verhaftet. Galton erblickte im Mechanismus der Gene das Steuerungsinstrument, das den Menschen formt, für Watson bildete die Summe der Umwelteinflüsse diesen Mechanismus.

Man sollte annehmen, dass spätere Generationen von Wissenschaftlern sich doch eigentlich schnell auf jene Vermutung hätten einigen können, die sich jedem Laien aufdrängt: Die Wahrheit im Erbe-Umwelt-Streit wird irgendwo zwischen den Extremen liegen. Natürlich ist den Wissenschaftlern diese Vermutung nicht unbekannt, aber dann stellt sich sogleich die Frage: Was und wie viel kommt von den Genen, was und in welchem Maße prägt die Umwelt? Bei der Klärung dieses Rätsels meint der eine oder andere Wissenschaftler doch wieder Anhaltspunkte für ein Übergewicht der Gene oder der Umwelt gefunden zu haben, und dann geht alles wieder von vorne los. So pendeln die Theorien zwischen diesen Extremen – bis heute.

Die Umwelthypothese bekam ungeheuren Auftrieb, als der in den USA forschende österreich-ungarische Psychologe René A. Spitz nach 1945 entdeckte, wie schwerwiegend sich eine gestörte Mutter-Kind-Beziehung bei Säuglingen und Kleinkindern auswirkt. Für seine berühmt gewordene Untersuchung hat Spitz in den 40er Jahren des letzten Jahrhunderts zwei verschiedene Gruppen benachteiligter Kinder verglichen. Die eine Gruppe wuchs in einem Waisenhaus auf, die andere bei inhaftierten Müttern in einem an das Gefängnis angeschlossenen Kinderheim.

Das Leben der Kinder in beiden Institutionen sah auf den ersten Blick ziemlich gleich aus. Im Waisenhaus wie im Gefängnis-Kinderheim wurden die Kinder gut ernährt, gut gekleidet und medizinisch gut versorgt. Und doch unterschieden sich die Kinder der einen Gruppe fundamental von denen der anderen. Während sich die Kinder der inhaftierten Mütter weitgehend normal entwickelten, fielen die Waisenhauskinder durch eine ganze Reihe negativer Symptome auf: gesteigerte Krankheitsanfälligkeit, erhöhte Sterblichkeit, Apathie, Weinerlichkeit, motorische Unruhe, geringes Spielinteresse, Kontaktarmut, Aggressivität und Verzögerungen in der motorischen, der Sprach- und der Intelligenzentwicklung, häufig begleitet von Ernährungsstörungen und Infektanfälligkeit. Viele überlebten kaum das zweite Lebensjahr. Die Überlebenden entwickelten sich körperlich und geistig langsamer als normale Kinder. Im Alter von drei Jahren konnten die meisten weder laufen noch sprechen. Die Schäden und Persönlichkeitsstörungen dieser Kinder waren, wie sich später herausstellte, irreversibel. Ein Leben lang trugen diese Menschen an ihrer Waisenhauskindheit.

Worin bestand der Unterschied im Leben dieser Kinder? Was war so anders im Waisenhaus und so viel besser im Gefängnis-Kinderheim?

Spitz erkannte den entscheidenden, folgenschweren Unterschied in der geistigen und seelischen Vernachlässigung der Waisenhauskinder. Diese wurden nur körperlich gut versorgt. Eine einzige Pflegerin war für acht Kinder zuständig, und abgesehen von den kurzen Fütterungs- und Wickelzeiten lag jedes Baby isoliert in seinem Bettchen, von Vorhängen abgeschirmt, ohne optische und akustische Reize, ohne Spielzeug und vor allem: ohne persönliche Kontakte, ohne die Körperwärme einer Mutter oder Pflegerin. Die Säuglinge und Kleinkinder in diesen Häusern erhielten kaum eine persönliche Ansprache und wurden kaum gestreichelt. Niemand lachte, scherzte oder sang mit ihnen. Niemand weckte die in ihnen schlummernden geistigen und seelischen Anlagen. Also verkümmerten sie. Und mit ihnen die Kinder.

Dagegen die Babys im Kinderheim des Gefängnisses: Sie wurden von ihren Müttern gefüttert, gestreichelt, gepflegt, geherzt, geküsst und mit Aufmerksamkeit überschüttet. Obwohl die Zahl der Stunden, die sie mit ihren Müttern verbringen durften, begrenzt war, entwickelten sich diese Babys normal.[4]

Spitz' Untersuchungen und Erkenntnisse wurden von anderen vielfach bestätigt, wodurch sich das Pendel nach dem Krieg, besonders in den USA, stark zur Umwelthypothese bewegte. Den extremsten Ausschlag in Richtung Umwelt bewirkten die Bewegung der Achtundsechziger und die Feministinnen. Die Achtundsechziger wollten eine klassenlose Gesellschaft, Chancengleichheit und die gleiche Bildung für alle. Das Sein bestimme das Bewusstsein, verkündeten die Marxisten, daher genüge es, die äußeren Lebensbedingungen der Menschen zu verbessern. Die Verbesserung des menschlichen Charakters werde sich dann automatisch einstellen. Die Feministinnen beschrieben die Rollenunterschiede zwischen Mann und Frau als erlernt und rein umweltbedingt und machten sich daher für eine geschlechtsneutrale Erziehung stark, in der Jungen nicht in die Männer- und Mädchen nicht mehr in die Frauenrolle hineingedrängt werden.

«Unbotmäßiges Verhalten und Aggression wurden damals als Antwort auf repressive Erziehung gesehen», erinnert sich Wolf Singer, Direktor des Max-Planck-Institutes für Hirnforschung in Frankfurt.[5] Selbst Krankheiten, die wir heute als genetisch mitbedingt erkannt haben, wie zum Beispiel die Schizophrenie, seien damals noch ganz auf soziale Faktoren zurückgeführt worden, zum Beispiel auf das Phänomen des «Double-Bindings»: Das ungewollte Kind, das von der Mutter nicht angenommen, nicht geliebt und als lästig empfunden wird, erfahre emotionale Ablehnung. Desgleichen habe man den Autismus, die Unfähigkeit, emotionale Kontakte aufzubauen, der emotionalen Kälte der Mutter zugeschrieben, ihrem «Nichtkommunizierenkönnen». «An sehr vielem waren damals die Mütter schuld und trugen eine schreckliche Last. Für den Rest war die Gesellschaft als Ganzes zuständig.»[6]

Das Pilotenbrillen-Gen

Seit Beginn der 80er Jahre bewegt sich das Pendel in die entgegengesetzte Richtung. Einen wichtigen Anstoß dafür lieferte – natürlich, ist man geneigt zu sagen – wieder ein Zwillingsforscher. Der amerikanische Psychologe Thomas Bouchard startete 1979 die bisher umfangreichste und zeitlich längste Untersuchung an Zwillingen.[7] Rund 7000 getrennt aufgewachsene Zwillingspaare wurden und werden bis heute von Bouchard und dessen Kollegen beobachtet und mit dicken Fragebögen ausgeforscht. Wie von Zwillingsforschern kaum anders zu erwarten, lieferten sie nach den ersten Auswertungen dieser Fragen wieder einmal starke Indizien für die Vererbungs-Hypothese und kaum zu glaubende, aber wissenschaftlich dokumentierte Geschichten, die um die Welt gingen: Getrennt aufgewachsene Zwillinge hatten fast stets dieselben Berufe gewählt, hatten ähnliche Ansichten und ähnliche Marotten. Selbst in religiösen Fragen und politischen Ansichten wollen die Forscher aus Minnesota statistisch signifikante Übereinstimmungen gefunden haben.

Ein Paradebeispiel sind die «Jim Twins», die als Babys getrennt wurden und sich erst nach 39 Jahren als Jim Lewis und Jim Springer wieder trafen. Beide waren zweimal verheiratet, beider erste Frau hieß Linda, die zweite Betty. Der eine nannte seinen ersten Sohn James Alan, der andere James Allen. Beide waren Heimwerker, Kettenraucher und Nägelkauer. Beide hatten in einer Tankstelle gearbeitet und später als Hilfssheriff gedient.[8]

Noch verblüffender, weil in nahezu konträren Milieus aufgewachsen, waren die Übereinstimmungen bei Jack Yufe und Oskar Stöhr. Jack war bei seinem jüdisch-orthodoxen Vater in Trinidad aufgewachsen, Oskar bei seiner katholischen Mutter in Deutschland. Als sie sich im Alter von 46 Jahren an der Universität von Minnesota wieder begegneten, trugen beide das gleiche blaue Sporthemd mit Schulterklappen, Pilotenbrillen und ein paar

Gummibänder am Handgelenk. Beide plagten ihre Umgebung mit eigentümlichen Marotten, etwa der Gewohnheit, in Aufzügen laut zu niesen.

Leicht indigniert fragte der *Spiegel*: «Gibt es ein Pilotenbrillen-Gen? Eines, das seinen Träger zwingt, im Fahrstuhl zu niesen? Ist auf den Chromosomen festgeschrieben, welchen Beruf ein Mensch ergreifen wird?»[9]

Ja, würde möglicherweise Dean Hamer halb im Spaß, aber auch halb im Ernst darauf antworten, denn Hamer, Molekularbiologe am National Cancer Institute in Washington, gehört zu den Gen-Extremisten und behauptet: «Wir kommen größtenteils vorgefertigt aus der Fabrik.» Für die Bildung unserer Persönlichkeit, so Hamer, hätten wir etwa so viel Spielraum wie bei der Wahl unserer Schuhgröße.[10]

Der Familienforscher David Rowe von der Universität von Arizona will herausgefunden haben, dass Adoptivkinder mit fortschreitendem Alter ihren abwesenden leiblichen Eltern immer mehr gleichen und ihren anwesenden, erziehenden Adoptiveltern immer weniger. Das Erbe setze sich eben langfristig gegen jede Umwelt durch. Gene dominierten den Intellekt und die Persönlichkeit, behauptet Rowe.

Die Vertreter dieser überwiegend US-amerikanischen Vererbungsthese haben die Diskussion während der ganzen 90er Jahre des vorigen Jahrhunderts beherrscht. Jetzt, im ersten Jahrzehnt des neuen Jahrhunderts, scheint sich die Wissenschaft wieder zu korrigieren. Den Anstoß dazu liefert die Hirnforschung.

ELTERN – ALLEIN ZU HAUS

«Gene sind von Anfang an immer in Umwelt eingebettet»[1], sagt der Frankfurter Hirnforscher Wolf Singer. Reize, Signale, Informationen aus der Umwelt initiieren das Auslesen der genetischen Information und koordinieren die Entwicklung vom Ei zum Organismus. Die Zellen teilen und differenzieren sich und informieren sich durch Austausch chemischer Signale über die sich ständig wandelnden Nachbarschaftsbeziehungen. Dadurch verändert sich das molekulare Milieu in den Zellen, was wieder unterschiedliche Gen-Expressionsmuster nach sich zieht.

In einem sich selbst organisierenden Prozess bilden sich durch die ständige Kommunikation zwischen Genom und umgebendem Milieu immer komplexere Strukturen. Spezialisierung und Differenzierung setzen ein. Zellen «erkennen» über Rezeptormoleküle in ihrer Membran, an welcher Stelle des Embryos sie sich befinden, und entwickeln sich dann je nach Lage zu Nerven-, Muskel-, Leber-, Knochen- oder Hautzellen.

Mit der Entwicklung von Nervenzellen beginnt die lebenslange Kommunikation im menschlichen Körper. Jetzt können Ereignisse und Aktionen an einer Stelle des Embryos ganz bestimmte Ereignisse und Reaktionen an entfernten Orten hervorrufen. Was also eine Frau während ihrer Schwangerschaft tut oder unterlässt, was sie isst und trinkt, welche Medikamente sie nimmt, ob sie raucht, Drogen nimmt, Stress hat oder sich ruhig und sorgenfrei auf die Geburt freut, beeinflusst die Frucht im Mutterleib.

Die Geburt bedeutet einen dramatischen Sprung für die Hirnentwicklung. Die Sinnesorgane sind nun in der Lage, Signale aus der Umwelt aufzunehmen. In dem Maße, in dem Sinnesfunktionen ausreifen, gerät die Steuerung der weiteren Selbstorganisation zunehmend unter den Einfluss außerkörperlicher Faktoren. Alles, was auf die Sinnesorgane des Babys einwirkt, nimmt ab jetzt Einfluss auf die weitere Entwicklung des Gehirns. Berücksichtigt man ferner, dass sich diese aktivitätsabhängigen Entwicklungsprozesse des Gehirns bis zur Pubertät fortsetzen, wird deutlich, welch prägenden Einfluss frühe Erfahrungen auf die strukturelle Entwicklung des Gehirns nehmen können. Eine sichere Schlussfolgerung daraus sei, «dass kein Kind dem anderen gleichen kann», sagt Singer, und das gelte «auch für eineiige Zwillinge, weil im Laufe der Entwicklung eine riesige Zahl von Verzweigungen durchlaufen werden müssen und Entscheidungen darüber, welche Gabelung gewählt wird, oft von kleinen, mitunter zufälligen Fluktuationen der Umgebungsbedingungen abhängen».

Natürlich seien die Gene wichtig, betont auch die an der Chicago Medical School lehrende Neurobiologin Lise Eliot, «aber jeder, der sich mit Nervenzellen beschäftigt hat, wird bestätigen, wie bemerkenswert formbar sie sind. Das Gehirn selbst wird buchstäblich von Erfahrungen geprägt: Jeder Anblick, jeder Laut und Gedanke hinterlässt auf bestimmten neuronalen Schaltkreisen einen Eindruck und verändert damit die Wahrnehmung künftiger Anblicke, Laute und Gedanken. Die Hirnstruktur ist keineswegs von Geburt an festgelegt; vielmehr ist das Gehirn ein lebendes, dynamisches Gewebe, das sich fortwährend auf den neuesten Stand bringt, um die jeweils gegebenen sensorischen, motorischen, emotionalen und geistigen Anforderungen zu erfüllen.»[2]

Eliot vergleicht das Zusammenspiel von Erbe und Umwelt mit einem Ball, der einen Berg hinunterrollt. Dass er nach unten rollen wird, lässt sich voraussagen, die Schwerkraft zieht ihn unvermeidlich abwärts. Aber welche Bahn er nehmen und wo er ankommen wird, lässt sich nicht vorhersagen, denn an zahlreichen Punkten kommen auf dieser Bahn Zufall oder Entscheidung ins Spiel. An jedem Felsen, Baum, Stein, oder Loch ändert sich seine

Richtung, und mit jeder Änderung wird seine Bahn charakteristischer, individueller.

Unsere Gene können wir so wenig beeinflussen wie die Schwerkraft, suggeriert dieses Bild. Der Ball muss nach unten. Aber die Felsen, Löcher, Bäume, Steine können wir gezielt setzen. Die Umwelt, in der ein Kind aufwächst, können wir gestalten. Auch darin liegt noch viel außerhalb unseres Einflusses. Wir können zwar den Hang an strategisch wichtigen Punkten mit Felsen, Steinen und Bäumen versehen, aber dass der Ball auch dort ankommt, ist ungewiss. Zu viele andere Zufälle funken hinein und machen unsere schönen Pläne zunichte. Wenn wir aber den ganzen Hang überlegt gestalten, besteht die Chance, dass der Ball auch dann eher eine gute Bahn nimmt als eine schlechte, wenn er nicht nach unseren Wünschen und Plänen rollt.

Wolf Singer erklärt daher die derzeitige Überbetonung des genetischen Determinismus für obsolet, und begründet das mit einem simplen Gedankenspiel: Es sei anzunehmen, dass sich unsere genetische Ausstattung seit den letzten dreißig- bis vierzigtausend Jahren nur unwesentlich, wenn überhaupt, verändert hat. Das bedeute, dass ein Baby Höhlen bewohnender Steinzeiteltern so werden würde wie wir, wenn es von Geburt an in unserer Gesellschaft aufgezogen würde. Nichts an diesem Menschen würde darauf hindeuten, dass seine Eltern aus der Steinzeit stammen. Umgekehrt entwickelten sich unsere Kinder, würden sie unter Steinzeitbedingungen von Neandertalern erzogen, zu Neandertalern. Diese Überlegung zeige, wie unsinnig der Glaube an die alleinige Macht der Gene sei, folgert Singer.[3]

Damit scheint das Pendel wieder in einer vernünftigen Mitte zwischen den Extremen angekommen zu sein. Ist also dieser Streit zwischen Erb- und Umwelt-Apologeten nun durch die neuesten wissenschaftlichen Ergebnisse der Hirnforscher endgültig entschieden? Ist das Pendel zum Stillstand gekommen?

Wir glauben es nicht. So weit, wie uns die moderne Hirnforschung heute bringt, waren wir vor einem Vierteljahrhundert schon einmal. Damals schrieb der Göttinger Pädagoge Heinrich Roth ein dickes zweibändiges Standardwerk über pädagogische Anthropologie. Das meiste, was er damals als gesichertes Wissen zusammentrug, kehrt heute wieder in den Antworten, die moderne Hirnforscher nun geben.

Roth schrieb sinngemäß: Wie einer wird, was er ist, was einer tut, woran er glaubt und welche Eigenschaften er ausbildet, das hängt von vier Faktoren ab: seinem Erbe, der Umwelt, in der er aufwächst, seinem eigenen, sich allmählich entwickelnden Ich und als Viertes vom Zusammenwirken dieser drei Faktoren. So gut wie alles ist übbar und steigerungsfähig. Jeder verfügt auf seiner Intelligenzstufe über genügend Spielraum, unendlich viel hinzuzulernen. Bevor erzieherisch nicht alles getan wurde, was möglich war, ist kein erbbiologischer Pessimismus am Platze. So weit Heinrich Roth vor mehr als fünfundzwanzig Jahren.

In den nächsten fünfundzwanzig Jahren werden wir wahrscheinlich trotzdem von neuesten Studien hören, die endgültig bewiesen haben, dass Erziehung rein gar nichts vermag und man sich deshalb wirklich ernsthaft überlegen sollte, ob es nicht besser sei, auf eine gentechnische Verbesserung des Menschen zu setzen. Danach wird ein Wissenschaftler «entdecken»: Das mit den Genen, das war alles nur ein grandioser Irrtum. Allein die Umwelt macht's. Anschließend wieder umgekehrt. Und so weiter.

Uns ist das egal. Wir glauben an Erziehung. Diese Überzeugung wollen wir uns weder von gegenwärtigen noch künftigen Moden zerstören lassen.

Wir können auch gar nicht anders als glauben, denn eines hat dieser Exkurs in die Wissenschaft leider nicht gebracht: eine endgültige, einwandfrei bewiesene Antwort auf unsere Ausgangsfrage, was wir eigentlich über Erziehung mit Sicherheit wissen, wie viel wir uns von der Erziehung erhoffen dürfen und womit wir uns endgültig abfinden müssen. In dieser Frage sind wir heute zwar weiter als vor hundert Jahren, aber von annähernd gesicherten Erkenntnissen trennen uns wahrscheinlich noch weitere hundert Jahre. Wenn wir nicht einmal die genauen Möglichkeiten und Grenzen der Erziehung kennen – wie können wir dann genau wissen, wie und auf welche Ziele hin wir eigentlich erziehen sollen? Darum werden wir weiterhin viel falsch machen, und damit müssen wir leben.

Ganz vergebens war dieser Exkurs aber trotzdem nicht, denn er hat uns etwas anderes gelehrt: die Einsicht in die Relativität und Zeitbedingtheit wissenschaftlicher «Erkenntnisse» über den Menschen. Aus dieser Einsicht heraus tun wir gut daran, jeder als brandneu verkauften wissenschaftlichen Erkenntnis zunächst mit einer gesunden Skepsis zu begegnen. Nachrichten aus der Wissenschaft soll man wohl zur Kenntnis nehmen. Wer ihnen aber unkritisch folgt, müsste heute das Gegenteil dessen tun, was gestern für richtig gehalten wurde, und morgen etwas Drittes. Während übermorgen plötzlich wieder als richtig gälte, was doch erst vorgestern als falsch abgehakt worden war.

Die Wissenschaft häuft Daten über Daten, aber es bleibt wenig übrig, wenn man versucht, aus diesen gewaltigen Haufen gesichertes, anwendbares Wissen für den Erziehungsalltag herauszupressen. Damit sind Erzieher auf sich verwiesen. Eltern bleiben mit ihren Entscheidungen allein.

Wann sollen Kinder zum ersten Mal Sex haben? Haben die Eltern darüber zu befinden, oder darf das minderjährige Kind entscheiden? Auch das zwölfjährige? Und soll man einen Unterschied machen zwischen Mädchen und Jungen? Soll man seiner 14-jährigen Tochter erlauben, ihren Freund in ihrem Zimmer übernachten zu lassen? Wann sollen 13-Jährige spätestens zu Hause sein? Wo liegt die vernünftige Mitte zwischen Freiheit und Sicherheit? Wie sollen Eltern oder Erzieher mit feindseligem oder aggressivem Verhalten umgehen, wie mit der Unordnung im Kinderzimmer? Was ist zu tun, wenn Kinder lügen oder stehlen?

Es gibt tausend solcher Fragen, und rund ein Dutzend Mal am Tag muss der Erzieher blitzschnell entscheiden. Doch auf all diese Fragen findet die Wissenschaft keine verbindlichen Antworten.

Erziehung ist im Grunde die Kunst, zu jedem Zeitpunkt für jedes Kind das jeweils richtige Maß zwischen zwei Extremen oder mehreren konkurrierenden Zielen zu finden. Man kann sich aus den Steinbrüchen der Pädagogik diese oder jene Theorie herausschlagen. Am Ende wird man sich als Erzieher auf sein Gefühl, seine Erfahrung und seinen gesunden Menschenverstand verlassen und entscheiden müssen, was einem wirklich wichtig ist.

Anton und Resi Empl, ein Elternpaar aus Niederbayern mit zwei eigenen und vier schon erwachsenen Pflegekindern, sagen beispielsweise: «Uns war die Charakterbildung wichtig, Ehrlichkeit, aufrichtig sein, nicht mit den Ellenbogen arbeiten, Rücksicht nehmen.» Zugleich fragen sie sich, ob ihren Kindern jetzt nicht die Ellenbogen fehlen, um sich gegen andere durchzusetzen, aber dann gestehen sie ein: «Eigentlich finden wir das nicht so wichtig. Schon unsere Eltern haben uns nicht beigebracht, wie man sich durchsetzt.» Anton Empl, der im Hauptberuf Lehrer und im Nebenberuf Maler ist, resümiert schließlich: «Ich finde es viel wichtiger, zu dem zu stehen, was ich mache. Das, was ich tue, muss stimmig sein. Ein Bild von mir muss sich nicht durchsetzen, es muss einfach Qualität haben, für mich gut sein.» So funktioniert Erziehung in der Praxis: abwägen, unterscheiden, was wichtig und weniger wichtig ist, was speziell in dieser Familie für dieses Kind gut ist, und dann entscheiden.

Was die Wissenschaft dazu beisteuert, sollte man zur Kenntnis nehmen und kritisch prüfen. Es könnte ja etwas wirklich Neues oder Relevantes dabei sein. Die Entscheidung abnehmen kann einem die Wissenschaft nicht. Und ergänzen sollten wir unsere Weltkenntnis, unsere Erfahrung und unser Wissen mit der Literatur, der Philosophie, der Kunst und der Religion. Mit jeder dieser Sichtweisen sehen wir bestimmte Sachverhalte besonders scharf und andere nur schwach oder gar nicht. Darum sind wir auf alle Perspektiven angewiesen. Und auf unseren gesunden Menschenverstand.

Am besten unter Ausnutzung des «Geschirrspül-Effekts», eines Geheimnisses, das der Physiker Niels Bohr einmal unter dem Eindruck von Wasserknappheit auf einer Almhütte so beschrieben hat: «Wenn man schmutziges Geschirr in schmutzigem Spülwasser spült und anschließend mit feuchten, schmutzigen Handtüchern trocknet, wird das Geschirr trotzdem irgendwann trocken und sauber.»

DIE FAMILIE

SCHICKSALSJAHRE

Was macht unsere Kinder stark für das Leben? Das ist die Leitfrage dieses Buches. Welche Möglichkeiten haben Eltern, ihre Kinder gegen die Gefährdungen des Lebens so zu immunisieren, dass sie mit traumwandlerischer Sicherheit durchs Leben gehen, als ob ein starker Zauber sie schützte? Können Eltern überhaupt großen Einfluss nehmen?

Hier kommt eine erste Antwort: Ein englisches Forscherteam hat viertausend vierzehn- und fünfzehnjährige Jugendliche aus fünf europäischen Ländern untersucht und herausgefunden, dass gesunde Familienverhältnisse der beste Schutz gegen Drogen und Alkohol seien. Die Forscher hatten die Qualität des Familienlebens untersucht und zum Beispiel gefragt, ob die Eltern den Fernsehkonsum ihrer Kinder kontrollieren. Hatte nach der Schule jemand zu Hause gewartet? Hatten die Kinder ein vertrautes, offenes Verhältnis zu ihren Eltern, und durften sie Freunde mit nach Hause bringen?

Die Studie zeigte, dass Jugendliche deutlich weniger zu Alkohol und anderen Drogen neigten, wenn sie von beiden Eltern großgezogen wurden und eine gute Betreuung und gesunde Familienverhältnisse genossen hatten. Als der wichtigste Einzelfaktor erwies sich die enge Beziehung zur Mutter.[1]

Es ist schon kurios, dass Selbstverständlichkeiten oft erst dann zur Kenntnis und ernst genommen werden, wenn sie durch wissenschaftliche Studien belegt wurden. Daher müssen wir wünschen, dass die englischen Wissenschaftler ihr Untersuchungsfeld noch ein wenig ausweiten, damit sie auch noch herausfinden, dass gesunde Familienverhältnisse der beste Schutz gegen überhaupt alles sind. Kinder sind umso gesünder, kräftiger, belastbarer und selbstbewusster, je besser die Qualität ihres Familienlebens ist. Mehr noch: Zwischen der Qualität des Familienlebens, das wir unseren Kindern angedeihen lassen, und ihren Leistungen in der Schule besteht ein direkter Zusammenhang.

In einer im Juli 2002 veröffentlichten Stellungnahme des «Wissenschaftlichen Beirats für Familienfragen beim Bundesministerium für Familie, Senioren, Frauen und Jugend» hört sich das so an: «Die Qualität des kulturellen und sozialen Kapitals, das Kindern in ihren Herkunftsfamilien vermittelt und von ihnen angeeignet wird, erweist sich nach den Ergebnissen der PISA-Studie (wie zuvor schon in vielen anderen Untersuchungen) als die wichtigste Voraussetzung und wirksamste Grundlage für schulische Lernprozesse.»[2]

Auf Deutsch: Der erste Ort für Bildung ist die Familie. Und wie gut ein Kind in der Schule abschneidet, hängt nicht primär vom Einfluss der Schule ab, sondern vom Elternhaus. Dennoch, wird in dieser Stellungnahme kritisch angemerkt, gebe es in der großen Debatte nach PISA nur wenige Stimmen, welche die entscheidende Rolle der Familie für die Bildung und für den Schulerfolg zum Thema machten. Es sei, abgesehen von Unterschieden im Temperament und in anderen Anlagen, eine Folge der elterlichen Erziehung und des Familienlebens, ob Kinder sich mit Ausdauer einem Spiel oder einer Aufgabe zuwenden und sie bis zu einem Ziel oder Ende betreiben können.[3]

Was Kinder in ihrer Familie erleben oder nicht erleben, entscheide darüber, ob sie ihre angeborene Neugier, den Wunsch, begreifen zu wollen, und ihr Verlangen, auszuprobieren und zu entdecken, weiterentwickeln oder verlieren. Wie Kinder mit Erfolg und Misserfolg umgehen, wie sie sich in unklaren Situationen verhalten, ob Niederlagen sie in die Resignation treiben oder zu neuen Bemühungen anspornen, und ob sie «Belohnungsaufschub» leisten können zugunsten längerfristiger Ziele – das alles lernen sie primär in der Familie.[4] Oder eben nicht, und dann mit gravierenden Folgen für ihr weiteres Leben.

Erziehung ist die Kunst, für jedes Kind zu jedem Zeitpunkt das jeweils richtige Maß zwischen zwei Extremen oder mehreren konkurrierenden Zielen zu finden. Und oft genug ist es auch die Kunst, dieses richtige Maß für das Kind jetzt gerade nicht zu suchen, sondern es selbst suchen zu lassen.

«Sie machen zu viel», sagte eine Psychologin zu Cathrin Kahlweit, Mutter dreier Kinder. «Ihr Sohn muss lernen, sich zu langweilen. Sie sind zu eilfertig. Wenn er sagt, dass er sich langweilt, dann machen Sie nicht sofort ein Programm für ihn, sondern lassen sie ihn sich langweilen.» Es sei wichtig, Kindern Phasen der Langeweile zuzumuten, findet auch Claudia Volmar, Mutter zweier Kinder aus Mainz, «nur dann können Kinder auch Ideen entwickeln oder einfach nur vor sich hin träumen».

Auch Eltern müssen für sich selbst das jeweils richtige Maß finden, im Grunde besteht darin die ganze Kunst des Lebens. Und eigentlich ist es das, worum es bei der Erziehung geht: das Kind zu lehren, wie man lebt und wie man dieses Maß findet.

Und wie lehrt man das? Indem man miteinander lebt. Erziehung sei kein zweckrationaler Vorgang, sagt der Philosoph Robert Spaemann. Es gebe nicht eine spezielle Tätigkeit, die man «Erziehen» nennt. Erziehung sei vielmehr eine Nebenwirkung, die sich einstellt, wenn man vielerlei anderes tut.

Wo geschieht das alles? Zuallererst in der Familie. Im Nest der Familie machen die Jungen ihre ersten Übungen im Fach Leben. Dort ahmen sie nach, was ihnen vorgelebt wird. Dort erhält das Leben der Kinder eine erste Struktur, einen Rhythmus und eine Ordnung. Dort erfahren sie von Anfang an: Leben lernen heißt unterscheiden lernen. Also lernen sie den Unterschied zwischen gut und böse, wahr und unwahr, schön und hässlich, zu viel und zu wenig, wichtig und unwichtig. Dort lernen sie den Unterschied zwischen richtigem und falschem Stolz, richtigem und falschem

Ehrgeiz, Mut und Tollkühnheit, Sparsamkeit und Geiz, Großzügigkeit und Verschwendungssucht.

Dort lernen sie, wie man sich freut und wie man trauert, wie man sich in Menschen und Tiere einfühlt, wie man Schmerzen aushält und sich selbst, seinen Körper und seine Triebe beherrscht. Dort lernen sie, wie man mit dem Bösen umgeht, mit der Lüge, der Gewalt, mit dem Leid und mit dem Tod. Dort lernen sie, wie man sich gegenüber Schwächeren verhält und gegenüber Stärkeren, wann Regeln gelten und wann die Ausnahme, wie sich der Alltag vom Fest unterscheidet und dass Ostern anders riecht als Weihnachten.

Dort lernen sie, dass auch ihre Eltern Eltern haben, und diese ebenfalls Eltern hatten, dass sie also Teil einer Geschichte sind, die sie nicht mehr ändern können. Sie erfahren aber auch, dass sie eine Zukunft haben, die sie noch beeinflussen und gestalten können, und dass diese Zukunft nur dann besser wird, wenn sie aus den Fehlern der Vergangenheit lernen.

In der Familie lernen Kinder, dass ihr Zuhause Teil eines Dorfes, einer Stadt, einer Region, eines Landes ist und dieses Land eine Geschichte hat, durch die sie mit den Generationen vor ihnen verbunden sind. So kann ein Gefühl für Heimat und Geborgenheit in ihnen heranreifen. So lernen sie, Verantwortung für sich und ihr Zuhause zu übernehmen. So lernen sie, ohne dass sie es richtig merken, starke Charaktere zu werden.

Oder sie lernen es nicht. Gelernt wird das alles nur, wenn dieses Nest nicht beschädigt ist, wenn es über funktionierende Strukturen verfügt oder zumindest über einen Ersatz für diese Strukturen, und wenn da mindestens ein Erwachsener ist, der diese Unterscheidungen aufrechterhält und vorlebt, was ihm wichtig ist.

Wo kein Unterschied gemacht wird zwischen Werktag und Feiertag, Ostern und Weihnachten, wo das Leben nur den Unterschied zwischen Arbeit und Freizeitgestaltung kennt, da wird natürlich weniger gelernt. Wo es keine Familienfeiern gibt und keine Verwandtenbesuche, werden möglicherweise auch keine Familiengeschichten erzählt. Wo sich Eltern verabschieden vom Strom der Geschichte und der Traditionen, wird kein Kind mehr Anschluss finden, und es kann kein Geschichtsbewusstsein ausbilden. Wenn sich Eltern, Geschwister, Verwandte gleichgültig verhalten gegenüber Gut und Böse, Wahr und Unwahr, Schön und Hässlich, wird auch das Kind nicht zu unterscheiden lernen und keine Werthaltung, keinen Charakter entwickeln.

Wenn Eltern zwischen Liebe und Verwöhnung zu unterscheiden wissen, wenn sie konsequent sind in ihrer Haltung, aber auch immer wieder begründete Ausnahmen zulassen, wenn Eltern das richtige Maß für Lob und Tadel finden, für Freiheit und Kontrolle – dann werden auch die Kinder zu unterscheiden lernen.

Wo solche Unterschiede nicht gemacht werden, wo über das jeweils richtige Maß nie gestritten wird, wo Familienereignisse, Fernsehsendungen oder Zeitungsberichte selten zu Familiendiskussionen führen und keine Werturteile hervorrufen, wo es keine Bücher gibt und nicht gelesen und vorgelesen wird, sinkt die Chance der Kinder auf Entwicklung. Dann lernen sie nicht, eine differenzierte Sprache auszubilden, differenziert zu denken, sensibel auf menschliche Signale zu reagieren, soziale Intelligenz zu entwickeln. Wo Sprachlosigkeit herrscht, sinkt die Urteilskraft und mit ihr die Abwehrkraft gegen Manipulationen, Konsumismus und Gewalt. Damit beginnt die geistige, seelische und körperliche Verwahrlosung, und daraus entwickelt sich Ich-Schwäche.

Natürlich sind es nicht die Eltern allein, die wesentlich das Schicksal ihrer Kinder beeinflussen. Je älter diese werden, je stärker ihr Aktionsradius wächst, desto größer werden die Einflüsse von außen. Aber auch darauf haben Eltern Einfluss. Welchen Peergroups ein Kind sich anschließt, welche außerfamiliäre Einrichtungen ein Kind besucht, welche Angebote es wahrnimmt, kann man entweder dem Zufall überlassen oder so weit wie möglich bewusst steuern. Schon mit der Entscheidung, in welche Gegend man zieht, trifft man eine Vorentscheidung über die Peergroups, die das Kind dort vorfindet, über die Schulen, Vereine und Bildungsangebote, die zur Wahl stehen.

Deshalb ist es die Pflicht des Staates, der Wirtschaft und überhaupt der ganzen Gesellschaft, die Eltern zu stärken und den Familien zu geben, was sie brauchen, um ihre Verantwortung für die Kinder wahrnehmen zu können. Wo die Eltern versagen, kommt es darauf an, dass andere Erwachsene die Stelle der Eltern einnehmen und tun, was deren Pflicht wäre. Man muss Familien ermöglichen, an der Qualität ihres Familienlebens zu arbeiten, und wo das nicht gelingt, muss Vater Staat als Ersatzvater einspringen und Pädagogen, Psychologen und Betreuungseinrichtungen bereitstellen. Besonders Alleinerziehenden muss vielfältig geholfen werden.

Die Familie ist in den letzten dreißig Jahren fast vergessen worden und wird jetzt gerade wieder neu entdeckt, auch von den Parteien. Sogar die Grünen bekunden eine neue Wertschätzung der Familie und nehmen erstmals einen Gedanken zur Kenntnis, der ihnen lang so fremd erschien: dass Familie als Institution ein Wert sein könnte, den wir auch im 21. Jahrhundert bewahren müssen.

Ob die Familie zu einem Ort der Geborgenheit wird, hängt nicht davon ab, ob es einen Trauschein gibt. Auf die Bewohner dieses Nests kommt es vor allem an. Ihnen sollte unsere Sorge gelten.

FUTTER FÜRS GEHIRN

Wie wichtig die Familie für die frühkindliche Bildung ist, wird heutzutage von unvermuteter Seite bestätigt – von der Hirnforschung.[1] Hirnforscher betonen neuerdings unentwegt die Bedeutung so genannter Zeitfenster für die Entwicklung des menschlichen Gehirns. Damit ist gemeint, dass das Gehirn zu bestimmten Zeiten – vor allem während der ersten Lebensjahre – gewisser Reize und Stimulierungen von außen bedarf, um bestimmte Strukturen auszubilden, die für die Entwicklung von Wissen, Können und Fertigkeiten wichtig sind. Kommen diese Reize zu spät, bilden sich die entsprechenden Strukturen nur noch rudimentär oder gar nicht mehr. Das dafür vorgesehene Zeitfenster hat sich geschlossen. In dieser Entdeckung der Hirnforscher haben wir somit die Entsprechung der alten Spruchweisheit: «Was Hänschen nicht lernt, lernt Hans nimmermehr.»

Die meisten und wichtigsten Zeitfenster öffnen sich gleich nach der Geburt und während der ersten drei Lebensjahre, also in jener Zeit, in der die meisten Kinder ihr Leben in der Familie verbringen. Ebenfalls wichtig ist die Zeit zwischen dem vierten und sechsten Lebensjahr, also die Kindergartenzeit. Was das Kind während dieser ersten sechs Jahre lernt oder nicht lernt, ist entscheidend für seinen weiteren Lebensweg. Ab ungefähr dem vierzehnten Lebensjahr sind die meisten Fenster geschlossen. Was bis dahin versäumt wurde, kann nur schwer kompensiert werden. Darum ist das, was während der ersten vierzehn Jahre in der Familie stattfindet oder unterbleibt, schicksalhaft für jedes Kind und kaum korrigierbar durch unsere derzeit bestehenden Kindergärten und Schulen.

Wolf Singer erläutert das Funktionieren dieser Zeitfenster an einem zunächst etwas abwegig erscheinenden Beispiel: Früher litten Neugeborene häufig an Infektionen ihrer Augen, die sie sich während der Geburt zuzogen. Die Folge waren Trübungen der Hornhaut oder gar der Linse. Die Kinder erblindeten und konnten nur noch diffuse Helligkeitsschwankungen wahrnehmen. Heute kann man Linsen und Hornhäute transplantieren oder gegen künstliche Medien austauschen. Aber wenn man das nicht rechtzeitig macht, geschieht etwas sehr Seltsames: Die Kinder werden trotz dieser Operation nie mehr sehfähig. Wie ist das zu erklären?

Die Ursache liegt nicht in den Augen, sondern im Gehirn, sagt Singer. Im Gehirn sind zum Zeitpunkt der Geburt alle Nervenzellen im Wesentlichen angelegt, aber noch nicht miteinander verbunden. Damit das Gehirn «weiß», welche Zellen es wie miteinander verbinden soll, «wartet» es auf entsprechende Signale von außen, auf bestimmte Sinneseindrücke. Erst wenn diese eintreffen, beginnt das Gehirn mit der Verschaltung und dem Aufbau der zur Verarbeitung dieser Signale nötigen Zellen. Trifft nichts ein, kommt kein optischer Eindruck von der Außenwelt, «meint» das Gehirn, die dafür nötigen Zellen würden nicht gebraucht, und vernichtet sie irreversibel.

Das heißt im Fall jener Babys, die etwas zu spät operiert wurden: Sie haben jetzt zwar funktionierende Augen, aber die Sinneseindrücke, die diese weiterleiten, finden im Gehirn nicht mehr die entsprechende Gegenstelle, die sie verarbeitet. Diese Gegenstelle existiert nicht mehr, und darum bleibt das Kind trotz reparierter Augen blind. «[Viele Patienten] lernten nicht, sich in der Sehwelt zu orientieren, Räume auszumessen oder Objekte zu identifizieren», sagt Singer. «Wenn die kritische Phase für die Entwicklung von Verbindungen in der Sehrinde durchlaufen ist, und sie beginnt beim Menschenkind kurz nach der Geburt und klingt dann im Laufe der ersten Lebensjahre ab, dann kommt jede Hilfe zu spät.»

Warum begeht das Gehirn diese «Dummheit», vorhandene Zellen vorzeitig zu vernichten? Weshalb kommen wir nicht mit einem fertig konstruierten Sehapparat auf die Welt, so wie ein Vogel mit einem fertig konstruierten Flugapparat geboren wird? Jener kann, ohne je geübt zu haben, aus dem Nest hüpfen und fliegen. Sehen dagegen lässt sich offenbar nicht über die Gene erfahrungsunabhängig programmieren, sondern muss erlernt und geübt werden. Warum?

Singer vermutet: Sehen, vor allem beidäugiges, räumliches Sehen sei eine zu komplexe Fähigkeit, um sie von vornherein genetisch festzulegen. Die zwei Bilder, die wir mit beiden Augen wahrnehmen, differieren ja leicht und müssen im Gehirn zur Deckung gebracht werden, erst danach sehen wir auch in die Tiefe, also dreidimensional. Dieser Prozess des Verschmelzens zweier verschiedener äußerer Bilder zu einem einzigen im Kopf hängt von vielerlei Zufälligkeiten ab, beispielsweise von der Körpergröße und dem Abstand der Augen, also von Variablen. Das Kind wächst ja noch. Daher wäre es tatsächlich von der Natur dumm, den Sehapparat vorweg komplett zu programmieren. Die Gene müssten dann den endgültigen Augenabstand und die Körpergröße kennen, und wenn sie den Sehapparat auf diese Größen programmierten, sähe der Mensch erst dann richtig, wenn er die entsprechende Größe erreicht hat. Vorher, also während der ganzen Kindheit und Jugend, sähe er alles verschwommen.

Daher ist es vernünftig, den Sehapparat erst im Nachhinein mit Hilfe der optischen Reize von außen zu entwickeln und ihn ständig an die sich verändernden Größen anzupassen. So bildet das Gehirn mit Hilfe der Umwelt Verschaltungsmuster, die durch genetische Instruktionen allein nicht zu realisieren wären.

Ein weiteres Beispiel für die Einbeziehung der Umwelt in die Entwicklung des Organismus ist ein Versuch, der am Massachusettes Institute of Technology (MIT) mit zwei Kätzchen angestellt wurde. Sie wurden in ein kleines Katzenkarussell gesetzt.

Aber während das eine in einer Gondel saß und passiv bewegt wurde, hatte das andere die Pfoten auf dem Boden und konnte durch sein Laufen das Karussell bewegen. Dieser kleine Unterschied hatte gravierende Folgen. Das Kätzchen, das mit seinen Pfoten das Karussell bewegen durfte, entwickelte sich normal. Das andere war in seiner visuell-motorischen Koordination schwer gestört und nahezu blind. Die Entwicklung des Sehapparats bei Katzen ist also nicht nur von optischen Eindrücken allein abhängig, sondern auch von körperlicher Bewegung. Irgendwo im Katzenhirn fließen taktile, mechanische und optische Informationen zusammen, und erst nach der Verarbeitung dieser unterschiedlichen Informationen kann der Seh- und Bewegungsapparat der Katze gebildet werden.

Drittes Beispiel: Asiaten verfügen als Baby über die Fähigkeit, den Unterschied zwischen r und l wahrzunehmen. Weil aber in ihrem Sprachraum die Unterscheidung dieser Phoneme keine Rolle spielt, verlieren sie diese Fähigkeit wieder und hören als Erwachsene den Unterschied trotz deutlicher Aussprache nicht mehr, und was sie nicht hören, können sie auch nicht sprechen. Gleiches gilt für die Fähigkeit von Skandinaviern, mehr als ein Dutzend verschiedener A-Schattierungen zu hören.

Viertes Beispiel: Es gibt verschiedene Arten von Zeichensprachen für Taubstumme, zum Beispiel die American Sign Language (ALS), die auf den gleichen syntaktischen und grammatischen Regeln aufbaut und ähnlich abstrakte Symbole verwendet wie die gesprochene Sprache. Hier ersetzen lediglich die Hände die Sprachwerkzeuge und die Augen die Ohren. Diese Sprache wird in den gleichen Hirnstrukturen analysiert und produziert wie die gesprochene Sprache. Daneben gibt es noch andere Zeichensprachen, die sich mehr abbildender, mimetischer Strategien bedienen.

Nun zeigte sich: Kinder, die mimetische Sprachen erlernt haben, tun sich schwerer, logische Zusammenhänge höherer Ordnung zu durchschauen. Solche lassen sich mit mimetischen Sprachen nur unvollkommen darstellen, weil mangels abstrakter Symbole und differenzierter Syntax keine komplexen logischen Strukturen aufgebaut werden können. Offenbar kann man also durch den übenden Umgang mit einer differenzierten Sprache lernen, solche abstrakte Konstrukte auch zu denken und sich vorzustellen. Darin steckt, nebenbei, die Bestätigung eines alten Argumentes für Latein: Es schult das Denken. Allerdings schult das Erlernen jeder Sprache das Denken. Und Mathematik auch.

Fünftes Beispiel: Radfahren. Wer erst als Erwachsener versucht, Rad zu fahren, hat größte Schwierigkeiten, im Sattel zu bleiben. Ähnlich verhält es sich mit zahlreichen Sportarten. Wer es darin zur Meisterschaft bringen will, muss als Kind mit dem Training beginnen. Das Gleiche gilt für die Beherrschung von Musikinstrumenten.

Neben solchen frühen Prägungsphasen gibt es aber auch spätere und sehr späte, in denen sich die komplexen kognitiven Leistungen bilden. Die eigene Existenz in der Zeit zu begreifen, Handlungen aufzuschieben und von vorausgehenden Überlegungen abhängig zu machen, ein Konzept vom eigenen Ich zu entwickeln und sich in soziale Wertgefüge einzuordnen, sind Beispiele dafür. Kinder entdecken sich relativ spät als eigenständiges Ich. Erst ab dem zweiten oder dritten Lebensjahr suchen sie nicht hinter dem Spiegel, sondern erkennen sich in ihm und beginnen sich als autonom Handelnde zu erfahren.

Diese höheren Leistungen des Gehirns entwickeln sich so spät, weil sie in vorderen Strukturen des Gehirns angesiedelt sind, die sich ebenfalls erst spät aufbauen. Erst wenn diese funktionstüchtig werden, gelingt es den Kindern, Handlungen aufzuschieben und vorher darüber nachzudenken, ob sie besser jetzt oder später agieren.

Wenn das Hirn verkümmert

Die Beispiele, und es gibt noch mehr, lehren zweierlei: Wie wir werden, was wir sind, ergibt sich tatsächlich aus einem komplexen Wechselspiel von Anlage und Umwelt, und zwar schon von der ersten Zellteilung im Mutterleib an, sagt Singer. Zweitens entwickeln sich bestimmte Fähigkeiten nur, wenn sie von außen stimuliert werden, und auch nur dann, wenn diese Stimulation zur richtigen Zeit erfolgt. Kommt sie zu spät, entwickeln sich bestimmte Fähigkeiten nicht mehr oder nur noch rudimentär.

Da sich also verschiedene Bereiche des Gehirns unterschiedlich schnell und zu unterschiedlichen Zeiten ausprägen, benötigt das Gehirn in verschiedenen Entwicklungsphasen unterschiedliche Informationen aus der Umwelt, um seine Entwicklung optimieren zu können. Die bereits erwähnten elementaren Verschaltungen in der Sehrinde werden sehr früh ausgebildet und dann erfahrungsabhängig optimiert: Bei Kätzchen dauert diese kritische Phase etwa sechs Wochen, bei Primaten einige Monate, und beim Menschen einige Jahre. Dabei ist die Plastizität der neuronalen Architekturen zu Beginn der kritischen Phasen am höchsten und nimmt dann mit der Zeit kontinuierlich ab.

Vom ersten Tag an kann also bedeutsam sein, was ein Kind zu hören und sehen bekommt, wer sich wie und wie oft um das Kind kümmert, und welche Lernangebote ihm gemacht werden. Ebendeshalb sind Vater und Mutter so wichtig. Und weil das Kind in eine Familie hineingeboren wird, ist das, was in dieser Familie während der ersten Lebensjahre geschieht oder nicht geschieht, so bedeutsam für das weitere Leben jedes Menschen.

Unterm Mikroskop könne man geradezu mit den Augen verfolgen, wie das Gehirn verkümmert, wenn es nicht stimuliert wird, sagt Singer. Man könne sehen, wie die Nervenzellen schrumpfen, wenn die visuellen oder akustischen Signale nicht verfügbar sind, die während der entsprechenden sensiblen Entwicklungsphasen benötigt werden. Bei früh Erblindeten kann es vorkommen, dass Hirnrindenareale, die eigentlich mit der Verarbeitung visueller Signale befasst sind, die Auswertung taktiler oder akustischer Signale übernehmen. Blinde, die Braille lernen – also mit den Händen lesen –, benutzen einen Teil der normalerweise für das Sehen zuständigen Hirnrindenareale, um die taktilen Muster zu dechiffrieren. Die Funktionen von Hirnrindenarealen sind also durch Deprivation in Grenzen verschiebbar.

So, wie man am Gehirn sehen kann, wie es schrumpft, wenn bestimmte Möglichkeiten wegen ausbleibender Stimulation nicht realisiert werden, so kann man auch beobachten, wie es wächst, wenn seine Möglichkeiten realisiert und beständig trainiert werden. «Wer früh anfängt, intensiv Geige zu üben, kann erreichen, dass die Repräsentation der linken Hand, welche die Saiten greift, in der Großhirnrinde mehr Platz eingeräumt bekommt als bei Nichtübenden oder spät Berufenen», sagt Singer.

Ob dies auf Kosten anderer Funktionen geschieht, und falls ja, welcher, ist unbekannt. Weil es im Gehirn keine Leerstellen gibt, steht zu erwarten, dass sich das eine nur auf Kosten des anderen ausbreiten kann. Dies auch deshalb, weil die verfügbare Zeit nicht dehnbar ist. Wer Geige übt, kann nicht gleichzeitig sozial kommunizieren, und umgekehrt. Übertraining und Deprivation gehen oft zusammen, weil die Zeit und die Lernfähigkeit von Gehirnen begrenzt sind.

In diesem Zusammenhang räumt Singer nebenbei mit dem von Wochenendtrainern gewinnträchtig vermarkteten Märchen auf, der Mensch nutze nur einen ganz kleinen Teil seiner neuronalen Ressourcen. Das sei Unsinn. «Es gibt nirgends im Gehirn Bereiche, die brachliegen.» Wäre es so, könnte man von dort Gewebe entnehmen, ohne Funktionseinbußen befürchten zu müssen. So ist es aber nicht. Training bewirkt also das Gegenteil von Deprivation. Die Zahl der Kontakte zwischen Nervenzellen nimmt zu, die für die geübten Funktionen zuständigen Areale dehnen sich aus, und die neuronalen Antworten spezialisieren sich auf die trainierten Inhalte.

Der Zusammenhang zwischen der Ausbildung kognitiver Leistungen und Umwelteinflüssen zeigt sich für Singer besonders eindrucksvoll beim Spracherwerb. Die Erstsprache wird mühelos, unbewusst, fast wie im Schlaf, erlernt, wenn jemand da ist, der mit dem Kind während der für die Sprachentwicklung sensiblen Phase gut und viel spricht. Die Zweitsprache, die meist erst im Gymnasialalter angeboten wird, erlernt sich sehr viel schwerer und auf ganz andere Weise als die Erstsprache. Lernen erfolgt jetzt regelbasiert und unter Kontrolle des Bewusstseins. Entsprechend bilden sich unbewusst ablaufende Automatismen für die Decodierung und Produktion von Sprache nur unvollkommen aus. Die Zweitsprache erreicht nur selten das Perfektionsniveau der Erstsprache. Beim Erlernen der Erstsprache werden neuronale Verarbeitungsroutinen ausgebildet, die sich später nicht mehr ändern lassen und auf denen alle anderen Lernprozesse aufbauen.

Singer und viele andere, beispielsweise die Unternehmensberatung McKinsey, leiten daraus die Forderung ab, mit dem Erlernen einer zweiten Sprache wesentlich früher zu beginnen als jetzt.[2] Man könnte sogar überlegen, die Fremdsprache schon im Kindergarten anzubieten und dort so zu lehren, wie die Muttersprache gelehrt wird, nämlich gar nicht. Für das Erlernen der Muttersprache erhält das Kind ja keinen Unterricht. Die Muttersprache lernt es einfach durch Zuhören und Nachahmen der Mutter oder anderer Erwachsener. Genauso würde es eine zweite, fremde «Muttersprache» erlernen. Es müsste einfach jemand da sein, der mit den Kindern in dieser Sprache spricht, und zwar täglich, nicht nur zwei Stunden pro Woche.

Wegen dieser völlig anderen Art des Lernens kann man auch nicht, wie manche es tun, von einer Vorverlegung der Schulzeit in den Kindergarten sprechen. Wer eine Fremdsprache lernt wie seine Muttersprache, unterliegt keinem Leistungsdruck, erhält keine Zensuren und wird nicht um seine Kindheit betrogen. Im Gegenteil: Da das mühselig-langweilige Pauken und Repetieren von Vokabeln und Grammatik später in der Schule entfiele, und die richtige Aussprache und Satzmelodie ebenfalls weniger Mühe bereitete, bestünde die Chance, den späteren Paukstress etwas zu reduzieren.

Eine weitere Schlussfolgerung lautet: Entwicklung bedarf der aktiven, selbst gesteuerten Interaktion mit der Umwelt. Das Kätzchen-Experiment lehrt: Selbermachen ist entscheidend, «weil nur dann der interaktive Dialog mit der Umwelt einsetzen kann, der für die Optimierung von Entwicklungsprozessen unabdingbar ist» (Singer).

Diese Erkenntnis sollte endlich in unseren Schulen beherzigt werden, wo noch immer gilt: *Alle schlafen, einer spricht / dieses nennt man Unterricht.* Physik lernt man nicht gut, wenn man immer nur dem Physiklehrer zuhören muss. Chemie lässt sich besser verstehen, wenn man selber experimentiert. Über Biologie lernt man im Klassenzimmer mehr, wenn man zuvor im Garten gearbeitet hat, im Wald spazieren gegangen ist, vor einem Tümpel gesessen hat, im Meer getaucht ist und im Hochgebirge eine Wanderung gemacht hat.

Dritte Folgerung: Für die Ausbildung verschiedener Hirnfunktionen muss das Rechte zur rechten Zeit verfügbar sein, also nicht zu spät, aber auch nicht zu früh. «Es ist nutzlos und womöglich sogar kontraproduktiv, Inhalte anzubieten, die nicht adäquat verarbeitet werden können, weil die entsprechenden Entwicklungsfenster noch nicht offen sind» (Singer). Leider weiß man aber noch nicht genau, wann das menschliche Gehirn welche Informationen benötigt. Daher empfiehlt Singer, sorgfältig zu beobachten, wonach die Kinder fragen, wofür sie sich interessieren, wonach sie verlangen und wodurch sie glücklich werden.

Aus eigener Erfahrung möchten wir aber ergänzen: Bevor man Kindern gibt, wonach sie verlangen und womit sie angeblich glücklich werden, sollte man dieses Verlangen kritisch hinterfragen. Unsere Kinder, und viele andere auch, verlangen beispielsweise heftig nach Fernsehen, Computer und Videospielen. Weniger heftig begehren sie Bücher. Es ist zwar in unserem Land eine Zeit lang so getan worden, als ob schon Fünfjährige an den PC gesetzt werden müssten, um fit zu werden für das spätere Leben in der Informationsgesellschaft. Doch es scheint sich allmählich herumzusprechen, dass das Gehirn noch kein Zeitfenster für Textverarbeitungsprogramme und Excel-Tabellen entwickelt hat und der Computer daher so lange warten kann, bis jene Fähigkeiten ausgebildet sind, die nur innerhalb bestehender Zeitfenster optimal ausgebildet werden können. Manch ein kindliches Verlangen verlangt danach, auf die richtigen Felder gelenkt zu werden.

Darum schicken wir unsere Kinder lieber in den Klavier- als in den Computerunterricht, denn vom Klavierspielen weiß man: Was Hänschen nicht lernt, lernt Hans nimmermehr. Hätten wir früher gewusst, dass man eine Fremdsprache am besten im Kindergartenalter erlernt, hätten wir uns einen fremdsprachigen Kindergarten ausgesucht – falls es so einen überhaupt gegeben hätte.

Andererseits, warnt Singer, sollte man nicht den Fehler begehen, die Kleinen mit Überangeboten zu überschütten. «Mozart nicht nur im Kuhstall, sondern auch im Babyzimmer, Musik und Malerei aller Stilrichtungen, vielleicht sogar etwas hohe Literatur vorlesen» – das sei natürlich Unsinn. Solch ein Overkill sei eher schädlich. Damit erschwere man seinen Kindern deren Bestreben, das für sie Wichtige selber herauszufiltern.

In den meisten Fällen werde es genügen, darauf zu vertrauen, dass die jungen Hirne selbst am besten wissen, was sie in verschiedenen Entwicklungsphasen benötigen und dank ihrer eigenen Bewertungssysteme kritisch beurteilen und auswählen können. Kinder seien in aller Regel genügend neugierig und wissbegierig, um sich das zu holen, was sie brauchen. Elternehrgeiz sei wenig dienlich, es komme nicht darauf an, was die Eltern wollen, sondern was das Kind mitbringt und will.

Entscheidend für die Entwicklung des Kindes sei die Kommunikation mit ihm, betont Singer und erläutert deren Bedeutung am Beispiel des Autismus. Dessen Entwicklung werde unter anderem darauf zurückgeführt, «dass es den Kindern nicht gelingt, die emotionalen Signale zu dechiffrieren, die ihre Bezugspersonen in ihrer Mimik und Gestik ausdrücken». Wenn die Kinder nicht in der Lage sind, diese bewertenden Signale zu dechiffrieren, führe dies zu sozialer Isolation und in der Folge zu gravierenden Fehlentwicklungen aller höheren kognitiven Funktionen. Der Dialog mit der Umwelt breche ab, und umweltabhängige Entwicklungsprozesse würden fehlgeleitet. Das belege, wie außerordentlich wichtig kommunikative Prozesse für die Hirnentwicklung seien.

Kommunikative Prozesse für die Hirnentwicklung – für uns ist das nur der verwissenschaftlichte Ausdruck für etwas anderes: Familienleben. Familie ist der primäre Ort der «kommunikativen Prozesse für die Hirnentwicklung». Und wie fördert man die Kommunikationsfähigkeit der Kinder so umfassend wie möglich? Nicht nur durch Worte, nicht nur durch rationale Logik und kognitive Inhalte, sondern mehr, besser und effektiver über Emotionen und durch nichtsprachliche Ausdrucksmittel, sagt Singer.

In seiner durch ein langes akademisches Leben geprägten Sprache betont der Professor, es sei «wohl bekannt, dass durch bildnerische, musikalische, mimische, gestische und tänzerische Ausdrucksformen Information transportiert werden kann, die sich in rationaler Sprache nur sehr schwer fassen lässt. Überzeugende Schilderungen widersprüchlicher Gestimmtheiten gelingen nur selten mit Worten allein, es sei denn, es liegt lyrische Sonderbegabung vor. Aber die angesprochenen nichtrationalen

Kommunikationstechniken können gerade solche Inhalte hervorragend vermitteln, weil sie nicht an binäre Logik gebunden sind. Ich behaupte, und entferne mich damit sicher nicht zu weit von der Wahrheit, dass alle Kinder mit dem Angebot kommen, diese nichtrationalen Kommunikations- und Ausdrucksmittel zu nutzen, und dass alle Kinder über sie verfügen, dass wir diese aber zu wenig und, wenn überhaupt, dann zu spät fördern und sie auf Kosten der Ausbildung der rationalen Sprache vernachlässigen oder gar unterdrücken. Hier liegt nach meiner Einschätzung ein Fall von Deprivation vor.»

Damit bestätigt der Professor, was wir schon in unserem ersten Buch geschrieben hatten: «Sprechen, Malen, Zeichnen, Gestalten, Singen, Musizieren, Spielen und Tanzen haben für die Bildung des Menschen auch im Informationszeitalter eine höhere Bedeutung als das Herumklicken mit der Maus im Internet-Explorer.»

Es freut uns, dass wir in dieser Einschätzung nun auch von der Hirnforschung und der Unternehmensberatung McKinsey bestätigt werden.

MOIK, DIE EGERLÄNDER UND ICH

Mir geht es gut. Es ist Samstagabend, ich sitze in der Zinkbadewanne, die Mama in der Küche aufgestellt und mit heißem Wasser vom Küchenherd gefüllt hat. Bullige Wärme erfüllt die Küche, das Herdfeuer knistert. Im Radio beginnt der Bayerische Rundfunk gerade mit dem «Emil Eins-, Zwei-, Drei-Vierlinger» sein Samstagabend-Unterhaltungsprogramm. Die «Ratsch-Katl» ratscht, Rudi Knabl spielt auf seiner Zither, Emil Vierlinger legt Ernst Mosch und seine Egerländer Blaskapelle auf, danach Slavko Avsenik und seine Oberkrainer.
Mama shamponiert mir die Haare. Papa liegt auf dem Sofa und schwelgt im Erzherzog-Johann-Jodler von Sepp Viellechner, am Fußende schnurrt die Katze, am Küchentisch bügelt meine Schwester Lilo die Wäsche.
Beim Spülen mischt Mama Essig in das Wasser. Das gebe dem Haar einen schimmernden, seidigen Glanz, sagt sie. Vierlinger legt den Bayerischen Defiliermarsch auf.
Die Hitze in der Küche und das heiße Wasser in der Wanne machen müde. Nach dem Abrubbeln lege ich mich zu Papa aufs Sofa und schlafe ein, während er mir den Rücken krault und der Trientiner Bergsteigerchor «La Montanara» singt. Oder Rudolf Schock singt irgendwas aus der «Fledermaus». Oder die Ouvertüre zu «Orpheus in der Unterwelt» wird abgenudelt. Oder Hermann Prey schluchzt das Wolgalied. Meistens sind es Walzerklänge von Johann Strauß, die mich in den Schlaf wiegen. Und manchmal werde ich wieder wach vom Radetzkymarsch.
Am nächsten Morgen werde ich von Bratendüften geweckt, denn wir sind in Franken, ganz nah bei Nürnberg. Da gibt es im

Umkreis von 100 Kilometern sonntagmittags zwischen zwölf und eins – selten später, länger kann der Franke nicht warten – überall, zu Hause oder im Wirtshaus, das Gleiche: Braten vom Schwein, Rind oder Kalb und Knödel. Und viel Soße. Soße ist das Wichtigste. Aber erst die Knödel machen den Sonntag rund.
Drei Jahrzehnte später sitze ich auf dem Sofa, gucke Karl Moiks Musikantenstadl in der ARD, habe Hansi Hinterseer, die Kastelruther Spatzen und die Zillertaler Schürzenjäger über mich ergehen lassen und warte auf etwas, was so ähnlich wie Ernst Mosch klingt oder sich nach Oberkrainern anhört. Und da kündigt Moik doch tatsächlich die Oberkrainer an, und wirklich, da stiefelt der alte Slavko in seinen Pluderhosen auf die Bühne und erzählt, dass er jetzt den Stab an Jüngere übergeben hat, ich bin den Tränen nahe, aber in dem Moment kommt die Frau herein, die vorgibt, mich zu lieben, stöckelt kerzengerade auf den Fernseher zu und schaltet aus.
Ich reagiere mit einem Wutanfall. Sie wütet zurück. Seit wir verheiratet sind, ist der Moik ein beständiger Zankapfel unserer Ehe. Anfangs redete ich mich damit heraus, dass ich den Musikantenstadl ja nur gucke, weil er mich als intellektuelles Phänomen interessiere und fasziniere, denn nur bei Moiks Publikum sehe man die Leute, die das deutsche Volk sind. Bei Christiansen, Illner, Reich-Ranicki sehe man doch nur völlig unrepräsentative Randfiguren unseres Volkes, darum müsse, wer etwas über die Deutschen erfahren will, den Musikantenstadl gucken. Man könne sich danach einige Illusionen abschminken, pflegte ich zu heucheln, und nicht nur Illner könne einem helfen beim Vermehren der gewonnenen Einsichten, auch Moiks restringierter Code diene dem Erkenntnis-Interesse – legendär seine Sendung aus Cottbus gleich nach der Wende, wo er den ganzen Fernsehabend mit einem einzigen Satz bestritt: «Ja is dös net der Wahnsinn, hätten Sie vor einem Jahr gedacht, dass wir heut hier aus Cottbus unseren Stadl senden? A Wahnsinn is dös.» Diese Sendung

hat sogar meiner Frau gefallen. Sie setzte sich zeitweise neben mich und guckte tatsächlich den Stadl.
Danach konnte ich sie eine Zeit lang dazu bringen, meinen Musikkonsum leidend zu erdulden. Hielt aber nicht lange vor. Ihre Schmerzgrenze und ihre sowieso nicht sehr ausgeprägte Frustrationstoleranz ließen sie immer häufiger protestierend zum Ausschaltknopf eilen, und wir trugen unsere fruchtlosen Streitigkeiten aus, bis mir Frau Seebacher-Brandt zu Hilfe kam. Irgendwo hatte sie ausgeplaudert, dass auch Willy Brandt gerne Volksmusik und Märsche hörte, und da konnte ich sagen: Also wenn sogar der Willy …
Überzeugte aber nicht sehr.
Sie fragt, ob ich mich nicht geniere für meinen Musikgeschmack. Sie argumentiert, ein Mensch, der höchste Ansprüche an die Sprache stellt, der Grass, Fontane, Lessing und Heine goutiert, könne doch unmöglich diesen tümelnden volksdümmelnden Musikantenstadlscheiß gut finden, und wenn doch, dann solle ich gefälligst Courths-Mahler lesen, denn eines Grass wäre ich dann nicht würdig.
Sie hat ja soo Recht. Aber mir gefällt dieser Scheiß nun mal.
«Das kann dir im Ernst nicht gefallen», sagt sie. «Was kann ich dafür, dass es sich so verhält?», frage ich. Ja wirklich, was kann ich eigentlich dafür?
Irgendwann, nach der tausendundersten Auseinandersetzung und der Ermahnung, doch bitte nicht den Musikgeschmack meiner Kinder zu verderben – es sei schon schlimm genug, dass die armen Kinder mit einem Vater geschlagen sind, der Operetten für das Höchste der Musikkunst und Rudolf Schock für einen großen Sänger hält –, war ich dann wirklich zum Philosophieren genötigt und musste mir eine wasserdichte Erklärung meines unerklärlichen Musikgeschmacks zurechtlegen.
Und so erklärte ich: Diese Klänge von der Eger sind die Klänge meiner Kindheit.

Ich kann ja auch nichts dafür, dass der Bayerische Rundfunk immer Ernst Mosch und seine Egerländer Musikanten spielte. Es gab halt viele sudetendeutsche Flüchtlinge aus Schlesien in Bayern, und die mussten nun vom Bayernfunk auch grundversorgt werden, und wahrscheinlich war der ganze Sender von Sudetendeutschen bevölkert, letztlich liegt es also am verlorenen Krieg, also an Hitler und den Nazis, dass ich auf Ernst Mosch und Slavko Avsenik abfahre, und nun ist das nicht mehr zu ändern. Meine Kindheit war schön, und wenn ich die Egerländer höre, träume ich mich in meine fränkische Kindheit zurück, regrediere ich, vielleicht regredierte auch Willy Brandt, und es muss einem doch erlaubt sein, ab und zu ein wenig zu regredieren.

Aber eigentlich war es dann Florian Illies, der mich über mich selbst aufklärte. Sein Buch über die «Generation Golf» beginnt mit den Sätzen: «Mir geht es gut. Es ist Samstagabend, ich sitze in der warmen Wanne, im Schaum schwimmt das braune Seeräuberschiff von Playmobil. ... Badezimmer heiß. ... Nachher ‹Wetten, dass ...?› im Fernsehen ... kuschle mich in den Kapuzenbademantel, den meine Mutter vorgewärmt hat. ... fühle mich, als hätte der Postbote gerade das Rundum-sorglos-Paket abgegeben ...».

Genau. Es ist eine Prägung. Das Wohlbehagen des rundum von seiner Mutter versorgten Kindes, die Geborgenheit in einem kleinen warmen Raum, das Bad im Wasser und das Bad im Radio- oder Fernsehprogramm haben sich unauslöschlich als Vorstellung von Glück und Geborgenheit in mein Gehirn eingebrannt. Höre ich Ernst Mosch, bin ich glücklich, wie damals in der Badewanne, wie Florian Illies heute, wenn er das Seeräuberschiff von Playmobil in seiner Badewanne schwimmen lässt, oder so ähnlich.

Die letzte Bestätigung finde ich beim Gehirnforscher Wolf Singer. Wenn er sagt, es gebe bestimmte «Zeitfenster», in denen das

Gehirn auf Impulse wartet und, wenn diese ausbleiben, die für diese Impulse vorgesehenen Gehirnzellen für immer vernichtet, dann weiß ich jetzt, was mir geschah. In meinem Gehirn harrten die Zellen erwartungsfroh der Töne, die gleich kommen und sie glücklich machen würden. Und es kam die Egerländer Blasmusik. Vielleicht gab's ja auch Zellen für Bach, Mozart, Beethoven – die haben sich vermutlich, nachdem sie die Egerländer hörten, für immer verabschiedet, und dann hieß es: Fenster zu, und Mozart, Beethoven, Bach müssen draußen bleiben. Deshalb ist es meiner Frau auferlegt, mit einem Mann zusammenzuleben, der unter Musik-Deprivation leidet, und schuld sind Hitler, die Sudetendeutschen, Emil Vierlinger und der Bayerische Rundfunk. Sie machten mich zu einem willenlosen Opfer Karl Moiks und einem Stadl-Junkie.

So erklärt sich wohl auch meine zweite frühkindliche Deprivation. Der Sonntagvormittag, das war in meiner Kindheit ein Synonym für «warten auf die Knödel und den Braten». Um die Zeit bis zum Mittagessen zu überbrücken, ging man in die Kirche. In die evangelische. Da ist man nüchtern. Kaum Bilder an den Wänden. Keine Ministranten in bunten Gewändern, wenig Liturgie und Zeremoniell, nichts Mystisches, keine geheimnisvolle Wandlung von Wein in Blut, nix Weihrauch und Multimedia. Die evangelische Kirche ist monomedial. Es darf gerade noch gesungen werden, aber schon das ist überflüssiges Beiwerk, der reine Luxus. Das Wort ist das einzig zulässige Medium, über das man zu Gott findet, gesprochen von einem Mann in schwarzem Talar. So hat es Luther gewollt. Neuerdings dürfen auch Frauen das Wort ergreifen, aber da hat Luther nichts dagegen, solange es nur im schwarzen Talar und im nüchternen Ambiente eines evangelischen Gottesdienstes geschieht.

Dort, in jenen Gottesdiensten, wurde ich aufs Wort geprägt. Und das Radio hat diese Prägung verstärkt. Fernsehen gab es bei uns erst, als ich schon pubertierte. Daher kann ich gut hören, aber schlecht sehen. Nur Worte sagen mir etwas. Ein Bild mag anderen mehr sagen als tausend Worte, mir sagt es nichts. Den Katholiken vielleicht, mir nicht, ich bin bilderblind. Auch Plastiken sagen kein einziges Wort. Kultische Handlungen und Rituale sind mir fremd, es sei denn ich zerteile einen Knödel oder die Weihnachtsgans. Fotos im *Stern* und in Bildbänden überblättere ich, nur den Text lese ich, und vor moderner Kunst stehe ich wirklich wie der Ochs vorm Berg. Wenn mir dann jemand mit Worten erklärt, was es da zu sehen gibt, dann sehe ich es auch, aber erst dann.

Sehe ich einer Talkshow im Fernsehen zu, fragt meine Frau mich immer, warum ich nicht die Brille aufsetze, ich könne doch gar nichts sehen. «Ich muss sie doch nicht sehen», sage ich, «ich weiß doch, wie die aussehen, und es genügt mir, wenn ich sie höre.» Kommt sie abends von ihrer Sendung zurück, fragt sie, wie mir ihr Outfit und die neue Frisur gefallen haben. «Oh», sage ich, «darauf habe ich nicht geachtet, ich war zu sehr auf das konzentriert, was du sagst.» Es ist Hopfen und Malz verloren mit mir, verrät mir ihr resignierter Blick.

In meinem Elternhaus gab es ebenfalls keine Bilder, nur den röhrenden Hirsch, der gerade vom Jäger abgeknallt wird, daher kommt wahrscheinlich meine lebenslange Antipathie gegen die unschuldigen Jäger. Es gab keine Bilderbücher, keine Malstifte fürs Kleinkind, keine Farben. Wieder wurde ein Zeitfenster zugeknallt, die Zellen fürs Sehen und Malen für immer vernichtet, verschwunden im Nirwana der ungenutzten Potenziale. So wurde ich ein Bilder-Blinder.

Bildung beginnt in der Badewanne, lehrt mein Beispiel, und darum brauchen die kleinen gefräßigen Gehirnzellen ausreichend Futter. Und die Überernährung, die Singer fürchtet, ist immer noch besser, als die Unterernährung. Bach und Mozart soll das Kind hören, wenn es gebadet wird, betörende Düfte soll es riechen, die schönsten Farben soll es zu sehen bekommen, die Odyssee, vorgelesen von Thomas Holtzmann, soll es hören, und später soll es katholische Messen besuchen. Auf den Bäuchen seiner Eltern soll es liegen, und sein Rücken soll gekrault werden, während der CD-Player Strawinsky, Mahler und Hindemith spielt. Vielleicht finden solchermaßen gekraulte Kinder dann tatsächlich auch noch Schönberg und Penderecki schön.

Das mit der Odyssee, das habe ich versäumt bei meinen Kindern, und auch Hindemith war ein seltener Gast, aber Bach orgelte sich vom ersten Tag an in das Gehör meiner Kinder, Mozart spielte auf und Beethoven, Walzer habe ich mit ihnen getanzt, auch sorgte ich für eine farbenfrohe Umwelt und jede Menge Malstifte, Wasserfarben, eine Staffelei, und was soll ich sagen? Es hat sich ausgezahlt. Als unsere Tochter fünf Jahre alt war, hörte sie gern mit ihrem Vater die Egerländer, aber schon mit sechs hatte sie keinen Gefallen mehr daran, und wenn ihr Papa heute mal wieder die Oberkrainer auflegt, reagiert sie schon ganz wie ihre Mutter und findet ihn nur noch peinlich. Auch der Sohn mit seinen neun Jährchen hat das geschmackliche Niveau seines Vaters bereits weit unter sich gelassen.

Beide Kinder spielen Klavier, beide Kinder malen gut, beide interessieren sich sehr für Musik, Livia lässt gerade Britney Spears hinter sich wie einst die Barbie-Puppen-Phase und sucht jetzt sehr eifrig nach der Musik, die ihr zusagt, nach Sängern und Gruppen, die keine Kunstfiguren sind und keine Plastikmusik machen, und da fallen bereits so viele Namen, die ihre Eltern noch nie gehört haben, dass sie in dieser Hinsicht schon jetzt keine adäquaten Gesprächspartner mehr sind für ihre Tochter. Das hat auch sein Gutes, denn damit erobern sich die Kinder zum ersten Mal in ihrem Leben ein Feld, auf dem sie den Eltern überlegen sind, mehr Wissen und die höhere Kompetenz haben und sich abgrenzen können von den Alten.

Schön ist aber, dass es auch Musik gibt, in der sich die Genera-

tionen wieder zusammenfinden. Seit Herbert Grönemeyers «Mensch» haben wir jetzt einen Sänger, der uns schon gefallen hat, als wir noch jung waren, der unseren jüngeren, lange erwachsenen Neffen gefallen hat, als diese noch Jugendliche waren, und von dessen Songs jetzt auch unsere Kinder begeistert sind. An den Elternschreck Eminem, den unsere Kinder gerade eingeführt haben, müssen wir uns allerdings erst noch gewöhnen.
Heute bin ich es, der die Knödel macht, und meine Kinder sind es, die darauf warten, dass sie endlich serviert werden. Und auch das ist wichtig für die Erziehung, denn erstens braucht nicht nur das Hirn sein Futter, sondern auch der Bauch, zweitens gehören Essen und Trinken zur Kultur, und drittens müssen Traditionen gepflegt werden. Nicht nur in Frankreich, auch im Frankenreich ist Essen eine ernste Angelegenheit, wenn auch nicht so kunstvoll verfeinert. Schweinshaxen, Kalbshaxen, Knödel, Bier und Volksmusik – mehr braucht der Franke nicht zu seinem Glück. Leider ist das auch bei mir so. Die Lust auf alles, was dick macht, die Lust auf das Schwere beim Essen und auf das Leichte und Seichte in der Kunst wurden mir damals in der Badewanne während der 50er Jahre eingeprägt. Und man wird das offenbar nie mehr los.
Für mein Egerländer-Problem habe ich inzwischen zwei Lösungen entwickelt, die jedoch noch nicht hundertprozentig funktionieren. Erstens spielen die Egerländer jetzt in meinem Büro, das ich ganz allein für mich habe – blöd ist nur, wenn der junge Wichmann vom SZ-Magazin anruft oder mein Lektor, und die hören im Hintergrund die Blasmusik. Zweitens begebe ich mich, wenn ich mal wieder das Bedürfnis zu regredieren verspüre, in unseren Familien-Van und schalte den CD-Spieler ein. Dann gleite ich in meiner Wanne über die Autobahn, hinten sitzt der Hund, bade in den Klängen der Egerländer und der Oberkrainer, fahre in meine Kindheit zurück, und alles ist wieder so wie damals in der Küche.

«DANN SCHLAFEN WIR EBEN UNTER BRÜCKEN»

Max fühlt sich schlecht. Der Gymnasiast der 12. Klasse sei fast nur noch mit seiner Clique unterwegs, erzählt seine Mutter. Er trinke relativ viel, rauche, habe sich charakterlich verändert, sei sehr aggressiv geworden, habe eine Wut auf alles, empfinde das Leben als unerträglich, sinnlos und langweilig.

«Ich habe mein Zuhause verloren», sagt Max.

Seine Schwester Alicia bekam mit 11 Jahren Tinitus und psychogenen Schwindel. Sie konnte nicht mehr allein zur Schule gehen, weil sie Angst hatte zu fallen. Im Krankenhaus schrie sie vor Panik.

Die beiden haben und hatten Stress. Schon lange. Er begann, als Alicia mitbekam, wie nachts der Vater mit dem Au-pair-Mädchen schlief.

Der Vater log noch einen Monat lang, dann folgte eine lange und schmerzhafte Trennung, während der die Mutter versuchte, die Ehe mit Hilfe einer Therapie zu retten. Vergeblich. Der Mann zog aus, blieb bei der Betreuerin seiner Kinder, und nach 17 Jahren Ehe wurde diese geschieden. Max und Alicia waren damals zwölf und sieben Jahre alt.

Der Vater kümmerte sich seitdem um seine Kinder nicht mehr. Sie hätten ihn sehr gebraucht. Die Mutter hätte gerne gesehen, dass der Vater mal etwas mit den Kindern unternimmt – eine Wanderung mit Übernachtung in den Bergen, ein Abenteuer, Urlaub, irgendetwas. Aber nichts dergleichen geschah. Der Vater hat die Familie vollkommen fallengelassen. Die Kinder verstehen das bis heute nicht.

Schon bald wurde das Verhältnis zwischen Max und seiner

Mutter schwierig, besonders in der Pubertät. Die Mutter legte dem Vater nahe, mal mit seinem Sohn zu reden, sich mit ihm auseinander zu setzen. Der Vater antwortete: «Das ist dein Problem. Das musst du selber regeln.»

Das gemeinsame Haus wurde verkauft. Fremde Leute kamen ins Haus und sahen sich mit ihren Kindern die Kinderzimmer und alles an. Der Vater weg, das Haus weg, weniger Geld – Max erlebte das als sozialen Abstieg und versuchte, wohl mehr unbewusst als bewusst, sich dafür an der Mutter schadlos zu halten, forderte von ihr ein eigenes Auto mit 18, Reisen, Stereoanlage, denn «andere Eltern zahlen alles». Er setzte seine Mutter unter Druck und gab ihr das Gefühl: «Du bist als Mutter dazu verpflichtet, dafür zu sorgen, dass ich auch alles habe. Sonst kriegst du enormen Stress.» Den Unterhalt vom Vater ließ er sich auf sein eigenes Konto überweisen.

«Max scheitert momentan an der nicht gelebten Auseinandersetzung mit dem Vater», sagt seine Mutter. «Dass Eltern nicht gemeinsam sagen können: ‹Du bist unser Sohn, wir lieben dich beide, du bist wertvoll.› Das bräuchte er.»

Zwei Eltern, die ihrem Kind sagen, wir lieben dich beide, das bräuchte nicht nur Max, das braucht jedes Kind. Aber Millionen von Kindern ist dieses eigentlich selbstverständliche Recht nicht mehr vergönnt. Zwischen 1990 und 1999 sind in Deutschland 1,2 Millionen minderjährige Kinder von Scheidung betroffen worden. Viele von ihnen brauchen ein bis zwei Jahre, um damit fertig zu werden, manche auch länger. Scheidungskrisen sind immer auch Entwicklungskrisen der Kinder.

Und es sind Lern- und Bildungskrisen. Die Zeit, die eigentlich dafür vorgesehen ist, zu lernen, sich die Welt anzueignen, optimistisch Zukunftspläne zu schmieden, wird nun benötigt, die eigenen Verletzungen zu kurieren und damit fertig zu werden, dass einem die Eltern den Boden unter den Füßen weggezogen haben. Ein Kind, das von seinem Vater oder seiner Mutter verlassen wurde, interessiert sich nicht mehr für Geschichte, Deutsch oder Algebra.

«Die an unverarbeiteten Eindrücken reiche, an Halt, Begründung, verstandener und verantworteter Ordnung arme und vor allem unruhige, friedlose Welt hat ein Bedürfnis nach Verlässlichkeit in den Kindern aufkommen lassen, das alle anderen Bedürfnisse übertrifft», schrieb Hartmut von Hentig schon 1976.[1] Aber gerade daran – an Sicherheit, Geborgenheit und Orientierung – mangelt es vielen Kindern.

Unter diesem Mangel leiden sie nicht erst bei einer Trennung oder Scheidung, sondern schon vorher, wenn es in der Ehe der Eltern immer wieder kriselt, wenn die Ehe nur noch von wirtschaftlichen Interessen und Konventionen zusammengehalten wird. Die fortgesetzten Spannungen machen den Kindern Angst.

Aus einer guten Ehe dagegen beziehen die Kinder Sicherheit, Geborgenheit und Orientierung. Die Ehe der Eltern dient den Kindern als Vorgabe für ihre eigenen Beziehungen. All das ist so und kann von Eltern gar nicht verhindert werden. Und es hat keinen Zweck, den Kindern etwas vorzumachen. Früher oder später bekommen sie es heraus. Darum gehört zu einer gelingenden Erziehung eine gelingende Ehe.

Das ist natürlich leicht dahingesagt. Ob eine Ehe gelingt oder nicht, das liegt letztlich nicht in unserer Macht, und dass Ehen hierzulande massenweise scheitern, wird schon fast als normal empfunden.

Wir kennen kein Rezept, das zu gelingenden Ehen führt. Wir können nur sagen: Wenn ein Paar ein Kind in die Welt setzt, dann ist es 20 bis 30 Jahre lang für dieses Kind verantwortlich, und darum haben die Eltern um dieses Kindes willen die Pflicht, sich zu vertragen.

Aber wir wissen auch: In vielen Fällen geht es halt nicht mehr. In vielen Fällen ist Trennung besser als fortgesetzter Ehekrieg oder eine Beziehung, die auf Kosten eines Ehepartners geht.

Dann, wenn die Pflicht, sich zu vertragen, beim besten Willen nicht mehr erfüllt werden kann, dann haben die Eltern zumindest die Pflicht, ihre Trennung um der Kinder willen so vernünftig wie möglich zu gestalten.

Und wenn die Eltern es nicht schaffen, ihre Scheidung vernünftig zu gestalten?

Dann sind auch wir so ratlos, dass wir fast geneigt sind, jenen armseligen «Tipp» weiterzugeben, den wir kürzlich im Internet lasen: Schenkt euren Scheidungswaisen einen Hund.

Reinhold Bergler, emeritierter Direktor des Psychologischen Instituts der Universität Bonn, und Tanja Hoff, freiberufliche promovierte Psychologin, haben herausgefunden: Kinder mit Hund verkraften die Scheidung ihrer Eltern besser als Kinder ohne Hund.[2]

Kinder mit Hund, interpretieren die Autoren ihr Forschungsergebnis, «zeigen durch ihre erhöhte Sensibilität, ihre Ängste, ihre verstärkte Mütterbindung, aber auch ihre Stimmungslabilität und Krankheitsanfälligkeit ein auch für die Mütter verständliches Verhalten; es ist unmittelbar vergleichbar mit dem eigenen Erleben und Verhalten». Der Hund helfe den Kindern, ihre Stimmung zu stabilisieren und eine neue soziale Sicherheit zu entwickeln. Daher träten destruktives und potenziell pathologisches Verhalten signifikant weniger auf als bei Kindern ohne Hund.

Die Ergebnisse zeigten, dass in einer verlassenen Familie ein Hund dem Kind all jene Bedürfnisse und Gefühle zu befriedigen vermag, die von der Mutter nur noch beschränkt oder überhaupt nicht erfüllt werden können. Die intensive positive Kind-Hund-Beziehung sei daher auch eine Entlastung für die Mutter und deren eigenes schlechtes Gewissen gegenüber dem Kind.

Hunde als Trost für Scheidungswaisen? Obwohl wir den therapeutischen Effekt von Haustieren gewiss nicht in Zweifel ziehen möchten und unbedingt dafür plädieren, dass Kinder, wenn irgend möglich, mit Tieren aufwachsen sollten, erscheint uns der

Hund als Antwort auf die Probleme der Millionen Scheidungskinder als jämmerliche Lösung. Wenn Ehescheidungen zu unserer Normalität gehören, dann muss es auch zur Normalität gehören, dass für die davon betroffenen Kinder ein Auffangnetz gespannt wird.

In gut funktionierenden Familien wird dieses Netz ganz von selbst aufgestellt. Da springen eben die Großeltern ein, Verwandte, Bekannte und Freunde. Aber wo diese fehlen, fallen die Kinder in ein Loch. Darum ist es die Aufgabe des Staates einzuspringen. Dass Kinder zu Scheidungswaisen werden, fällt fast immer in der Schule auf. Die Schulleistungen gehen rapide zurück, die Persönlichkeit des Kindes verändert sich. Also müsste es in der Schule Psychologen und Pädagogen geben, die sich automatisch um solche Kinder kümmern. Des Weiteren sollte an Ehescheidungen für die Scheidungswilligen die Pflicht geknüpft sein, an einer Scheidungsberatung teilzunehmen, und diese Beratung sollte vor allem das Ziel haben, den Schmerz der Kinder zu minimieren und das Procedere der Trennung möglichst vernünftig zu vereinbaren.

Und vielleicht sollten wir auch erwägen, bei Scheidungen den Tatbestand der strafrechtlich relevanten «seelischen Grausamkeit» einzuführen, denn ein Vater, der, wie jener von Max, seine Familie von heute auf morgen fallen lässt und die von ihm selbst gestiftete Beziehung zu seinen Kindern einfach kappt, handelt nicht nur unverantwortlich, sondern auch grausam. Es geht eigentlich nicht, dass man solch gewissenlosen Elternteilen ermöglicht, sich ohne jede Konsequenz aus so einer Beziehung davonstehlen zu dürfen.

Bis so etwas in die Gänge kommt, wird allerdings viel Zeit verstreichen. An Ehepartner, die sich trennen wollen, kann man daher nur appellieren: Haltet eure Kinder raus aus euren Zwistigkeiten. Missbraucht sie nicht als Ersatzpartner oder als Macht- und Druckmittel gegen den anderen. Benutzt sie nicht für eure Rache, zügelt eure Emotionen und versucht, so viel Vernunft wie möglich in eure Trennung hineinzubringen.

Ganz schmerzfrei für die Kinder wird eine Trennung wohl nie sein, aber doch wenigstens so, wie wir es bei unseren Freunden Dorothea und Horst miterlebt haben. Sie hatte irgendwann erkannt: Es geht nicht mehr mit ihm. Sie sagte es ihm aber nicht gleich, machte ihm keine Szenen, sondern plante einen gemeinsamen Urlaub in Griechenland, und dort sagte sie es ihm ganz ruhig, fast freundschaftlich. Natürlich fiel er aus allen Wolken, wollte sofort abreisen. Darauf war sie vorbereitet. Deshalb konnte sie ihn überzeugen, zu bleiben und miteinander zu reden, denn sie hatten nun Zeit dafür, einen ganzen Urlaub lang.

Am Ende war er damit einverstanden. Es war alles besprochen und geregelt. Die Trennung verlief fast freundschaftlich. Auch jetzt, nach der Trennung, besteht weiterhin ein guter, freundschaftlicher Kontakt. Und für den gemeinsamen Sohn Peter Florian war von Anfang an klar: Trotz der Trennung meiner Eltern bleiben Dorothea und Horst meine Eltern und lieben mich beide. Ich bleibe zwar bei meiner Mutter, aber ich kann auch jederzeit zu Horst gehen. Er ist und bleibt mein Vater.

So ein weiterhin geliebtes Kind ist ganz anders belastbar. Einen gewissen sozialen Abstieg erlebte auch Peter Florian. Das immer schon knappe Geld wurde nach der Trennung noch knapper. Aber darauf war der damals 12-jährige Peter Florian von seiner Mutter schon vorbereitet. Er antwortete darauf mit dem unvergesslichen Satz: «Egal was kommt, Mama, wir bleiben zusammen. Und wenn wir unter Brücken schlafen müssen.»

WER KÜMMERT SICH?

HAUPTAMTLICHE MÜTTER, EGOISTISCHE POWERFRAUEN

Bildung beginnt im Mutterleib, sagen die Hirnforscher. Wie erfolgreich ein Kind in der Schule einmal sein wird, wie leicht oder wie schwer es lernt, wie es sein späteres Leben meistern wird, hängt davon ab, wie ein Kind ins Leben startet. Was aus einem Kind werden kann, wird zu einem beträchtlichen Teil in den Jahren vor seiner Einschulung festgelegt. Danach öffnen sich bis etwa zum vierzehnten Lebensjahr weitere Zeitfenster, und wenn das letzte zugeklappt wurde, öffnet sich keines mehr.

Wir begegnen solchen endgültigen Wahrheiten immer ein wenig skeptisch. Es geht schließlich um Menschen. Und es ist unmenschlich, einem 14-Jährigen zu sagen, bei dir sind jetzt alle Fenster zu, alle Chancen verstrichen. Es ist nicht nur unmenschlich, es ist auch unzutreffend. Die Sache mit den Zeitfenstern ist in der Tendenz sicher richtig, die statistische Wahrscheinlichkeit spricht wohl dafür. Doch bleibt noch viel Spielraum für Ausnahmen und die Kompensation vertaner Chancen. Es darf nicht sein, dass wir 14-Jährige nur deshalb aufgeben, weil deren Leben nicht nach dem von der Hirnforschung vorgesehenen Plan verlief.

Natürlich sollte man die Chancen dann nutzen, wenn sie sich bieten, statt sie später zu kompensieren. Und darum ist es wichtig, die Eltern, das Krippenpersonal und die Erzieherinnen in den Kindergärten darauf hinzuweisen, welche große Bedeutung ihren Worten, Taten und Unterlassungen für das Schicksal der Kinder zukommt.

Wenn diese frühen Jahre so bedeutsam sind, dann stellt sich eine scheinbar längst entschiedene Frage neu: Sollten Mütter wieder mehr an ihre Kinder denken als an ihre berufliche Verwirklichung? Ist es für Kinder besser, wenn die Mutter auf eine Berufstätigkeit verzichtet und ganz für die Familie da ist? Und wenn nicht die Mutter, dann wenigstens der Vater? Mindern wir nicht die Entwicklungschancen unserer Kinder ganz beträchtlich, wenn wir sie in Ganztagskrippen, -kindergärten und -schulen «abschieben»?

Die Frage ist nicht auf unserem Mist gewachsen. Bis vor kurzem dachten wir, sie sei längst entschieden. Inzwischen wurden wir eines besseren belehrt – von zahlreichen unserer Leserinnen und Leser, auf unserer Lesereise.

Wir tourten nach der Veröffentlichung unseres ersten Buches durch rund vierzig größere und kleinere Städte, lasen und diskutierten zwischen Kampen auf Sylt und Konstanz am Bodensee, zwischen Berlin und Saarbrücken und trafen dabei auf viele Zuhörer, überwiegend Eltern, Großeltern und Lehrer. Die Themen der Diskussionen wechselten von Ort zu Ort, mal war's der Computer, mal das Fernsehen, dann das Verhältnis zwischen Eltern und Lehrern, einmal ging's überwiegend um Glaube und Religion, manchmal um Politik, Globalisierung und Wirtschaft. Häufig klagten Lehrer ihr Leid mit den Schülern, zuweilen beschwerten sich die Eltern über die Lehrer, aber ein Thema blieb nie ausgespart: die Frage, ob es nicht besser wäre, wenn wenigstens ein Elternteil, am besten die Mutter, zu Hause bei den Kindern bliebe. Dann wogten die Emotionen hoch. Bei keiner anderen Frage prallten die Meinungen so hart aufeinander wie bei dieser.

Typischerweise beginnen solche Diskussionen damit, dass eine ungefähr 40-jährige Mittelschichtsmutter aufsteht und sagt: «Ich bin ‹Nur-Hausfrau› und ‹Nur-Mutter› zweier Kinder, und ich bin es leid, die Hausfrauentätigkeit und die Erziehung der Kinder gegen eine scheinbar höherwertige Berufstätigkeit verteidigen zu müssen. Ich habe es satt, mich vor anderen dafür rechtfertigen zu müssen, dass ich ‹nicht arbeiten gehe›, als ob ich zu Hause den ganzen Tag lang auf der faulen Haut läge. Ich leiste aber qualifizierte, gesellschaftlich wertvolle Arbeit. Darum fordere ich ein Erzieherinnengehalt und mehr Anerkennung für den Beruf der Hausfrau und Mutter.»

Tosender Beifall.

Typischerweise antwortet darauf der männliche Teil des Autorenpaars, die Dame habe Recht, keiner wisse das besser als er selbst, denn kurz vor der Geburt seines ersten Kindes habe er seine gut bezahlte Festanstellung gekündigt und sich ein ganzes Jahr lang um Haushalt und Kind gekümmert. Nach dem Jahr sei er froh gewesen, wieder ins Büro gehen und sich dort hinter dem Computer vor seiner eigenen Brut verschanzen zu dürfen. Er wisse seitdem, was Hausfrauen und Mütter leisten, worauf sie verzichten, wie wenig Anerkennung es dafür gibt, und seitdem sei er ein Feminist.[1]

Freundlicher Beifall. Und Gelächter. Aber jetzt geht die Diskussion erst richtig los, und die nächste Mutter meldet sich zu Wort und sagt, an den ersten Beitrag anknüpfend: «Umgekehrt müsste es sein. Die berufstätigen Mütter sollten sich eigentlich dafür rechtfertigen müssen, dass ihnen ihr Einkommen, das Auto, der Urlaub und der ganze Konsumrausch wichtiger sind als ihre Kinder. Wenn sie bereit wären, auf materiellen Wohlstand zu verzichten und sich stattdessen mehr um ihre Kinder zu kümmern, dann wäre es um die Erziehung unserer Kinder besser bestellt.»

Mit professioneller Ruhe antwortet darauf der weibliche Teil des Autorenpaars, die ehemalige Mona-Lisa-Moderatorin und bekennende Frauenrechtlerin: «Ich glaube nicht, dass es den berufstätigen Müttern hauptsächlich um Konsum geht. Wer die Lebenshaltungskosten von Familien und die Mieten in München, Frankfurt oder Düsseldorf kennt, weiß, dass das Zweiteinkommen der Frau für viele Familien zum schieren Überleben nötig ist. Und in den Familien, die allein vom Gehalt des Mannes leben könnten, ist vermutlich nur in seltenen Fällen Konsumrausch das Hauptmotiv für die Berufstätigkeit der Frau, sondern in der Regel der

Wunsch nach einem erfüllten Leben, zu dem für viele Frauen nun mal auch die Teilhabe am öffentlichen Leben gehört. Ich habe dreißig Jahre dafür gekämpft und kämpfe noch immer dafür, dass sich Frauen für diesen Wunsch so wenig rechtfertigen müssen, wie die Männer sich dafür rechtfertigen müssen.»

Zu Beginn unserer Lesereise war die Diskussion an diesem Punkt meistens beendet, andere Themen kamen zur Sprache. Aber je länger die Reise andauerte, desto leidenschaftlicher stritten sich Hausfrauen und berufstätige Mütter, Väter und Großväter, Großmütter und Töchter. Richtig gereizt, aggressiv und oft verbittert wurden die Diskussionen von dem Moment an, als die Bundesregierung und die Kultusminister ankündigten, Ganztagsschulen und Kinderkrippen flächendeckend einführen zu wollen. Und der ganz große Schub kam, als der Kanzlerkandidat Edmund Stoiber im Sommer 2002 die unverheiratete, mit einem zweiten Kind schwangere Mutter Katherina Reiche als künftige Familienministerin in sein Wahlkampfteam holte.

Von da an drangen wir mit unseren Argumenten für die Ganztagsschulen und die Vereinbarkeit von Familie und Beruf nicht mehr durch. Da meldeten sich die hauptamtlichen Mütter, sekundiert von ihren Männern und nebenamtlichen Vätern, lautstark zu Wort und vertraten vehement die Ansicht, dass eine liebende, ganztags zur Verfügung stehende Mutter die beste Förderung für das Kind sei.

Diese anscheinend große und wachsende Elterngruppe hält es für unverantwortlich, schon Babys in einer außerhäuslichen Krabbelgruppe abzugeben. Sie verdächtigt den Staat, ihnen ins Handwerk pfuschen zu wollen. Sie erinnert an das DDR-Erziehungssystem und betrachtet Ganztagsschulen und Kinderkrippen als sozialistisches Gedankengut und staatlich verordneten Kinderraub.

Aber da standen die anderen Frauen auf und sagten: Der

Schrei nach Krippen und Ganztagsschulen kommt doch nicht von der Politik, sondern von uns Frauen. Wir haben uns jahrzehntelang gegen den familiären und gesellschaftlichen Druck gewehrt, mit dem wir nach langem Studium oder langer Berufsausbildung mehr oder weniger sanft zurück an den Herd bugsiert werden sollten. Und durch fehlende Kinderbetreuung hat dieser Trick auch jahrzehntelang funktioniert. Die Entscheidung, ob eine Frau Kinder haben und trotzdem berufstätig sein oder sich ausschließlich um ihre Kinder kümmern möchte, sollte aber ihr überlassen sein und nicht durch staatlich geschaffene Realitäten wie fehlende Kinderbetreuung für sie getroffen werden.

«Einverstanden», entgegnet die 38-jährige Mutter dreier Kinder, «aber dann sollen die berufstätigen Mütter sich bitte auch die aggressionsfördernde Frage verkneifen: ‹Und was machst du sonst noch?› Sie sollen uns wohlmeinende Ratschläge ersparen von der Art: ‹Ihr solltet aufpassen, den Anschluss nicht zu verlieren, weil dann eure teure Ausbildung für die Katz gewesen wäre.› Als voll ausgelastete Mutter mit 14-Stunden-Tagen möchte ich nicht mehr gesagt bekommen, dass wir uninteressanten Langweiler unsere Tage hauptsächlich auf der Sonnenbank, beim Friseur und auf der Beauty-Farm verbringen, und schon gar nicht lasse ich mir das von Frauen sagen, die sich von einem «stressigen» 7- bis 8-Stunden-Tag in gepflegter Büroatmosphäre im Fitnesscenter oder in der Kneipe erholen müssen. Auch von dem radikalfeministischen Geschwätz über die ‹Mutterfalle› möchte ich verschont werden, und das Gerede von den Super- und Powerfrauen und all den tollen Existenzgründerinnen, die alles unter einen Hut kriegen, hängt uns ebenfalls zum Hals heraus.»

Tosender Beifall, in den hinein eine 50-Jährige spricht: «Das mit der ‹Mutterfalle› hat mich auch immer aufgeregt. Aber nun bin ich selbst hineingetappt. Vor 25 Jahren habe ich meinen Beruf aufgegeben, um mich ganz der Familie zu widmen. Jetzt sind die Kinder aus dem Haus, mein Mann hat eine Jüngere, und nun stehe ich da ohne Job, ohne Ehemann und ohne Altersversorgung. Ich habe meine Entscheidung tief bereut und rate heute jedem Mädchen und jeder jungen Frau, niemals den Job aufzugeben, denn niemand weiß, was kommt.»

Schweigen, kurze Pause, da sagt die Nächste: «Ich bin 35 Jahre alt, habe nur ein Kind, aber mich aus freien Stücken entschieden, für dieses Kind meinen akademischen Beruf aufzugeben. Mein Tag besteht aus so unwürdigen Tätigkeiten wie Kochen, Waschen, Putzen, Bügeln, Einkaufen, Kind versorgen und Hausaufgaben überwachen. Ich habe damit die Fremdbestimmung akzeptiert, welche die Bedürfnisse eines Kindes auf eine Mutter ausüben. Was ich aber nicht akzeptiere, ist der Hochmut, mit dem mir Frauen begegnen, die nicht aus finanzieller Not arbeiten müssen, sondern aus Gründen der Selbstverwirklichung ihre Babys in der Krippe abgeben. Ich möchte darum fragen, wer eigentlich mehr Ansehen verdient: die berufstätige Mutter, die ohne Not Haushalt und Kindererziehung in fremde Hände abgibt, auf nichts verzichtet, weiterhin ihrem Beruf und somit auch ihren persönlichen Interessen nachgeht und sich als Powerfrau bezeichnet, oder die Frau, die ihre Interessen den Interessen ihrer Kinder unterordnet?»

Von heftigem Beifall, aber auch Unmutsäußerungen und Gemurmel unterbrochen, spricht sie weiter: «Statt Ganztagsschulen zu bauen, wäre es besser, die Rolle der Familie zu stärken. Das Geld, das diese Einrichtungen kosten, sollte man besser den Familien geben, dann würde es Eltern leichter gemacht, halbtags zu arbeiten und sich die Arbeit zu teilen. Oder ein Elternteil, in der Regel die Mutter, kann sich zu Hause ganz der Kindererziehung widmen und erhält auch noch gesellschaftliche Anerkennung in Form von Geld.»

In die aufsteigende Unruhe hinein sagt ein älterer Herr: «Ich halte flächendeckende Kinderkrippen und Ganztagsschulen für eine Katastrophe, denn staatliche Betreuung ist staatlich organisierte Verwahrlosung.»

«So ein dummes Geschwätz», antwortet darauf erregt eine Zwischenruferin, «die staatliche Nichtbetreuung ist es, die zu Verwahrlosung führt. Hunderttausende von Kindern berufstätiger Eltern hängen nachmittags zu Hause allein vorm Fernseher herum.»

Ein Mann sagt: «Ich glaub, ich bin im falschen Film. Während nahezu alle Industrienationen ihre Kinder von 8 bis 16 Uhr unterrichten lassen, kultivieren wir hier in Deutschland einen Müttermythos, dass es einem die Schuhe auszieht. Ich wohnte bis vor kurzem noch in Spanien, wo es eine solch absurde Diskussion nicht gibt. Ich habe drei Kinder, die alle in einer Kindertagesstätte von qualifiziertem Personal liebevoll betreut worden sind. Sie haben sich völlig normal entwickelt, haben gelernt, mit anderen Kindern umzugehen, und meiner Frau und mir wurde dadurch ermöglicht, unseren Beruf auszuüben. Mit bestem Gewissen. Ich glaube nicht, dass es Eltern auferlegt ist, sich für ihre Kinder zu opfern, sondern dass es genügt, einen vernünftigen Interessensausgleich zwischen Eltern und Kindern zu realisieren. Die Meinung, Kinderbetreuung in der Krippe bedeute ein kaltblütiges Verlassen der Kinder durch ihre Eltern, ist mir in ganz Spanien nicht begegnet und übrigens auch nicht in Frankreich, wo ich ebenfalls ein paar Jahre arbeitete. Die Deutschen sollten sich mal in der übrigen Welt umsehen, bevor sie sich hier einem abenteuerlichen Mütterkult hingeben.»

Eine resolut wirkende ältere Dame wendet ein: «Ich kenne eine wachsende Zahl junger, hoch qualifizierter Frauen, übrigens auch im Ausland, die ihre Kinder in den ersten Lebensjahren nicht weggeben oder von des Deutschen nicht mächtigen philippinischen Kindermädchen notdürftig versorgen lassen. Diese freiwillig auf eine große Karriere verzichtenden Frauen haben erkannt, dass es die Kinder sind, die den Preis für die Selbstverwirklichung der Mütter bezahlen. Hut ab vor diesen Müttern, und bitte ein bisschen weniger Weihrauch für die Powerfrauen und deren Wertesystem Job – Geld – Anerkennung.»

«Warum ist eigentlich immer nur von den verzichtbereiten Müttern die Rede», fragt eine Studentin, «warum spricht keiner von den nicht zum Verzicht bereiten Vätern, und warum wird immer nur den Frauen, nie aber den Männern vorgeworfen, dem verwerflichen Wertesystem Job – Geld – Anerkennung anzuhängen? Ist es denn für die militanten Mütter so schwer zu begreifen, dass viele Frauen einfach nicht mehr einsehen wollen, warum sie allein für die unbezahlte Haus-, Erziehungs- und Pflegearbeit mit all ihren finanziellen und ideellen Nachteilen zuständig sein sollen? Im Übrigen sind viele Familien nur deshalb auf die Notlösung ‹philippinisches Kindermädchen› angewiesen, weil es bessere Lösungen nicht gibt und nach dem Willen der hier anwesenden militanten Mütter offenbar auch nicht geben soll.»

Protest gegen den Begriff «militante Mütter».

Ein Vater meldet sich zaghaft zu Wort und sagt, an die Gegner der Krippen gewandt: «Auch meine Frau und ich lassen unsere Kinder in einer Kindertagesstätte betreuen, aber nicht, weil wir uns der Sorge um unser Kind entledigen wollen, sondern, weil weder das Gehalt meiner Frau noch das meinige allein ausreichen würde, um die Kosten einer vierköpfigen Familie zu bestreiten. Es gäbe natürlich eine Alternative: Meine Frau gibt den Beruf auf, kümmert sich um die Kinder, und wir beantragen Sozialhilfe. Wollen Sie das?»

Wir spürten bei diesen Diskussionen: Das Thema geht Paaren mit Kindern unter die Haut. Und wir haben eine Weile gebraucht, um uns darauf einzustellen, denn die Wiedervorlage der altbekannten Frage, wie wir das Familienleben und die Erziehung von Kindern organisieren sollen, hat uns überrascht. Wir meinten, nachdem unzählige Bücher über die Emanzipation der Frau und die Vereinbarkeit von Familie und Beruf geschrieben wurden, sei eigentlich alles gesagt. Nun lernten wir: Diese Diskussion ist offensichtlich an vielen Männern und Frauen vorbeigerauscht. Die Jungen haben davon möglicherweise noch nie etwas gehört. Auch die Ostdeutschen kennen die westliche Frauenbewegung, wenn überhaupt, nur vom Hörensagen. Ein Teil der ostdeutschen Frauen, daran gewöhnt, dass ihnen der DDR-Staat die Kinder abnahm, versteht nicht, warum der BRD-Staat dies nicht tut. Andere werden es gerade schätzen, dass sie zum ersten Mal in ihrem Leben – zumindest theoretisch – selbst entscheiden können, ob sie zu Hause bei den Kindern bleiben oder arbeiten gehen.

Aber es handelt sich nicht um eine bloße Wiedervorlage einer alten Diskussion. In der alten Diskussion stand das Interesse der Frauen an Teilhabe am öffentlichen Leben im Vordergrund. Wegen dieses Interesses forderten die Feministinnen Kinderbetreuungseinrichtungen. Es ging um die Frauen, nicht um die Kinder.

In der neuen Diskussion geht es um die Kinder. Woraus sich fast zwangsläufig die Frage ergibt: Werden Kinder in der Krippe und im Kindergarten in ihrer Entwicklung wirklich so gut gefördert wie zu Hause bei den Eltern?

Diese Diskussion mögen manche Feministinnen für überflüssig halten. Es nützt nichts, denn die Debatte hat bereits begonnen, und sie riecht nach Kulturkampf.

WIE VIEL MUTTER BRAUCHT DAS KIND?

Viele Eltern meinen, die Erziehung zu Hause sei besser als die Erziehung unter staatlicher Obhut. Auch konservative Redakteure und manche Persönlichkeiten des öffentlichen Lebens teilen diese Meinung. Bereits im Januar 2002 schrieb die *Frankfurter Allgemeine Zeitung* über den Kinder- und Jugendbericht der Bundesregierung, er verkomme zum Gleichstellungs- und Frauenbericht. Nicht die Frage, wer in dieser Gesellschaft eigentlich noch Kind sein wolle, stehe hinter der Sorge über eine «kinderarme Gesellschaft», sondern «eine als Familienpolitik getarnte Bevormundung der Eltern». Dabei verschwendeten «die Sozialingenieure verkorkster Kindheiten keinen Gedanken darauf, wie man Kinder so nahe wie möglich an der Familie halten, sondern wie der Staat seine ‹kindergerechte› Planungswut ausleben kann». In Deutschland wolle man das DDR-Vorbild «flächendeckender Kinderbetreuungssysteme» verwirklichen – «wer solche Wortungetüme erfindet, sperrt Kinder weg, wie zur Strafe»[1].

Als die Bundesregierung dann im Frühjahr 2002 ihre Krippen-Pläne bekannt gab, konstruierte dieselbe Zeitung einen Zusammenhang zwischen staatlicher Säuglingsbetreuung und Kriminalität in der DDR. Niemand könne übersehen, «dass Jugendkriminalität, Gewaltbereitschaft und politischer Extremismus gerade dort am besten gediehen sind, wo die angeblich erstrebenswerte Säuglingsbetreuung schon seit Generationen verwirklicht ist und sogar die DDR überdauert hat».[2]

Nach Reiches Berufung in Stoibers Kompetenzteam ging der Kölner Kardinal Meisner auf die Barrikaden und schimpfte, für eine Partei, die das Wort christlich im Namen führe, sei Stoibers

Entscheidung nicht hinnehmbar. Von der gesellschaftlichen Wirklichkeit her sei die Nominierung von Frau Reiche zwar nachzuvollziehen, weil ein großer Teil unserer Gesellschaft das christliche Ehe- und Familienideal nicht mehr akzeptiere, aber für CDU und CSU wäre es dann auch «konsequenter, das C aus dem Parteinamen zu streichen»[3].

Reiner Sans, Rechtsdirektor der Caritas, fragte im hauseigenen Blatt, wer eigentlich an Frau Reiches Kinder denke. «Erziehung ist Beziehung und diese braucht Zeit, und zwar von beiden Elternteilen.» Katherina Reiches Denkweise scheine zu sein, dass das Hinzukommen eines Kindes sie nicht weiter tangiere. Man höre, die Betreuung und Erziehung würden der Vater und die Großeltern übernehmen. Dies sei keine Teilung der Erziehungsarbeit. Es genüge nicht, «dass die Ministerin abends um 19 Uhr von einem wichtigen Termin aus zu Hause anruft und ihrem Kind eine gute Nacht wünscht». Statt angesichts von PISA, Erfurt und Fachkräftemangel den Schluss zu ziehen, Erziehungsarbeit sei die wertvollste Arbeit, die es in einer Gesellschaft gibt, setze Stoiber «hier weiter auf die uneingeschränkte Vorfahrt der Erwerbsarbeit – ein grundverkehrtes Signal», meint der Caritas-Direktor.[4]

Hier platzt uns der Kragen. Wir nehmen die von konservativer Seite erhobenen Einwände gegen die staatliche Kinderbetreuung durchaus ernst, möchten aber den Caritas-Direktor fragen: Hätte er so etwas auch geschrieben, wenn Stoiber einen jungen Mann berufen hätte, der gerade im Begriff ist, Vater zu werden? Hätte er geschrieben, es genüge nicht, dass der Minister abends um 19 Uhr von einem wichtigen Termin aus zu Hause anruft und seinem Kind eine gute Nacht wünscht? Wenn er es geschrieben hätte, müsste er aber vielen Millionen jungen karrierewilligen Vätern ähnlich harte Abmahnungen schicken.

Vorwürfe gegen berufstätige Frauen kommen neuerdings auch aus dem Lager der Bevölkerungspolitiker und Demographieforscher, denn auch am Rückgang der Geburtenrate und der dadurch bevorstehenden Überalterung unserer Gesellschaft sei der Selbstverwirklichungstrip der Frauen schuld, sagen sie.

«Die Kinderarmut individualistischer Wohlstandsgesellschaften», schreibt der Bonner Sozialwissenschaftler Meinhard Miegel, «ist nicht die Folge unbeabsichtigter Fehlentwicklungen, die sich durch zusätzliche Kindergartenplätze oder höhere steuerliche Freibeträge beheben ließen. Vielmehr ist sie Ausdruck des Wesenskerns dieser Gesellschaft. Sie eröffnet breitesten Schichten Möglichkeiten, denen gegenüber die Option, Kinder großzuziehen, häufig wenig verlockend erscheint.»[5]

Wir sind zu egoistisch, um noch Kinder zu kriegen, will Miegel damit sagen, deshalb sind wir zum Aussterben verurteilt. Untergang durch Egoismus, lautet die Botschaft, und ein Redakteur der *Süddeutschen Zeitung* stimmt damit überein, wenn er fragt: «Werden kritische Fernsehserien die Geschichte aufarbeiten und die Verbrechen der Selbstverwirklichung ums Jahr 2000 anprangern? Das Material dafür liegt bereit», sagt er und nennt als Beispiel dafür, unter anderen, «die Filme über Christopher-Street-Day-Umzüge».[6]

Warum verwirklicht sich der Autor als Feuilletonredakteur, möchte man fragen, warum nimmt er nicht Abstand von diesem «Verbrechen der Selbstverwirklichung» und zieht als Hausmann viele Kinder groß?

Das ist typisch deutsch: Die einfache Frage, was gut sei für unsere Kinder, mündet sogleich in einen erbitterten Weltanschauungsstreit, in dem noch einmal die Schlachten von gestern und vorgestern geschlagen werden. Statt pragmatisch nach den besten Lösungen für Kinder und Familien zu suchen, wird um das richtige Verständnis von Familie gestritten, das christliche Eheverständnis beschworen, die Schwulenehe als Vorbote des Untergangs erkannt, der Egoismus der Gesellschaft gegeißelt und der Hedonismus und die Emanzipation der Frau abermals als Ursache allen Übels gebrandmarkt.

Dabei verhält es sich in Wahrheit viel einfacher, wie wir aus eigener Erfahrung wissen. Die Frage, ob es verantwortungslos sei, sein Baby wenige Monate nach der Geburt tagsüber in einer Kinderkrippe abzugeben, hat sich für uns gar nicht gestellt, als wir 1990 unser erstes Kind bekamen. Die wenigen Krippenplätze, die es damals in München gab, reichten nicht einmal für die Kinder allein erziehender Mütter. Daher war für uns klar: Einer von uns beiden wird beruflich kürzer treten müssen. Nein, noch krasser: Beide werden kürzer treten müssen, aber der eine noch ein bisschen mehr als die andere.

Im Jahr 2003 stellt sich die Situation für Paare, die einen Kinderwunsch haben, kaum anders dar. 1998 gab es in Westdeutschland für hundert Kinder drei Plätze in Kinderkrippen, vier in Horten, 17 in Ganztagskindergärten und 70 in Halbtagskindergärten. In Ostdeutschland ist die Lage etwas besser, aber zugleich fällt es den ostdeutschen Ländern und Kommunen schwer, diesen Vorsprung zu halten. Über Zahlen für das Jahr 2003 verfügen wir nicht, doch man kann davon ausgehen, dass sie sich nur unwesentlich von denen des Jahres 1998 unterscheiden.

Diese Tatsache stellt viele Frauen vor eine einfache, aber schwerwiegende Wahl: Entweder sie entscheiden sich für Kinder, dann müssen sie ihren Beruf aufgeben. Oder sie entscheiden sich für ihren Beruf, dann können sie keine Kinder haben, es sei denn, die Großeltern kümmern sich, oder das Familieneinkommen reicht, um eine private Kinderbetreuung zu finanzieren. Oft wird dann das ganze Nettogehalt der berufstätigen Mutter einfach nur an das Kinderbetreuungspersonal weitergegeben. In vielen Fällen entscheiden sich viele Frauen – ob aus Not oder Gründen der Selbstverwirklichung, sei dahingestellt – für einen Ganztagsberuf, und dann enden die Kinder eben am Nachmittag vor diversen Schmuddeltalkshows. Für solche Kinder wären Ganztagsschulen ein Segen.

Deshalb ist der Streit über staatliche Kinderbetreuung ein

Phantomstreit. Kein einziges Elternpaar in Deutschland muss unter der Angst leiden, der Staat wolle ihm die Kinder entreißen und ihm in die Erziehung pfuschen. Das Gegenteil stimmt. Wer sich heute für ein Kind entscheidet, muss unter der Angst leiden, sozial abzusteigen, weil ihm der Staat nicht hilft. Eltern, die aus wirtschaftlichen Gründen gezwungen sind, ganztags zu arbeiten, müssen notgedrungen ihre Kinder nachmittags bis abends sich selbst überlassen und können nicht kontrollieren, was sie während dieser Zeit tun. Ebendarum sind Kinderkrippen und Ganztagsschulen endlich die richtige Antwort auf dieses Problem.

Die Verwirklichung dieser Antwort wird angesichts der leeren Staatskassen lange dauern, viel zu lange. Auch deshalb ist die Angst vor einer Entmündigung der Eltern und einem DDR-Erziehungssystem eine Phantomangst.

Der Herbst der Patriarchen

Kinder sind das private Glück jeder Familie – und zugleich eine Investition in die Zukunft der Gesellschaft. Unsere Gesellschaft aber behandelt Kinder als pures Privatvergnügen und reinen Kostenfaktor.

Weil die Kosten der Kinder fast allein den Eltern aufgebürdet werden, und weil fehlende Kinderbetreuungsmöglichkeiten einen Elternteil – meistens die Frau – zwingen, den Beruf aufzugeben oder beruflich kürzer zu treten, beschloss jede Frau für sich, entweder gar keine oder nur wenige Kinder zu bekommen oder nur ein einziges. Im Ergebnis führte das zu einem fast kollektiven Gebärstreik und einer Geburtenrate von 1,35 Kindern pro Frau.

«Deutschland ist hinsichtlich der familienergänzenden Betreuungsmöglichkeiten ein unmodernes Land, nahezu ein Entwicklungsland, mit schwerwiegenden Auswirkungen auf die Geburtenrate, mittlerweile der niedrigsten in Europa», sagte Familienministerin Renate Schmidt vor dem Deutschen Bundestag und fügte eine erschreckende Zahl hinzu: «41 Prozent der Akademikerinnen bis zum 39. Lebensjahr sind kinderlos. Gleichzeitig ist die Quote der Erwerbsbeteiligung der Frauen, der am besten ausgebildeten Frauengeneration, die es jemals in Deutschland gab, ebenfalls eine der niedrigsten in Europa.»[7]

Der eklatante Mangel an Kinderbetreuungseinrichtungen in Deutschland ist einer der Hauptgründe für die beispiellos niedrige Geburtenrate in unserem Land. Ein zweiter wichtiger Grund liegt in der finanziellen Benachteiligung der Familien. Nach einer kürzlich veröffentlichten Studie des Statistischen Landesamts Baden-Württemberg betrug das durchschnittliche Pro-Kopf-Einkommen dreiköpfiger Familien 1998 netto nur 63 Prozent des durchschnittlichen Einkommens kinderloser junger Paare. Bei zwei Kindern sank das Verhältnis auf 51 Prozent und bei drei Kindern auf 43 Prozent. Zwar stieg in den vergangenen Jahren das Kindergeld, aber dieser Anstieg wurde praktisch komplett aufgefressen von den Erhöhungen der Mehrwert-, Mineralöl- und Ökosteuer. Alle drei Steuern belasten Familien viel härter als kinderlose Haushalte.[8]

Ein dritter wichtiger Grund für die geringe Zahl von Geburten liegt in unserer Art zu wirtschaften. Die unter dem globalen Wettbewerbsdruck ächzenden Unternehmen bevorzugen und begünstigen den kinderlosen und darum flexiblen, mobilen und jederzeit verfügbaren Single. Und weiterhin den Familienvater, der seine Familienpflichten komplett an seine zu Hause waltende Ehefrau delegiert hat. Nur diese beiden Gruppen machen heutzutage noch echte Karrieren. Alle anderen strampeln sich im Mittelfeld und darunter ab.

Wer sich angesichts dieser Wirklichkeit gegen Kinder entscheidet, handelt nicht egoistisch, wie Meinhard Miegel und andere Demographie-Experten suggerieren, sondern eher realitätsgerecht und verantwortungsbewusst. Wer daher höhere Geburtenraten will, muss diese Realität ändern. Aber die Änderung kann nicht, wie es Konservative neuerdings wieder mehr oder weniger offen nahe legen, die Rückkehr der Frau an den Herd bedeuten. Vielmehr muss das viel zu lange verschleppte Problem der Vereinbarkeit von Familie und Beruf und der finanziellen Entlastung der Familien gelöst werden.

Laut Grundgesetz darf niemand wegen seines Geschlechts benachteiligt werden, und darum hat auch niemand jene Frauen zu kritisieren, die sich angesichts fehlender Betreuung für den Beruf und gegen Kinder entscheiden. Man kann das beklagen, man kann den Frauen aber nicht die Verantwortung für das Aussterben der Deutschen anlasten. Diese Verantwortung liegt bei Politikern, die sich dreißig Jahre geweigert haben, die Forderungen vieler Frauen nach Vereinbarkeit von Familie und Beruf zur Kenntnis zu nehmen. Die Verantwortung liegt bei Unternehmern und Managern, die dieses Problem als ein Privatproblem der Frauen betrachtet und sich nie mit der Frage auseinander gesetzt haben, wie eine Wirtschaft gestaltet werden müsste, in der man Kinder erziehen und trotzdem Karriere machen kann. Die Verantwortung liegt auch bei den Männern, die zu einer echten Teilung der Haushalts- und Erziehungsarbeit bis heute nie ernsthaft bereit waren.

Wer Frauen für ihren Selbstverwirklichungstrip kritisiert, muss auch die Männer dafür kritisieren, die noch immer wie selbstverständlich für sich das Recht in Anspruch nehmen, mit dem täglichen Kleinkram des familiären Haushalts und der Erziehung nicht belästigt zu werden. Die Verantwortung für niedrige Geburtenraten liegt schließlich auch noch bei jenen zahlreichen Männern, die selbst ebenfalls keine Kinder wollen, denn man täusche sich nicht: Es sind nicht allein die Frauen, die mit Pille und straffreier Abtreibung das Regiment in der Geburtenkontrolle übernehmen. Auch Männer haben ihren Anteil daran. Frauen trennen sich oft von ihrem Partner, weil der kein Kind will, sagt der Berliner Psychoanalytiker Horst Petri.

Dass der Geburtenrückgang auch eine Folge der Frauenemanzipation ist und mit dem Wunsch der Frauen zusammenhängt, ebenso selbstbestimmt leben zu dürfen, wie es die Männer seit fünftausend Jahren tun, ist unbestritten. Aber was bringt es, darüber zu räsonieren? Möchten jene, die ihre Ressentiments äußern, die Frauen wieder zurück an den Herd schicken? Wenn ja, sollen sie es freiheraus sagen, damit die Frauen wissen, wen sie auslachen sollen. Wenn nein, sollten die Räsonierer aufhören, die Selbstverwirklichung der Frau zu beklagen, und stattdessen konstruktive Vorschläge zur Lösung der sich daraus ergebenden Probleme machen. Oder mit gutem Beispiel vorangehen und auf die eigene Selbstverwirklichung verzichten.

Für manchen Patriarchen wäre es auch gut, das Problem zuerst mit seiner bestens ausgebildeten Tochter zu besprechen. Wenn er sie davon überzeugen kann, dass es für sie, ihre Kinder, die Renten und die Demographie besser sei, sich nach der Promotion ganz der Erziehung vieler Kinder zu widmen, dann mag er seine Überzeugungskraft auch bei den Töchtern anderer Leute erproben.

Natürlich ergeben sich Probleme, wenn die Frauen sich plötzlich weigern, die ihnen seit fünftausend Jahren zugemutete Rolle der Hausfrau, Mutter und Altenpflegerin weiter anzunehmen. Auch die Sklavengesellschaft hatte Schwierigkeiten, als die Sklaverei abgeschafft wurde, und so wie damals zahlreiche Sklavenhalter die Rückkehr zur Sklavengesellschaft forderten, so scheinen heute zahlreiche Patriarchen die Rückkehr zum Patriarchat nahe zu legen. Die Geschichte schritt über die Sklavenhalter hinweg. So wird sie auch mit den Patriarchen verfahren.

Es täte deutschen Patriarchen gut, einen Blick über die Grenze zu werfen, in all die anderen Industrieländer, in denen Kinder staatlich betreut werden und von 8 bis 16 Uhr die Schule besuchen. Wachsen dort kleine Monster heran?

Ein konstruierter Zusammenhang zwischen Krippenerziehung und Kriminalität wird daher auch dann nicht klüger, wenn er in der Zeitung steht. Mehr als 90 Prozent der Ostdeutschen haben die DDR-Krippenerziehung am eigenen Leib erfahren. Sie müssten demnach alle kriminell, verwahrlost und gewalttätig sein, wenn die Kausalität zuträfe. Und die Fälle von Verwahrlosung, Kriminalität und Rechtsextremismus, die es im Osten, wie auch im Westen, zweifellos gibt, haben zum geringsten Teil etwas mit der DDR-Krippenerziehung zu tun, aber viel mit der Wucht des durch den Mauerfall verursachten Umbruchs, der das Leben jedes Ostdeutschen in ein Leben vor und nach der Wende geteilt hat.

Die meisten haben dieses Leben bravourös gemeistert, einige sind unter dieser Wucht zerbrochen. Viele leiden unter Arbeitslosigkeit, Perspektivlosigkeit, Zukunftslosigkeit. Es ist noch immer die größte innenpolitische und gesellschaftliche Aufgabe, diesen Menschen zu helfen, wieder auf die Beine zu kommen. Und schließlich führt die Tatsache, dass es Gewalt, Kriminalität und Verwahrlosung auch im Westen gibt und immer schon gegeben hat, den konstruierten Zusammenhang zwischen Krippenerziehung und Kriminalität völlig ad absurdum. Der Verweis auf das DDR-Krippensystem eignet sich jedenfalls nicht, um die Frau wieder zurück an den Herd zu bugsieren.

Und es schadet auch nichts, gelegentlich die kalte Sprache der Statistik zur Kenntnis zu nehmen: Viele derer, die sich heute entscheiden, für Mann und Kinder auf die eigene Berufsausübung und die Verwirklichung eigener Interessen zu verzichten, werden 20 bis 25 Jahre später von diesem Mann gegen eine Jüngere ausgewechselt und sind dann sehr einsam, ohne Aussicht auf einen Job, mit geringer Altersversorgung und darum bis zu ihrem Lebensende in finanziellen Schwierigkeiten.

Wir erlebten gerade wieder in unserem Bekanntenkreis, dass eine Ehe in die Brüche ging, und jetzt sagt die betroffene Ehefrau: «Für mich ist es eine besonders schlimme Erfahrung, dass ich mit 42 Jahren dastehe und meine Kinder nicht selbständig ernähren kann. Weil ich in die Falle getappt bin und den Beruf aufgegeben habe.» Hunderttausende von Frauen in ähnlicher Lage könnten dies unterschreiben.

Schon weil es jede treffen kann, ist es nicht Ideologie oder Bösartigkeit, sondern Realismus, wenn man jungen Frauen rät, nie ihren Beruf aufzugeben. Und auch in jenen Fällen, in denen die Ehe bis ins Alter hält, kann der Beruf für die Frau ein wichtiger Faktor der Lebensqualität sein, denn die Kinder verlassen irgendwann das Haus, und dann kann es in diesem leeren Haus schnell langweilig werden. Viele Frauen sind darum froh, dass sie in dieser Situation einen Beruf haben. Unabhängig davon gehört für viele Frauen eine Berufstätigkeit einfach zu ihrem Leben. Niemand hat das Recht, die Frauen dafür zu verurteilen, dass sie genau wie die Männer ihr Leben nach eigenen Vorstellungen gestalten wollen. Frauen, die sich trotzdem anders entscheiden, zugunsten der Kinder auf die Verwirklichung eigener Vorstellungen verzichten und auch bewusst das Risiko eingehen, nach einer Scheidung schlecht dazustehen, verdienen natürlich höchsten Respekt und sollten von hochmütigen Fragen, ungebetenen Ratschlägen und vergiftetem Spott verschont bleiben.

Auch berufstätige Frauen sollten darauf verzichten, ihre eigene Lebensweise zur allein selig machenden zu erklären. Beide, berufstätige und nichtberufstätige Mütter, haben ihre eigenen spezifischen Probleme, und die wären leichter lösbar, wenn beide Gruppen einander mit mehr Achtung und Verständnis begegneten.

Die Geburtenrate in Deutschland ist seit Jahrzehnten zu gering, das ist wahr. Meinhard Miegel hat wahrscheinlich Recht, wenn er sagt, dass sie auch dann nicht mehr drastisch hochschnellen würde, wenn durch genügend Kindergartenplätze, Ganztagsschulen, steuerliche Erleichterungen und üppiges Kindergeld für Familien wichtige Gründe für die Kinderlosigkeit entfielen. Auch dann würde vermutlich die Zahl von Familien mit vier, fünf und mehr Kindern nicht mehr merkbar ansteigen.

Aber ganz ohne Wirkung blieben diese Maßnahmen nicht, ein signifikanter Anstieg der Geburtenzahlen wäre davon schon zu erwarten. Ob groß genug, um den Trend zu stoppen oder gar umzukehren, weiß niemand. Die Überalterung würde sich aber langsamer vollziehen, und wir hätten mehr Zeit, die damit verbundenen Probleme zu lösen.

Vielleicht werden die Deutschen trotz aller Anstrengungen immer weniger. Aber wäre dies wirklich ein Unglück? Steht irgendwo geschrieben, für das Glück der Menschheit oder wenigstens der Deutschen sei eine Zahl von 80 Millionen Deutschen unerlässlich? Für diesen Planeten, der zu mehr als drei Vierteln von der weißen Bevölkerung verbraucht wird, wären weniger Deutsche, Italiener, Franzosen, Engländer, Amerikaner und Japaner eher ein Segen als ein Unglück.

Die wirtschaftlichen Folgen der demographischen Entwicklung sind allerdings gravierend. Um sie zumindest zu mildern, müssen größte Anstrengungen unternommen werden, um die Geburtenrate wieder nach oben zu treiben, und das gelingt nicht durch das Gewüte auf die emanzipierten Frauen, sondern allein durch die Etablierung qualitativ hochwertiger Kinderbetreuungseinrichtungen, die finanzielle Entlastung von Familien und durch Rücksichtnahme der Wirtschaft auf berufstätige Mütter und Väter.

Deutsche Männer, die von der Angst umgetrieben werden, dass die Deutschen aussterben, sind aufgerufen, gegen den Bevölkerungsschwund vier bis fünf Kinder zu zeugen und großzuziehen. Wenn sie dazu nicht bereit sind, sollten sie lieber schweigen.

Das Geraune der Untergangspropheten, welche die «Unfruchtbarkeit des zivilisierten Menschen» metaphysisch als «Wendung zum Tode» stilisieren und ihren Ressentiments gegen emanzipierte Frauen, Lesben und Schwule freien Lauf lassen, finden wir schon bei Oswald Spengler, dem Verkünder vom Untergang des Abendlandes.

Im «Ibsenweib» erkannte Spengler die Agentin des Untergangs, «die Kameradin, die Heldin einer ganzen weltstädtischen Literatur vom nordischen Drama bis zum Pariser Roman». Statt Kinder haben diese Weiber «seelische Konflikte», räsonierte Spengler, «die Ehe ist eine kunstgewerbliche Aufgabe, und es kommt darauf an, ‹sich gegenseitig zu verstehen›. Es ist ganz gleichgültig, ob eine amerikanische Dame für ihre Kinder keinen zureichenden Grund findet, weil sie keine Season versäumen will, eine Pariserin, weil sie fürchtet, dass ihr der Liebhaber davongeht, oder eine Ibsenheldin, weil sie sich selbst gehört. Sie gehören alle sich selbst und sind alle unfruchtbar.»

Gewiss ist es berechtigt, die Anliegen der Frauenbewegung unter dem Aspekt der Kinder und angesichts veränderter demographischer und weltwirtschaftlicher Verhältnisse neu zu diskutieren. Aber Oswald Spengler hat dazu nichts beizutragen. Und über das christliche Ehe- und Familienverständnis sollte die respektable Minderheit, die das noch interessiert, in und mit der Kirche diskutieren, aber nicht mit dem zur weltanschaulichen Neutralität verpflichteten Staat.

Darum sollten wir aufhören mit gegenseitigen Schuldzuweisungen und Beschimpfungen und lieber vernünftig bereden, wie wir die Probleme lösen, die wir jetzt schon haben und die noch auf uns zukommen werden. Wir sollten die Verbitterung aus dem Thema nehmen.

GESTÄNDNISSE EINES HAUSMANNS[1]

Viele Menschen glauben, die Sterne bestimmten über ihr Schicksal. Bei mir war es nur das Ozonloch, zumindest in jener Schicksalsfrage, vor die sich fast jedes Paar im Lauf einer längeren Beziehung gestellt sieht: Kinder oder nicht? Und falls ja: Wann? Und vor allem: Wer kümmert sich?

Ich war Textchef in einem Wirtschaftsmagazin und war es gerne, bis ich zwei neue, etwas jüngere, ständig mit den Hufen scharrende Chefredakteure vor die Nase gesetzt bekam. Wie das bei solchen Leuten so ist, konnten sie keinen Text passieren lassen, ohne ihre Duftmarke drüberzusetzen, und so blitzte eines Tages die Erkenntnis in mir auf: Du kannst auf der Karriereleiter so hoch steigen, wie du willst, du wirst immer einen über dir haben, der dümmer ist als du, aber dem Irrglauben anhängt, «wem Gott ein Amt gibt, dem gibt er auch Verstand», und deshalb meint, dir vorschreiben zu müssen, was du zu tun hast.

Die Erkenntnis stürzte mich in eine tiefe Krise, aber Krisen sind ja dazu da, um geläutert und gestärkt daraus hervorzugehen. Bei mir mündete die Krise in die fruchtbringende Frage: Ist es nicht viel sinnvoller, ein Kind in die Welt zu setzen, als für den Rest des Lebens in überflüssigen Magazinen überflüssige Texte zu redigieren und sich dabei mit eingebildeten Vorgesetzten herumzustreiten, die keine Ahnung haben?

Zum ersten Mal nistete sich eine bis dahin nicht gekannte Vorstellung in meinem Kopf ein: Aussteigen. Vater werden.

Die Vater Morgana verdichtete sich, als meine Chefs eine Überschrift von mir durch ihre eigene ersetzten, die da lautete: «Wie das Ozonloch seine Wunden leckt.»

Da fragte ich meine Frau: Wann, wenn nicht jetzt?
Wer soll sich kümmern?, fragte sie.
Wer, wenn nicht ich?, sagte ich.
Ein Jahr später hielt ich glücklich meine Mini-Tochter auf dem Arm und plante die Zukunft und sechs weitere Töchter.
Kleine Kinder schlafen viel, und während sie schlafen, kann ein Mann wie ich viele Bücher schreiben, dachte ich. Denn ich wollte zu Hause bleiben und nicht den Stress der doppelt belasteten Frauen auf mich nehmen, auch nicht die permanenten Gewissensbisse jener immer zahlreicher werdenden Männer, die ihre Energie 50:50 auf ihren Job und die Familie zu verteilen versuchen, woraus fast immer ein 100:100-Verhältnis erwächst. Den ganzen Tag feilen sie an ihren Excel-Tabellen und Powerpoint-Präsentationen, dann hetzen sie mit schlechtem Gewissen etwas früher als die Kollegen nach Hause, lassen sich schlechten Gewissens von ihrer angesäuerten, nervlich zerrütteten und auf eigene berufliche Ambitionen verzichtenden Ehefrau das Baby in die Hand drücken, spulen das übliche Abendprogramm ab und sinken ermattet ins Bett. Am nächsten Tag dasselbe Theater von vorn.
Das wollte ich mir ersparen. Ich kündigte meine gut bezahlte Festanstellung und gab ab sofort als Berufsbezeichnung «Hausmann und Vater und selbständiger Unternehmer» an, überlegte kurz, ob ich mir neue Visitenkarten besorgen soll, ließ es dann aber bleiben.
Als Erstes, dachte ich, werde ich ein Buch über mein Leben als Hausmann und Vater schreiben. Seht her, werde ich Alice Schwarzer und den anderen Frauen mitteilen: Hier bin ich, der neue Mann, ein Held unserer Zeit! Während meine Frau im Sender Karriere macht, schmeiße ich den Haushalt und ziehe ein paar Kinder groß. Mir nach, werde ich meinen Geschlechtsgenossen zurufen, wir sind die wahren Revolutionäre. Die Supermänner! Man wird uns bewundern, man wird uns verehren,

die Leute werden uns in den Bundestag wählen und als Kanzlerkandidaten vorschlagen. Die ganze Gesellschaft wird sich von Grund auf verändern, und wir, wir werden nicht nur dabei, sondern die eigentlichen Akteure gewesen sein.

Der Mann von der Sparkasse sah das alles ein bisschen enger, sah nur, dass auf meinem Konto seit Monaten nichts mehr einging, und fragte mich deshalb, ob ich arbeitslos sei. «Aber überhaupt nicht», sagte ich, «ich habe mich nur selbständig gemacht.» Im Jahr 2000 hätte mich der Banker vermutlich mit einer Million Mark Venture Capital überschüttet und gefragt, wann ich mein Start-up-Unternehmen an die Börse bringe. Damals aber, 1990, war mein Banker noch altmodisch, und darum kürzte er mir erst einmal die Kreditlinie.

Egal, denn nun war klar: Ich muss jetzt sofort einen Bestseller schreiben. Noch unklar war, wann ich das tun sollte. Mein Kind schlief wenig, schrie viel und unangenehm laut. Musste gewickelt, gebadet, an die frische Luft gebracht und zum Stillen zweimal pro Tag zur Mutter in den Sender gefahren werden. Schlief es doch einmal, schlief auch ich, jedoch immer nur so lange, bis jemand an der Haustür klingelte, der Hund bellte, das Telefon düddelte und das Baby schreiend aufwachte. Das war gut, denn ich hatte ja noch den Haushalt zu erledigen. Einkaufen, putzen, kochen, waschen, bügeln – alles wichtige neue Erfahrungen im Leben eines neuen Mannes. Aber wann sollte ich je darüber schreiben?

Einmal musste meine Frau im Münchner Prinzregentheater zusammen mit August Everding den Bayerischen Fernsehpreis moderieren. Problem: Ab 18 Uhr sitzt sie in der Maske, vor Mitternacht kommt sie aus dem Theater nicht mehr heraus, aber irgendwann dazwischen muss das Kind gestillt werden. Ich schiebe also das Kind mit dem Buggy in Richtung Prinzregentenplatz und treffe auf einen Polizeikordon. «Ja, wo woll'n denn Sie hin?», fragt mich ein Polizist.

«Da rein will ich», antworte ich.
«Na, da kemman's net rei», sagt er, «da brauchen's schon a Einladung.»
«Hab ich nicht», sage ich, «ich muss aber trotzdem rein, sonst verhungert mein Kind. Da drin sitzt seine Mutter und wartet, dass ich ihr das Kind zum Stillen bringe.»
«Ja so a ausgschamte Ausred' hob i mei Lebtag no ned g'hört», sagt der Mann in Uniform, «schaun's, dass weiterkemma.»
Jetzt muss ich tatsächlich diskutieren mit diesem Menschen, ich bringe ihn immerhin dazu, dass er anfängt zu telefonieren, aber das dauert. Wie durchdringt man unbemerkt feindliche Stellungen? Hab ich doch gelernt auf dem Offizierslehrgang bei der Bundeswehr. Ich beurteile die Lage, schiebe weiter und erkenne eine Lücke im Sicherheitsring der Polizei. Durch diese Lücke schlüpfe ich und komme bis vor den Eingang des Theaters. Zwei Welten prallen aufeinander. Ich in Jeans und offenem Hemd mit Kind im Buggy auf der einen Seite, mir direkt gegenüber die schwarzen Karossen, denen der Ministerpräsident, Veronika Ferres, Iris Berben und viele weitere Abendroben entsteigen. Die Fotografen, promigeil und darum blind für mich, stürzen sich auf die Abendroben.
Das allgemeine Durcheinander, das nun entsteht, nutze ich, um in dem Kuddelmuddel unterzutauchen und mich an dem Fotografenknäuel und Blitzlichtgewitter vorbei durch die Tür zu zwängen. Ich bin drin. Niemand achtet auf mich. Niemand wundert sich über den Mann mit dem Buggy, nur einer vom Sicherheitsdienst beäugt mich misstrauisch. Vorne sehe ich Otfried Fischer herumlaufen. Noch bevor der Sicherheitsmensch mir unangenehme Fragen stellen kann, frage ich ihn, wo es hier zur Maske geht, ich hätte gleich einen Auftritt in einem Sketch mit Otfried Fischer. Der Mann von der Sicherheit setzt zu einer langatmigen Erklärung an, in die hinein ich sage: «Ah, da vorn läuft der Fischer ja, ich häng mich am besten gleich dran an ihn.»

Ich schiebe mich an Fischer ran, begrüße ihn, zum Glück kennen wir uns, der Mann von der Sicherheit sieht, dass wir uns kennen, und ich kann endlich unbehelligt mein Kind vor dem Verhungern retten. Während des Stillens kam dann der Vizepräsident des russischen Fernsehens zu einem Vorgespräch mit der Moderatorin in die Garderobe, erblickte eine stillende Frau im Abendkleid, erbleichte, errötete, erbleichte, es war ein hübsches Farbenspiel, und ergriff, als er wieder zu sich kam, die Flucht. Von solchen Geschichten hätte ich noch mehr erzählen können, aber erst jetzt, 12 Jahre später, komme ich dazu, sie aufzuschreiben, denn wer von den körperlichen Bedürfnissen eines Kleinkinds durch die Welt gehetzt wird, kommt zu nichts anderem mehr.

Nach einjährigem Martyrium war ich sichtlich gealtert und des Heldentums ein bisschen müde. Alice Schwarzers *Emma* wählte mich nicht zum Mann des Jahres. Die Medien ignorierten meine revolutionäre Tat, Franz Josef Wagners *Bunte* machte unsereinen als Softi, Schlaffi und Hänger nieder, feierte die Powerfrauen, und der Literaturbetrieb fand Popliteraten interessanter, die von morgens bis abends nichts anderes zu tun haben, als darüber nachzudenken, auf welche Party sie gehen und was sie dafür anziehen.

Ich mied Partys eher, nicht nur aus Müdigkeit und Zeitmangel, sondern auch, weil ich die Partyfrage fürchtete: «Und was machst du denn so?»

Antwortete ich wahrheitsgemäß, teilte sich die Menschheit in vier Lager: Die üblichen Männer, allesamt ausgestattet mit Job und Sekretärin und Dienstwagen, guckten etwas ratlos und verwundert und fügten noch ein wenig allgemeines Gerede an, um sich dann möglichst schnell zu verabschieden und wichtigere Gesprächspartner zu suchen. Die Sensibleren brachen in Rufe des Erstaunens aus und versicherten mich ihrer Bewunderung und sagten, dass sie meinen Mut ganz toll fänden. Unausgesprochen sagten sie damit aber, dass sie diesen Mut für Blödheit halten. Unausgesprochen sagten sie, dass sie für sich selbst die Option Hausmann und Vater kategorisch ausschließen. Unausgesprochen sagten sie: Ich hab doch nicht zwölf Semester studiert, um anschließend zu Hause das Klo zu putzen. Und unausgesprochen sagten sie damit auch noch: Wir wollen zwar auch mal Kinder haben, aber dann werden wir dafür sorgen, das unsere Ehefrauen zu Hause bleiben oder auf einen Halbtagsjob umsatteln. Unsere Ehefrauen haben zwar auch eine teure Ausbildung, aber denen ist diese Arbeit, da sie ja Frauen sind, naturgemäß eher zuzumuten.

Und dann gab es noch jene ältere Dame, die selber einen Sohn in meinem Alter hat. Das Ansinnen ihrer akademisch gebildeten Schwiegertochter, ihr Sohn möge es mir gleichtun, wehrte sie mit dem Argument ab: «Na, fürs Windelnwechseln hat mein Bub doch nicht studiert.» Und dann schob sie noch nach: «Ein Mann, der sich von seiner Frau ernähren lässt, ist kein richtiger Mann.»

Da waren mir die jüngeren Frauen dann doch lieber, die sich ehrlich begeistert zeigten, so sehr, dass sie später in Kleingruppen meiner Frau von dem «süßen Mann» vorschwärmten, den sie sich da an Land gezogen hatte – während ich mich fühlte wie ein Streber, dem seine Tanten zufrieden übers Haar streichen.

Männer im Film und in der Werbung segeln, snowboarden, saufen, huren und prügeln sich. Ich aber wickelte mein Baby und machte die Wäsche. Und den Bestseller, in dem steht, wie man Karriere und Familie problemlos unter einen Hut bekommt und dabei auch noch singt, hat dann das Superweib Hera Lind geschrieben. Fragt man sich doch klammheimlich: Wieso schafft die das?

Ich beendete mein freiwilliges soziales Jahr, wir engagierten Putzfrau, Babysitter und Tagesmutter, und ich arbeitete wieder als Journalist, von zu Hause aus. Aber so wie vorher wurde es nie

wieder, zumal wir unser Kind nicht alleine aufwachsen lassen wollten und drei Jahre später das zweite kam.
Inzwischen weiß ich: Die Arbeit hört nie auf. Auch mit Putzfrau, Babysittern und Au-pair-Mädchen besteht der Alltag des zu Hause arbeitenden Mannes aus so viel Organisation und Improvisation, dass er kaum dazu kommt, seinen eigentlichen Job zu machen. Das Leben ist ausgefüllt mit Arztbesuchen, Zahnspangenkorrekturen, Elternabenden, Pausenbroten, Hausaufgaben, Schulkonzerten, Kindergeburtstagen und Nachhilfestunden. Das sensible und kostbare Personal muss gut behandelt, beschenkt, effizient geführt und häufig neu organisiert werden, da es spontan zu anderen Plänen neigt und nicht selten über Nacht abhanden kommt. Installateure, die nicht kommen wollen, verlangen ein hohes Maß an Zuwendung. Die Klavierlehrerin schätzt es, von mir mit Kaffee und Kuchen bewirtet und ein bisschen unterhalten zu werden, und schließlich ist da noch die voll berufstätige Ehefrau, die abends nach Hause kommt und nicht nur ein köstliches Mahl auf dem gedeckten Tisch erwartet, sondern auch eine aufgeräumte Wohnung, sauber gewaschene Kinder und einen entspannten Ehemann, welcher die vom Job gestresste Ehefrau charmant lächelnd mit einem Aperitif empfängt und in die Arme nimmt.
Seit ich all diese Anforderungen kenne, welche jahrhundertelang allein den Frauen oblagen, bin ich ein Feminist, verstehe das Gejammere der Frauen über ihre Doppelbelastung und beneide die Männer, die morgens die Tür hinter ihrem häuslichen Chaos schließen und unter Hinterlassung eines verschmierten Frühstückstisches in ihre sauberen, aufgeräumten Büros enteilen, wo schon die Sekretärin mit dem frisch gebrühten Kaffee wartet.
Ich ertappe mich dabei, wie ich abends meiner heimkehrenden Gattin ein schlechtes Gewissen mache, indem ich sie mit schlechter Laune empfange und mit Berichten überfalle, die schildern, was wieder alles schief gelaufen ist während des Tages

und warum ich kaum zu meinem eigentlichen Job des Schreibens gekommen bin.
Außerdem machte ich die Entdeckung: Auch wenn ein Mann sich die Familienarbeit mit seiner Frau partnerschaftlich teilt, bleibt der Mann ein Mann und darum zuständig für den gesamten exponentiell wachsenden Technikschrott im Haus. Das Auto muss rechtzeitig zum TÜV, der Ölwechsel ist fällig, ein ISDN-Anschluss soll ins Haus, das Fax braucht eine neue Tintenpatrone und die Gattin ihre eigene E-Mail-Adresse. Männer sind nicht nur doppelt belastet, sondern dreifach belästigt!
Die Frauen haben es geschafft, uns die Hälfte ihrer Zuständigkeiten aufzunötigen, ohne uns von unseren alten zu entlasten. Ich nehme den Feministen zurück: Eigentlich bräuchten wir eine Maskulinistenbewegung. Die wird es aber nie geben, für so was haben wir Männer im Pflichtenkorsett gar keine Zeit, und außerdem sind wir viel zu wenige.
Vor ein paar Jahren noch beneidete ich die Manager. Die haben für all diese würdelosen Beschäftigungen genügend Angestellte und ihre Ehefrau, dachte ich, und können sich daher ganz auf ihre eigentliche Aufgabe konzentrieren: Großes zu leisten, wie ein richtiger Mann. Aber manchmal haben wir solche Manager bei uns zu Gast. Dann kommt es gelegentlich vor, dass der Gatte verhalten hadert, er würde auch gerne öfter so eine Einladung geben, aber seine Frau «packt das nicht». Worauf diese ihm laut schweigend mit funkelnden Blicken zu verstehen gibt: Ich habe auch meinen Job, und wenn du endlich bereit wärst, mal zum Einkaufen zu Metro zu fahren und wenn du in der Lage wärst, ein Stück Fleisch ordentlich zu garen und ein vernünftiges Ratatouille termingerecht auf den Tisch zu bringen, dann hätten wir auch Gäste. Die Angetraute denkt eben im Traum nicht mehr daran, ihrem Kerl den Rücken freizuhalten, damit er an seiner Karriere stricken kann.
Nicht einmal Cherie Blair sieht das ein. Die hat nach der Geburt

ihres vierten Kindes ihrem Tony gesagt, er solle gefälligst Erziehungsurlaub nehmen und ihr beim Windeln helfen. Blair verstand einerseits, dass von Gesetzen, die er selber gemacht hat, auch er Gebrauch machen dürfte und in diesem Fall auch sollte, schon um der Wählerinnen willen. Andererseits dachte er an seinen kinderlosen Rivalen William Hague von den Tories, der viel Zeit hat und nur darauf wartet, ihm das Gesetzemachen abzunehmen. Blairs Kollege Bill Clinton meinte dazu, dass Erziehungsurlaub vielleicht gar nicht nötig sei, schließlich wohne Blair sozusagen «über dem Geschäft» und könne jederzeit von seinem Schreibtisch aufspringen, wenn das Kind ein Stockwerk höher brüllt.

Wir wissen nicht, wie es Blair nun macht, wenn sein Kind schreit, während er am Telefon gerade mit Herrn Prodi neue Sonderrechte für seine Briten aushandelt. Wir wissen nur: So wie Blair geht es vielen Männern. Die Cheries werden immer mehr.

DIE PROFIS KOMMEN

Wenn wir damals, 1990, als wir unser erstes Kind bekamen, einen Krippenplatz erhalten hätten, hätten wir ihn dann beansprucht? Wahrscheinlich nicht. Wir hatten uns einige Kinderkrippen angesehen. Sie sahen mehr nach einer Notlösung aus als nach optimaler Förderung. Die Erzieherinnen dort wirkten engagiert, aber es fehlte ersichtlich an Geld und Personal, und das im damals noch relativ reichen München. Wie mag es heute im hoch verschuldeten Berlin aussehen?

Die Frage, ob es für Kinder nicht besser wäre, wenn Mütter auf eigene berufliche Verwirklichung zugunsten ihrer Kinder verzichteten, erscheint darum legitim, solange die außerhäusliche Kinderbetreuung mehr einer Notlösung gleicht als einem heimeligen Ort mit optimalen Entwicklungsbedingungen für Kinder. Und solange berufstätige Mütter für die Betreuung ihrer Kinder auf radebrechende Au-pair-Mädchen angewiesen sind. Die Frage ist auch interessant, wenn man bedenkt, wie wichtig die Sprache für die Bildung der Kinder ist.

Trotzdem lehnen wir es ab, Frauen deshalb mit mehr oder weniger sanftem Druck wieder ins Haus zu bugsieren. Wir fordern stattdessen mehr staatliche Anstrengungen. Außerhäusliche Betreuung muss annähernd so gut werden wie die häusliche. Oder besser, als sie in vielen Familien tatsächlich ist, denn machen wir uns nichts vor: Unzufriedene, gestresste, von ihren Männern vernachlässigte Ehe- und Hausfrauen sind manchmal noch schlechtere Kinderbetreuerinnen als fröhlich radebrechende Filipinas.

Dass berufstätige Eltern ihren Kindern weniger Zeit widmen als Hausfrauen, scheint ein bloßes Vorurteil zu sein. Der Familienforscher Hans Bertram betont, sich auf eine Untersuchung des Statistischen Bundesamts aus dem Jahr 1992 stützend, «dass zwei berufstätige Eltern ebenso viel Zeit für ihre Kinder aufwenden wie Eltern, bei denen die Mutter zu Hause ist. Berufstätige schränken nämlich die Zeit für sich und für den Haushalt stärker ein.»[1]

Und dann sollten Eltern sich etwas eingestehen, was wir uns selbst auch schon eingestanden haben: Wenn wir damals, 1990, auf der Suche nach einem Krippenplatz den Eindruck gewonnen hätten, in dieser Krippe wird unser Kind optimal gefördert und betreut – was dann? Dann hätten wir es wahrscheinlich trotzdem nicht in die Krippe gesteckt. Vermutlich hatten wir, haben viele Eltern eine innere Sperre, den eigenen Säugling fremden Leuten anzuvertrauen, auch wenn diese noch so kompetent und Vertrauen erweckend wirken. Viele Eltern, wahrscheinlich die meisten, bilden sich ein, nur sie selbst seien das optimale Betreuungspersonal für ihr Kind.

Bilden sie es sich nur ein, oder ist es wirklich so? Heute, nach etlichen Jahren Erfahrung mit eigenen und fremden Kindern meinen wir: Auch unter Eltern gibt es unterschiedliche Begabungen, Naturtalente, Durchschnittseltern und weniger Begabte. Eltern sollten sich selbst kritisch befragen und überlegen, wie gut sie als Erzieher eigentlich wirklich sind. Wenn sie ehrlich sind, kommen manche möglicherweise zu einem ernüchternden Ergebnis.

Was spräche dann dagegen, die Erziehung des eigenen Kindes Kompetenteren zu überlassen? So, wie wir uns in vielen verschiedenen Lagen des Lebens in die Hand extra dafür ausgebildeter Spezialisten begeben, so könnte es für manches Elternpaar auch ratsam sein, die Erziehung ihres Kindes an Leute zu delegieren, die es besser können als sie selbst. Der englische Adel hat das schon immer gewusst, weshalb es in England bis heute die besten Internate gibt. Immer mehr wohlhabende Deutsche schicken heute ihre Kinder dorthin, und das sollte man nicht voreilig als «Abschiebung des Kindes» brandmarken.

In der überwiegenden Zahl der Fälle dürfte die Einsicht der Eltern in die eigenen begrenzten erzieherischen Fähigkeiten, verbunden mit dem Wissen über unser marodes Bildungssystem, das Hauptmotiv fürs Internat sein. Eltern mit dieser Einsicht sind auch selbstkritisch genug, um die Erzieher ihrer Kinder gewähren zu lassen. Dagegen programmieren manche Eltern den Misserfolg, indem sie die Erziehung delegieren in der Haltung «Mein Kind raucht, tun Sie was dagegen», aber wenn der Erzieher dann tatsächlich etwas unternimmt, sind die Eltern nicht damit einverstanden.

Darum sollten wir es ruhig aussprechen: Für Kinder von «schlechteren Eltern» kann die Betreuung in der Krippe besser sein als zu Hause. Und dort, wo die Kinder normalerweise gut zu Hause aufgehoben sind, vielleicht sogar besser als in der Krippe, kann diese trotzdem ein Segen sein, nämlich dann, wenn die Ehe der Eltern kriselt oder sie durch Schicksalsschläge, Arbeitslosigkeit, Verschuldung, Krankheit, übermäßige Arbeitsbelastung oder seelische Not zu stark beansprucht sind, um sich noch ausreichend um ihre Kinder kümmern zu können. Wir jedenfalls wären froh gewesen, wenn wir für unsere Kinder einen Ort gehabt hätten, zu dem wir sie hätten bringen können, als die Mutter wegen einer schweren Krankheit monatelang ausfiel.

Auch Ganztagsschulen würden Millionen gestresster berufstätiger Eltern, vor allem Alleinerziehende, wohltuend entlasten und zugleich deren Kinder besser fördern. Christiane Schmidmeier, selbständige Geschäftsfrau und Mutter zweier Kinder in Oberbayern, war heilfroh, für ihre Kinder eine Ganztagsschule gehabt zu haben, nachdem ihre Ehe in die Brüche gegangen war. Die Kinder waren damals vier und fünf Jahre alt, inzwischen sind sie 17 und 18. Die Geschäftsfrau weiß gar nicht, wie sie all diese Jahre hätte überstehen und wie sie Beruf und Familie unter einen Hut hätte kriegen können, wenn es nicht die rettende Ganztagsschule (Montessori) gegeben hätte.

Dabei betont Christiane Schmidmeier, dass sie diese Schule

nie nur als Notlösung für sich betrachtet habe, sondern als beste Lösung für alle. «Die Kinder wurden an dieser Schule optimal gefördert und kamen gegen 17 Uhr mit gemachten Hausaufgaben heim. Die wenige Zeit, die wir hatten, war daher nicht so besetzt vom Schulthema. Wir waren freier und entspannter, als wir es gewesen wären, wenn die Kinder schon nachmittags nach Hause gekommen wären.»

Unabhängig von solchen Überlegungen meinen wir, dass Krippen, Ganztags-Kindergärten und -Schulen, selbst nur mäßig gut geführte, wahrscheinlich nie nur eine bloße Notlösung sind, sondern immer auch eine Chance für Kinder, denn: Die Ganztags-Einrichtungen bieten Kindern etwas, was sie wirklich brauchen und was sie zu Hause auch von den perfektesten Eltern kaum geboten bekommen: viele andere Kinder.

Jeder, der Kinder hat, weiß, was Psychologen bestätigen: Schon die Allerkleinsten interessieren sich füreinander. Schon sechs Monate alte Kinder reagieren mit Blicken, Lauten und Lächeln aufeinander. Sie sind aufeinander neugierig, neugieriger als auf fremde Erwachsene. Und schon Einjährige ahmen einander nach. «Kinder erleben eine sozial verarmte Welt, wenn sie nur mit einem Erwachsenen oder zwei Erwachsenen, vielleicht auch noch abwechselnd, den Tag verbringen», sagt Hellgard Rau, Professorin am Institut für Psychologie und Entwicklungspsychologie in Potsdam. Und auch eine Schwester oder ein Bruder bilden keinen Ersatz für die vielen unterschiedlichen Kinder in einer Krippe.

Dass Krippenerziehung nicht schadet, sondern Kinder eher fördert, wenn die Krippe gut geführt wird, das sehen wir in unserer eigenen Familie an Cara. Die dreijährige Tochter eines unserer Neffen ist halbtags bei ihrer Mutter und die andere Hälfte des Tages in der Krippe. Dies scheint die optimale Kombination zu sein, denn so ein waches, intelligentes, selbstbewusstes Persönchen wie Cara haben wir schon lange nicht mehr gesehen. Sie hat einen für ihr Alter phänomenalen Wortschatz, spricht hochdifferenziert, ist unkompliziert, fremdelt nirgends und kann sich bestens in gemischte Gruppen aus Kindern und Erwachsenen einfügen. Das können wir so sagen, weil wir gerade einen Urlaub mit der Großfamilie hinter uns haben.

Aber auch ohne Caras Beispiel wären wir überzeugt, dass Krippen eher fördern als schaden. Dass man aber seinem Kind etwas vorenthält, wenn man es während der ersten drei Lebensjahre selbst betreut, möchten wir auch nicht behaupten. Der Kontakt zu einer Bezugsperson, die Stimulierung durch eine liebende Mutter oder eine andere an dem Kind dauerhaft interessierte Person ist während der ersten drei Lebensjahre mindestens so wichtig wie der Kontakt zu anderen Kindern. Es gibt also vermutlich keinen zwingenden pädagogischen Grund, Kinder in die Krippe zu stecken. Es gibt nur zwingende praktische Gründe.

Viele Eltern, vor allem Alleinerziehende, haben nicht die Wahl zwischen Krippe und häuslicher Erziehung. Sie müssen ihre Kinder in eine fremde Umgebung stecken und fremden Leuten anvertrauen. Nicht nur für diese Eltern, sondern für uns alle ist es von höchstem Interesse, dass die Kinder dort nicht nur verwahrt und körperlich versorgt, sondern optimal gefördert werden. Und das heißt: Das Personal für Kinderbetreuungseinrichtungen muss bestens ausgebildet und sorgfältig ausgesucht werden. Die personelle Fluktuation sollte möglichst gering gehalten werden, damit die Kinder stabile, dauerhafte Beziehungen zu ihren Betreuern bilden können und sich zu Hause fühlen. Auch an der Ausstattung der Räume darf nicht gespart werden. Darum: Ganztagseinrichtungen ja, aber sie müssen optimale Entwicklungsbedingungen bieten. Das kommt uns zwar teuer zu stehen, aber schlecht erzogene, vernachlässigte Kinder werden später noch viel teurer.

Gerade bei uns in Deutschland gibt es hier eine extreme Schieflage. Wir geben nicht nur insgesamt zu wenig Geld für die Bildung unserer Kinder aus, wir verteilen das bisschen Geld auch noch falsch. Am meisten Geld stecken wir in die «Starken», in

Gymnasiasten und Studenten, und diese flippen aus, wenn man ihnen Studiengebühren zumutet, obwohl sie doch später fast durchweg ein höheres Einkommen erzielen als Hauptschüler. Für diese lassen wir deutlich weniger Geld springen, noch weniger bleibt für Grundschüler übrig, und ganz unten, bei den Kindern im Vorschulalter, kommt fast gar nichts mehr an. In den für den Schulerfolg entscheidenden Jahren wird für unsere Kinder nur das getan, was die Eltern tun. Tun diese zu wenig oder das Falsche, ist niemand da, der korrigiert und kompensiert.

Hier delegiert der Staat seine Verantwortung ganz an die Eltern. Das ist im Prinzip auch richtig. Die erste Verantwortung liegt tatsächlich bei den Eltern. Aber eine wachsende Zahl der Eltern scheint dieser Verantwortung aus den verschiedensten Gründen nicht mehr gerecht zu werden. Die Folgen zeigten sich in der PISA-Studie: Nur die Kinder, die das Glück haben, von der Minderheit bildungsbewusster Eltern erzogen zu werden, kommen in der Schule gut zurecht, die anderen haben ihre Probleme, oft für den Rest ihres Lebens.

Deshalb ist der Staat gleich dreifach gefordert: Er muss erstens das Verantwortungsgefühl und ein neues Bildungs- und Erziehungsbewusstsein bei den Eltern wecken. Er muss zweitens die Elternbildung fördern und die Ehe- und Familienberatung ausbauen. Wir brauchen Elternseminare und Elternschulen. Drittens muss der Staat schon bei Kindergartenkindern kompensierend in die frühkindliche Bildung jener Kinder eingreifen, deren Eltern ihrer Verantwortung für die Bildung ihrer Kinder nicht oder nur unzureichend gerecht werden.

Ist es für Kinder bis zu drei Jahren noch vertretbar und vielleicht sogar besser, sie zu Hause zu erziehen, so erscheint es uns fragwürdig, sie auch noch danach ausschließlich zu Hause zu erziehen und ihnen die Erfahrung des Kindergartens zu versagen. Jetzt brauchen sie wirklich viele andere Kinder, denn mit diesen lernen sie im Kindergarten vieles, was sie zu Hause nicht lernen.

Ein kleiner Prinz, der zu Hause nur ein mütterlich-seufzendes «Oh weh» oder «Du, du» hört, wenn er seine Mutter in den Arm beißt, bekommt im Kindergarten von anderen Kindern «Du Arsch» oder «Du blöder Depp» gesagt. Oder es wird zurückgebissen. Das kann die weitere Entwicklung des kleinen Monarchen zum zivilisierten Mitteleuropäer enorm fördern und beschleunigen.

Wie man es anstellt, nicht abgelehnt, sondern respektiert, gar gemocht zu werden, dazuzugehören, einen Freund zu gewinnen, das lernt man nicht zu Hause, sondern «draußen», in der Welt der anderen Kinder. Klatschen, anklagen, verteidigen, trösten, Stärkere austricksen, Schwächeren helfen, Politik machen, Seilschaften bilden, Intrigen durchschauen – kurz: soziale Intelligenz, die wichtigste Form der Intelligenz überhaupt –, all das lernt der Mensch nur in der Gruppe, und zwar von Anfang an.

Außerhäusliche Betreuungseinrichtungen sind auch eine Chance, die soziale Isolierung vieler Familien zu durchbrechen. In Krippen und Kindergärten treffen Eltern zwangsläufig auf andere Eltern. Daraus können Kinderfreundschaften, Elternfreundschaften, gegenseitige Unterstützung, soziales Leben erwachsen. Dieses soziale Leben ist auch deshalb wichtig, weil es nicht nur Hilfe und Gespräche über gemeinsame Sorgen und Probleme ermöglicht, sondern auch die Chance bietet, die eigenen Kinder mit den anderen zu vergleichen. Verhaltensauffälligkeiten, die in der isolierten Familie nicht als solche gesehen, sondern für normal gehalten werden, können im größeren sozialen Verband leichter als solche erkannt und korrigiert werden.

Ganztagskindergärten und Ganztagsschulen sind darum – sofern sie gut geführt und organisiert sind – keine Abschiebung unserer Kinder, sondern eine Bildungschance. Professionelle Erzieher sehen vieles schärfer, was Eltern bei ihren Kindern nicht oder nur verschwommen sehen. Profis können das Verhalten von Kindern oft besser beurteilen als die in ihre Kinder vernarrten Eltern. Darin liegt eine weitere Chance für die Entwicklung von Kindern, und nicht nur für sie, sondern auch für die Eltern. Aus Gesprächen mit den Profis können Eltern Nutzen ziehen für ihre eigene Erziehung, können sie lernen, selber das Verhalten ihres Kindes zu verstehen, um dann angemessen darauf zu reagieren.

Die Berufstätigkeit einer Mutter ist ein rein äußerliches Kriterium. Es besagt nicht viel. Schlüsse auf die Qualität des Familienlebens und der Erziehung lassen sich daraus nicht ziehen. Die Mutter des Erfurter Amokschützen Robert Steinhäuser hatte nach dessen Geburt ihren Beruf als Krankenschwester aufgegeben, um ganz für ihn da zu sein.

Es kommt darauf an, dass Eltern die verbalen und nonverbalen Signale ihrer Kinder wahrnehmen und richtig deuten und verstehen. Nicht die Ganztagsanwesenheit eines Elternteils ist wichtig, sondern dessen soziale Sensibilität. Kaum jemand bringt diese von Natur aus mit, aber sie kann gelehrt und gelernt werden, in der Familie, in der Schule, am Arbeitsplatz, in der Erwachsenenbildung, in der Erziehungs- und Eheberatung.

Jeder Euro mehr, den wir hier investieren, würde morgen dem Staat helfen, zwei Euro einzusparen. Die Ausgaben des Staates für Sozialhilfe, Arbeitslosigkeit, Gesundheit, Justiz und die Reparatur von durch Gewalt und Vandalismus entstandenen Schäden würden sich drastisch verringern, wenn wir uns heute unserer Kinder mit mehr Verstand annähmen. Und weil auch die wirtschaftliche Wettbewerbsfähigkeit unserer Volkswirtschaft stiege, wenn sie einen gut erzogenen und gebildeten Nachwuchs bekäme, spülte der heute investierte Euro morgen dem Staat einen weiteren Euro durch erhöhte Steuereinnahmen in die Kasse.

Leider gilt auch der umgekehrte Fall: Für jeden Euro, den wir heute bei unseren Kindern einsparen, brauchen wir morgen drei bis vier Euro, um die dann eintretenden wirtschaftlichen und sozialen Schäden zu beheben.

Unsere Kinder sollten uns diesen zusätzlichen Euro eigentlich auch wert sein.

SPRACHE – UNSER GENERALSCHLÜSSEL

FLUCHT AUS DEM SCHWEIGEN

Hilla ist das Kind einer Hilfsarbeiterfamilie in einem stockkatholischen Dorf am Rhein, irgendwo zwischen Düsseldorf und Köln. Sie spricht den Dialekt dieses Dorfes, und ihr schweigsamer, sprachloser Vater schnitzt Prügelstöckchen, die auf das Kind herabsausen, wenn es beim Essen auf Messer und Gabel besteht oder eine Vase unachtsam fallen lässt. Aber vor allem, wenn das Kind «etwas Besseres sein will» als seine Eltern und sich darum in der Hochsprache zu artikulieren versucht, statt im Dialekt, oder wenn es zu viele Bücher liest, sich zu sehr für Buchstaben, Wörter, überhaupt Sprache interessiert. Für solche Provokationen gibt es Prügel. Als einmal heiße Suppe mit Buchstabennudeln auf dem Tisch steht, taucht der Vater das Gesicht des Mädchens in den Teller und brüllt: «Do häs de ding Boochstabe» (Da hast du deine Buchstaben). Die Mutter will keinen Arzt rufen, und so bleiben der Tochter rote Flecken auf Wangen und Nase, «lebenslänglich».

Das Foto vom ersten Schultag hätten die Eltern beinahe nicht gekauft, aus Geldmangel und weil die beiden Zöpfe nicht zu sehen waren. Hilla ist begabt. Am Ende der vierten Klasse besucht ihr Lehrer die Eltern, um sie zu überzeugen, ihr Kind auf eine weiterführende Schule zu schicken. «Avver nur för de Meddelscholl, et is doch nur e Weet», sagt der Vater (aber nur für die Mittelschule, sie ist doch nur ein Mädchen). Dass sie wenigstens auf die Realschule darf, empfindet Hilla schon als Glück. Aber danach wird sie in eine Bürolehre gezwungen und dort von einer altgedienten Mitarbeiterin heftig drangsaliert.

Welche Prognosen hat ein Kind mit diesem Hintergrund? Was

kann aus so einem Mädchen werden, das in Armut und spießiger Enge aufwächst? Eine Frau, die allmählich verdummt, böse und verbittert wird? Die sich ihrer unerträglichen Lage durch Flucht in eine Ehe mit dem nächstbesten Kerl zu entziehen versucht – und vom Regen in die Traufe kommt? Ein dummes Ding, das sich ein uneheliches Kind anhängen lässt?

All das wäre wahrscheinlicher gewesen als das, was dann wirklich geschah. Der jugendlichen Hilla gelingt es, der Enge ihres Dorfes zu entfliehen, sie geht in die Großstadt, holt das Abitur nach, studiert und wird eine bekannte Dichterin – die Dichterin Ulla Hahn.

Ulla Hahn erzählt diese Geschichte der Hildegard Palm in ihrem autobiographischen Roman «Das verborgene Wort»[1]. Beim Schreiben, wenn die Erinnerungen hochkamen, habe sie «manchmal geheult wie ein Schlosshund», sagt sie. «Mir ist noch einmal klar geworden, wie so ein Leben auch hätte scheitern können. Das stand auf der Kippe.» [2]

Was hat das Mädchen Hilla vor dem Scheitern bewahrt? Warum war sie stärker als all die destruktiven Kräfte, die an ihr zerrten? Wir haben in diesem Buch betont, dass aus den Kindern nichts Rechtes werden kann, wenn schon die Familie versagt. Und schlimmer versagen als Hillas Familie kann man nicht. Woher nahm sie die Bärenstärke, sich gegen dieses Milieu durchzusetzen?

Da war am Anfang ihr Großvater, ohne den ihre Geschichte wahrscheinlich anders ausgegangen wäre. Die Gehirnzellen der kleinen Hilla gieren nach Futter, und einer, ein Einziger, ist da und füttert. Und rettet das Kind über die ersten Jahre hinweg. Später weiß es sich selber zu helfen. «Lommer jonn», lass uns gehen, ruft der Großvater der Enkelin am Romanbeginn zu. Sie gehen ans Rheinufer, jeden Tag, um Steine zu sammeln und Geschichten zu erzählen. Hilla und ihr Großvater suchen «Boochsteene», Buchsteine, Stücke des großen Himmelssteins, der von Gott selbst und den Engeln und den Schutzheiligen beschrieben worden und beim Fall vom Himmel auf die Erde zersplittert ist. Wer einen solchen Splitter finde, werde gut und schön, erzählt der Großvater der kleinen Hilla und zeigt ihr, wie man aus der Maserung von Steinen Geschichten herausliest. Jeden Tag liest er eine andere Geschichte heraus.

Dort, am Rhein, pflanzt der Großvater, ohne es zu wissen, einen Samen in Hillas Gedankenwelt. Der Same geht auf und erzeugt in dem kleinen Mädchen eine innere Unruhe, eine tiefe Sehnsucht nach etwas, was es noch gar nicht kennt, die Sehnsucht nach Befreiung durch Bildung.

So wie Ulla ahnt, was sie zum Überleben braucht, so geht es wohl jedem Kind. Es will die Welt verstehen lernen. Von Anfang an ist es darauf programmiert, nach Gegenständen zu greifen, um zu be-greifen. Es muss und will robben und krabbeln, um die Welt zu entdecken, muss aufstehen und laufen, um Schritt für Schritt die Welt zu erobern.

Schon bald genügt dieses sinnliche, mechanische Betasten der Welt nicht mehr. Was das Kind ertastet, muss jetzt benannt werden. Was es ergriffen hat, will es begreifen. Das Kind sammelt die Begriffe, bald will es die Beziehungen begreifen, die zwischen diesen Begriffen bestehen, und von dem Moment an genügt das bloße Benennen nicht mehr.

Fortan braucht das Kind Geschichten, Märchen, Erzählungen und einen Menschen, der die Beziehungen zwischen den Begriffen erklärt, auf seine tausend Fragen antwortet, der mit dem Kind spricht, ihm auch die Beziehungen zwischen den Menschen erklärt und seine Neugier und die Lust auf mehr erweckt. Es braucht einen Menschen, der ihm hilft, sich die Welt anzueignen.

Wie der Körper, so will auch der Geist ernährt werden, und wehe, die Nahrung ist knapp oder die falsche. Geistige Fehl- oder Mangelernährung im Kindesalter zeitigt genauso schlimme Folgen wie körperliches Hungern, lebenslang. Spätere Nahrungszufuhr kann die frühkindlichen Schäden nur noch lindern, nicht mehr beseitigen.

Hilla wäre geistig verhungert, wenn sie nicht ihren Großvater gehabt hätte. Der Großvater hat sie genährt, aber nur für ein paar Jahre. Das Kind aber brauchte noch mehr.

Ein wenig von dem, was Hilla brauchte, gab ihr das Dorf, in dem sie lebte und das katholisch war.

Manchem mag das als ein zweifelhaftes Glück erscheinen, war es auch, aber Hilla, vom Großvater vorbereitet, verstand es, daraus Nutzen zu ziehen. Ihre katholische Großmutter erleben wir zwar als derb, rabiat, ungebildet und bigott, sie hatte selten ein freundliches Wort für Hilla, kaum je eine zärtliche Geste. Aber sie brachte dem Kind das Beten bei, kaum dass es sprechen konnte. «Lieber Jott mach misch fromm, dat ich in dä Himmel komm.» Das Kind liebte diesen Vers, nicht so sehr seines Inhaltes wegen, den es kaum verstand, sondern um des Reimes willen, wegen der Sprachmelodie, seines magischen Klangs, weil er sich anhörte wie ein Zauberspruch. Das dadurch erwachte Gefühl für Reim und Rhythmus ließ das Kind nach weiteren Sprüchen gieren, und die Großmutter brachte ihr gerne viele weitere Gebete und fromme Reime und Heiligensprüche bei.

Auf der Straße lernte sie von den größeren Dorfkindern das «Eene meene muh», im Religionsunterricht das Vaterunser, das Glaubensbekenntnis, die Mantras der Litaneien und Liturgien, Kirchenlieder, viele Texte von hoher sprachlicher Qualität. In der Kirche berauscht sie sich am Klang des Lateins, der «Sprache Gottes».

«Die Kirche war in so einer armseligen Dorfgemeinschaft der Kulturträger», sagt Ulla Hahn. «Wo habe ich zum ersten Mal einen schönen Raum gesehen, Überfluss, schöne Gewänder, Kerzen? Wo zum ersten Mal Musik gehört? Worte, die nicht nur zum Schimpfen da waren? In der Kirche. Das war ungeheuer wichtig.» Im Kindergarten las Aniana vom «Orden der Dienstmägde

Christi» Geschichten vor, nicht nur aus der Bibel, auch aus einem schweren, dicken Märchenbuch. Zu Hause gab es ein Buch mit Bildern und Geschichten von Heiligen.

Zu Hause wurde ihr von einem Gott erzählt, der aussah wie der alte Brauereibesitzer und ein Gott der Strafe war – launisch und jähzornig wie Hillas Vater. Im Kindergarten erzählte Aniana von einem Gott, der eher den guten Müttern im Märchen glich. Mütter im Märchen waren immer gut zu ihren Kindern, fiel der kleinen Hilla auf, Väter verschacherten ihre Töchter an Könige, wo sie Stroh zu Gold spinnen mussten, oder lieferten sie bösen Stiefmüttern aus.

Nur Anianas Gott war ein anderer Vater. So lernte Hilla zwei einander widersprechende Gottesbilder kennen. Der Widerspruch zwang zum Denken, zum eigenen, selbständigen Nachdenken.

Sie entdeckt noch viele andere Widersprüche. Diese wecken ihren Wissensdurst. Sie empfindet es als großes Glück, in der Schule lesen lernen zu dürfen. Jetzt ist sie nicht mehr auf den Großvater angewiesen, nicht mehr von Erwachsenen abhängig, die ihr Geschichten erzählen. Sie kann selber ihren Hunger stillen.

Erste Hilfe kommt jetzt vom Herrn Kaplan, leider nicht ganz uneigennützig. Ulla Hahn erzählt von einem sexuellen Übergriff im Glockenturm. Aber auch er erzählt Geschichten, Heiligenlegenden und das Grundlegende aus der Bibel. Ohne Leidenschaft, aber er erzählt immerhin, und vor allem: Der Kaplan erkennt, dass Hilla hungrig ist, hungrig nach Geschichten.

Er hört genau zu, als sie in der Unterrichtsstunde die Geschichte von Moses im Körbchen erzählt. Er nimmt sie mit nach Hause zu seiner Schwester, die ihm den Haushalt führt, und zeigt Hilla die Bibliothek, ein ganzes Zimmer nur für Bücher, eine Speise- und Vorratskammer für ihren Geist. So etwas hatte sie noch nie gesehen, und aus diesem Zimmer darf sie jetzt Bücher ausleihen und mit nach Hause nehmen, hinterm Hühnerstall in sie eintauchen, ihr kleines Dorf vergessen, in andere Welten entfliehen, fremde Menschen kennen lernen, die es in ihrem Dorf nicht gab.

Was die Bücher nicht liefern und nicht die Geschichten, das liefert das Dorf mit seinen Festen, Ritualen und Prozessionen. Kirmes, Taufe, Kommunion, Firmung, Hochzeit, Beerdigung, die katholische Messe bieten viel Stoff für ein kleines Kinderhirn, und noch mehr das Dorfpersonal, die eigene Verwandtschaft aus Tanten, Onkeln und Geschwistern, die Nachbarn, Händler, Priester, Lehrer und die «Müppen», die nicht dazugehören zu dieser katholisch geordneten Welt. Von denen gab es «eingeborene, dreckige Müppen, evangelische Müppen und die Flüchtlingsmüppen aus der kalten Heimat».

Schon früh spürt Hilla, dass ihr Dialekt ein Gefängnis ist. Die Welt ist größer, komplexer und differenzierter, als es ihr kölsches Platt fassen kann. Der rheinisch-katholische Dorfmief und dieser Dialekt beschränken die Köpfe, hindern sie am Denken, spürt, ahnt und erkennt sie, als sie sich die Hochsprache schon angeeignet und den Zorn des Vaters zugezogen hat.

Der ganze Roman erzählt daher, wie ein Mensch sich über die Aneignung der Sprache und mit Hilfe der Nebenwirkungen eines katholischen Dorfes die Welt erobert, wie er sich von seiner Muttersprache emanzipiert, über die Hochsprache zu sich selber kommt und sich aus dem Käfig befreit, in den er durch Dialekt und Herkunft eingeschlossen war.

Sprache ist eben mehr als nur ein Mittel zur Verständigung. Sprache ist der Schlüssel zum Schloss in jenem Tor, das uns die Welt öffnet. Unser Wissen über die Welt kann niemals größer sein als unsere Fähigkeit, dieses Wissen in Worte zu fassen. Unser Verständnis für Menschen, Sachverhalte und Zusammenhänge kann nur so groß sein wie unser Verständnis der Sprache, in der diese Zusammenhänge beschrieben werden.

Kriminologen, Pädagogen und Psychologen berichten übereinstimmend: Sprachlosigkeit ist eine Schwester der Gewalt. Wer nicht gelernt hat, Konflikte verbal auszutragen, löst sie mit der Faust. «Die Pistole ist das Schreibwerkzeug des Analphabeten», sagt der Sprachforscher Barry Sanders. Sprachschwäche ist eine Hauptursache für Ichschwäche.

Je komplexer und differenzierter unsere Sprache ist, desto größer ist unser Unterscheidungsvermögen, desto genauer unsere Kenntnis der Welt. Desto fähiger sind wir, unser Leben eigenverantwortlich in die Hand zu nehmen. Unsere Sprache entscheidet wesentlich über unser Schicksal.

Darum ist es erschreckend, wenn wir lesen, dass in Deutschland das Sprechenlernen offenbar nicht mehr selbstverständlich ist.

Immer mehr Kinder haben Probleme, sich ihrem Alter gemäß auszudrücken. Schon 1992 meldete der Direktor der Klinik für Kommunikationsstörungen an der Mainzer Universität, Manfred Heinemann, jedes fünfte Kind leide unter Sprachschwächen.[3] Jetzt, ein Jahrzehnt später, hat der Wissenschaftler seine repräsentative Untersuchung in Mainzer Kindergärten wiederholt, und nichts wurde besser: Bei 22,8 Prozent der deutschen Kinder zwischen dreieinhalb und vier Jahren diagnostizierte der Professor Verzögerungen in der Sprachentwicklung. Mehr als 17 Prozent der Vier- bis Sechsjährigen in Wiesbaden bräuchten eine Sprachtherapie, sagt Heinemann. Bundesweit weist jeder fünfte Erstklässler Sprach-, Sprech- und Stimmstörungen auf, berichtet Klaus Ring, Vorsitzender der Stiftung Lesen in Mainz, nachdem er die Einschulungsuntersuchungen aller Bundesländer untersucht hat. Und die Ausrede, es seien die Ausländerkinder, welche die Statistik «versauen», lässt er nicht gelten. Ring zufolge leiden deutsche Kinder häufiger unter Sprachstörungen als ausländische.[4]

Die dramatische Zunahme kindlicher Sprachstörungen ist seit Anfang der 90er Jahre bekannt. Wir haben in unserem Buch über den «Erziehungsnotstand» ausführlich darauf hingewiesen. Der

PISA-Test gab uns Recht: Wer nicht richtig sprechen lernt, lernt auch nicht richtig lesen, und wer nicht richtig lesen kann, wird zuerst in der Schule und später im Beruf und im privaten Leben versagen. Die «guten» Leseleistungen deutscher Schüler im PISA-Test waren im internationalen Vergleich nicht gut genug, und die schlechten waren noch schlechter als die schlechten Leistungen der Schüler anderer Länder.

Die wichtigste Bildungsaufgabe unseres Landes besteht daher nicht in der Einführung einheitlicher Bildungsstandards oder eines Zentralabiturs, nicht in der Verkürzung der Schul- und Studienzeiten, nicht in der Straffung der Lehrpläne und anderen administrativen Maßnahmen, sondern in der frühen Sprachförderung unserer Kinder. Eltern müssen endlich zur Kenntnis nehmen, dass eine gute Sprache ihrer Kinder die erste Voraussetzung für jede Bildung ist.

Sie sollen sich mehr Zeit für ihre Kinder nehmen und mehr gemeinsam unternehmen, statt jenen bequemen Individualismus zu fördern, der dazu führt, dass sich jeder auf seine Bude zurückzieht und einsam seinen eigenen stummen Interessen nachgeht. Eltern sollen ihren Kindern vorlesen, Geschichten erzählen, den Inhalt der Geschichte abfragen und die Geschichte so lange wiederholen, bis das Kind sie einigermaßen zusammenhängend nacherzählen kann.

Wortspiele, Gedichte, Schüttelreime, Abzählverse, Rätsel und Witze machen den Kindern Spaß und fördern ihr Sprachgefühl. Eltern fördern die Sprachentwicklung ihrer Kinder, wenn sie das Tischgespräch pflegen, ihre Kinder in Elterngespräche einbeziehen, ihren pubertierenden Kindern die Walkman-Stöpsel aus den Ohren ziehen und sie fragen, was sie da hören, warum sie es hören und was sie über die Texte und Interpreten wissen. Sie fördern ihre Kinder, wenn sie den Fernseh- und Videospielkonsum ihrer Kinder reduzieren und ihren eigenen zu allererst.

Aber weil wir wissen, dass das nicht in allen Familien verwirklicht werden kann, darf sich der Staat dabei nicht ganz heraushalten. Er soll Kindergartenkinder testen, damit man weiß, welchem Kind – und vielleicht welcher Familie – gezielt geholfen werden muss. Er soll das Lesen, Singen und Theaterspielen fördern im Kindergarten, in der Schule und in den Vereinen. Er soll wenigstens ansatzweise die Infrastruktur ersetzen, die früher einmal die Kirchen bereitstellten.

Und er soll sich ein Beispiel nehmen an der Stadt Mainz. Dort hat Manu Dreyer (SPD) schon vor einiger Zeit, damals noch Sozialdezernentin der Stadt, inzwischen Sozialministerin von Rheinland-Pfalz, das in Deutschland einzigartige «Netzwerk Kind und Sprache» initiiert.[5] Darin arbeiten Kinderärzte, Logopäden, Lehrer, Erzieherinnen und Sprachtherapeuten zusammen, bündeln die vorhandenen Ressourcen, beraten Eltern und Erzieher, helfen Kindern. Und das kostet nicht einmal viel, sagt Manu Dreyer, denn die einzelnen Stränge seien ja in fast jeder Stadt schon vorhanden, man müsse sie nur verknüpfen.

«Die Grenzen meiner Sprache sind die Grenzen meiner Welt», schrieb der Philosoph Ludwig Wittgenstein. Die Literaturnobelpreisträgerin Nadine Gordimer sagt: «Nicht das Werkzeug hat den Menschen zum Menschen gemacht, sondern das Wort. Nicht der aufrechte Gang und der Stock, um damit nach Nahrung zu graben oder zu kämpfen, machen den Menschen zum Menschen, sondern die Sprache.»

LESEN MACHT FREI

Die Chancen unserer Kinder auf einen differenzierten, nuancierten Spracherwerb haben sich drastisch verschlechtert. Bis heute übersehen wir die dramatischen Folgen.

Hapert es mit dem Sprechen, so erschwert dies erst recht das Lesen, «denn Lesen ist die Fortsetzung von Sprache mit anderen Mitteln.»[1] PISA belegte die Leseschwäche unserer Schüler, eine OECD-Studie bescheinigt 14 Prozent der erwachsenen Deutschen ausgesprochen schlechte, weiteren 34 Prozent mäßige Fähigkeiten, den Inhalt von gedruckten Texten zu verstehen. Und eines der erschütterndsten Ergebnisse der PISA-Studie lautet, dass 41 Prozent der Schüler Lesen als Zwang empfinden und nicht als Genuss. Der «Anteil der 15-Jährigen, die angeben, überhaupt nicht zum Vergnügen zu lesen», werde «von keinem anderen Land übertroffen», schreiben die Autoren der PISA-Studie.[2] Mit etwa 20 Prozent des untersuchten Altersjahrgangs sei der Anteil schwacher und schwächster Leser in Deutschland ungewöhnlich groß.

Die Unesco schätzt, dass es in Deutschland etwa vier Millionen funktionale Analphabeten gibt, also Menschen, «die das Lesen und das Schreiben gelernt haben, aber nicht in der Lage sind, den Inhalt eines einfachen Textes aufzunehmen und wiederzugeben».[3]

Wenn nichts geschieht, wird sich dieser Zustand noch verschlimmern. Aus einer Studie der Mainzer Stiftung Lesen geht hervor: «Nur noch 6 Prozent der Deutschen lesen täglich in einem Buch, vor acht Jahren waren es noch 16 Prozent. Die Leseforscher erklären diesen Trend damit, dass sich die Buchlektüre vom täglich fest eingeplanten Ritual hin zu einer Nischen-Beschäftigung wandelt: Man liest in einem Buch, wenn man Zeit hat und sich entspannt fühlt, etwa am Wochenende.»[4]

Gaben 1992 noch 46 Prozent der Befragten an, bei ihnen zu Hause sei sehr darauf geachtet worden, dass man gute Bücher las, so waren es im Jahr 2000 nur noch 25 Prozent. Der Anteil derer, die sich Bücher aus öffentlichen Bibliotheken ausleihen, hat sich zwischen 1992 und 2000 von 51 auf 26 Prozent fast halbiert. Stark zurückgegangen ist auch das Interesse der Schüler am Deutschunterricht, und gesunken ist die Zahl der Kinder, die sich mit ihren Eltern über Bücher unterhalten. Im Jahr 2000 taten das nur noch 27 Prozent. Es gibt einen gefährlichen Trend weg vom Lesen.

Geradezu absurd erscheint dieser Trend, weil sich unsere Industriegesellschaft zu einer Wissens- und Informationsgesellschaft wandelt, in der Lese- und Sprachkompetenzen gefordert sind wie noch nie in der Geschichte. Lesen ist komplizierter als Sprechen. Lesen lernen wir nicht wie die Sprache von selbst, «von Natur aus». Es muss uns mühsam beigebracht werden. Fürs Hören, Sehen und Sprechen hat unser Körper Organe, und unser Gehirn reserviert dafür bestimmte Plätze. Über ein Leseorgan verfügen wir nicht, und eine eigene Region fürs Lesen stellt unser Gehirn von sich aus nicht bereit. Das Gleiche gilt fürs Schreiben.

Aber unser Gehirn sperrt sich nicht gegen das Lesen und Schreiben, stellt dafür – sozusagen auf Anforderung – Regionen bereit, die ursprünglich für andere Zwecke entwickelt worden waren, vermutlich fürs Spurenlesen.

Diese Regionen werden aktiviert durch Lesen- und Schreibenlernen. Aber nur, wenn vorher das Sprechenlernen funktioniert hat. Das eine baut auf dem anderen auf, setzt einen bereits sprachlich vorgebildeten Intellekt voraus. «Bevor ein Text verstanden werden kann, muss er entziffert, muss er aufgenommen, gewertet und verarbeitet werden. Dies geschieht in einer wohl geordneten Folge von Einzelschritten, in strenger Linearität.»[5]

Schon in der ersten Klasse berauscht sich die kleine Hilla aus Ulla Hahns Roman an ihrer «Fähigkeit, die Zeichen in Laute zu überführen, Zeichen und Klang zusammenzubringen, das, was die Augen dem Gehirn signalisierten, mit Zunge, Zähnen, Zäpfchen, den Lippen zu formen. Lesen war für mich Sprechen. Aussprechen. Den Laut lesen. Laut lesen.» Die Zeichen werden zu Grundbausteinen für abstraktes, logisches Denken, zugleich wecken sie Gefühle in uns, Bilder und Wertungen, beschäftigen unsere Phantasie.

Lesen ist nach dem Sprechen das zweite große Befreiungsinstrument des Menschen. Wer Lesen gelernt hat, ist nicht mehr so auf die Menschen angewiesen, die ihn zufällig umgeben. Deren Zahl ist ja begrenzt, und deren Fähigkeiten, dem Kind so etwas wie Weltwissen zu vermitteln, sind beschränkt. Das Weltwissen ist in den Büchern gespeichert. Wer die Kulturtechnik des Lesens beherrscht, kann diesen Schatz nach Belieben anzapfen. Darum ist Lesen ein Schlüssel zur Freiheit. Und «manches Buch wirkt wie ein Schlüssel zu fremden Sälen des eigenen Schlosses», sagte Franz Kafka.

Jean-Paul Sartre hat, ähnlich wie Ulla Hahn, schon als Kind die durch die eigene Lesefähigkeit erworbene Freiheit unmittelbar gespürt, als er wusste: Jetzt kann ich lesen.[6] Vorher wurde ihm von seiner Mutter und seinem Großvater vorgelesen, und Sartre berichtet, dass er eifersüchtig war auf diese Fähigkeit, er wollte es selber können. Weil er es aber nicht konnte, wollte er wenigstens so tun, griff sich ein Buch mit dem Titel «Drangsale eines Chinesen in China» und zog damit in einen Abstellraum. Dort setzte er sich auf ein Eisenbett und tat so, als läse er.

Man ertappte ihn dabei, es machte großes Aufsehen, und man beschloss, ihm das Alphabet beizubringen. Er sei eifrig gewesen wie ein Kind beim Katechismusunterricht, erzählt Sartre, «ich kletterte auf mein Eisenbett mit dem Buch ‹Heimatlos› von Hector Malot, das ich auswendig kannte; halb rezitierte ich, halb entzifferte ich, ich nahm mir eine Seite nach der anderen vor: Als die letzte Seite umgeblättert war, konnte ich lesen.»

Er sei verrückt gewesen vor Freude. «Jetzt hatte ich sie für mich, diese getrockneten Stimmen in ihren kleinen Herbarien, diese Stimmen, die mein Großvater durch seinen Blick zum Klingen brachte, die er hörte, die ich nicht hörte! Ich sollte sie hören, ich sollte mich erfüllen mit ihren formvollen Reden, ich sollte alles wissen. Man ließ mich in der Bibliothek vagabundieren, und ich stürmte los auf die menschliche Weisheit. So bin ich geworden.»

Für das Bücherwissen interessierte sich Sartre dann mehr als für die wirkliche Welt, in der er lebte. Diese war ihm zu klein, zu zufällig, zu unsystematisch. Er wollte das Ganze und Große, und er wollte es sich systematisch erschließen, und das ging nur mit Hilfe der Bücher.

«Ich habe niemals Höhlen gegraben und Vogelnester gesucht, niemals botanisiert und mit Steinen nach den Vögeln geworfen. Aber die Bücher waren meine Vögel und meine Nester, meine Haustiere, mein Stall und mein Gelände, die Bücherei war die Welt im Spiegel, sie hatte deren unendliche Dichte, Vielfalt, Unvorhersehbarkeit.»

Dass in den letzten zehn Jahren die Bedeutung des Computers für die Bildung maßlos überschätzt und die Bedeutung des Lesens maßlos unterschätzt wurde, haben wir schon in unserem ersten Buch über den Erziehungsnotstand in mehreren Kapiteln zum Ausdruck gebracht. Damals schlug uns deshalb noch Argwohn und der Verdacht auf Maschinenstürmerei entgegen.

Inzwischen scheinen auch den Computer-Aposteln die Argumente auszugehen, und eine neue Studie räumt vollends mit der Überschätzung des Computers auf. Sie zeigt, dass Computer in Schulen die Leistung der Schüler nicht stärken. Viertklässler, die mit PC unterrichtet wurden, erbrachten im Fach Mathematik sogar schwächere Leistungen, berichten die Wirtschaftswissenschaftler Joshua Angrist vom Massachusetts Institute for Technology und Victor Lavy von der Hebräischen Universität von Jerusalem.[7]

In Israel hatte der Staat im Jahre 1994 Grund- und Mittelschulen nach einem Losverfahren mit Computern ausgestattet. So konnten die Forscher Schulklassen mit und ohne Computer miteinander vergleichen. Und nun wissen wir: Computer sind teuer, ihr Nutzen kaum nachweisbar.

Darum: In den ersten vierzehn Lebensjahren muss im Elternhaus, im Kindergarten und in der Schule vorrangig die Sprach- und Lesefähigkeit unserer Kinder ausgebildet werden. Und da es neben der gesprochenen Sprache auch noch andere «Sprachen» und Ausdrucksmittel gibt – die Mathematik, die Musik, die bildende Kunst, das Spiel und der Tanz –, haben auch diese Vorrang vor dem Computer. Danach, ab dem 15. Lebensjahr, kann der Computer nützlich werden, sofern es gelingt, ihn sinnvoll in den Unterricht zu integrieren. Aber auch dann wird man noch fragen müssen, ob der Ertrag die hohen Kosten rechtfertigt oder das Geld nicht sinnvoller ins Physik- und Chemielabor investiert wird, in Exkursionen, Theaterbesuche und Bibliotheken.

«… AUCH WENN ICH NUR EINE GANS BIN»[1]

Ich glaube, es war mein schwierigstes Jahr überhaupt. Ich war zwölf, kein Kind mehr, noch kein Teenager. Ich hatte alle Enid-Blyton-Bände und *Quo Vadis* ausgelesen und begann mich nach dem siebten Karl May mit der ewigen Männerwelt des Wilden Westens zu langweilen.

Außerdem fühlte ich mich ziemlich allein: Meine Eltern lebten ihr kompliziertes und aufwändiges Leben zwischen Arztpraxis, Eheproblemen, Gruppen- und Einzeltherapien und den Urlaubsreisen ohne ihre Kinder. Sie gingen ins Theater, ins Konzert, gaben Gesellschaften oder waren eingeladen. Wenn sie miteinander Stress hatten, litt ich auch darunter, war im größten Notfall auch mal Gesprächspartnerin für den jeweils Unglücklicheren von ihnen, aber eigentlich stand ich doch außerhalb ihrer Beziehung.

Meine drei älteren Geschwister waren schon aus dem Haus. Die Schwestern studierten, der Bruder lebte im Internat. Blieb meine Großmutter. Sie war mein Anker und mein Zufluchtspunkt – meine ganze Kindheit schon.

Als sie mich eines Nachmittags verloren und missmutig im Wohnzimmer meiner Eltern herumhängen sah, fragte sie, ob ich nicht der Meinung sei, dass ich jetzt mal anfangen könnte, was Gescheites zu lesen. Der Meinung war ich durchaus. Ich wusste nur nicht, was.

Nun hatte meine Großmutter zwei Lieblingsschriftsteller: Thomas Mann («Der Fotograf des Lebens!») und Theodor Fontane. Ihre beiden Lieblingsromane hießen *Die Buddenbrooks* und *Der Stechlin*. Die alte Generation und die neue Zeit – das war ihr Thema. Und gleich danach kam *Effi Briest*.

Meine Großmutter meinte, dass die *Buddenbrooks* am geeignetsten seien, um damit anzufangen, «was Gescheites» zu lesen. Sie nahm es aber nicht bei sich oder meinen Eltern aus dem Regal, sondern kaufte mir ein nagelneues Taschenbuch. Das imponierte mir sehr. So war Thomas Manns Familienepos also das erste Stück Weltliteratur, das ich in die Finger bekam. Mein erstes Erwachsenenbuch! Ich fing sofort, am selben Nachmittag, zu lesen an.

Schon der Untertitel faszinierte mich: Verfall einer Familie. Und zum ersten Mal in meinem Leben hatte ich das Gefühl, dass ich es in diesem Buch mit wirklichen Menschen zu tun bekam, so wie ich sie aus meiner Familie kannte: Menschen mit merkwürdigen Eigenheiten und Redensarten, Menschen, die höchst individuell und interessant waren und dennoch ganz und gar in den Konventionen ihrer Zeit gefangen blieben.

Ich lebte nun wochenlang in dieser Familie, die mir so seltsam bekannt vorkam: mit der alten Konsulin, dem genialen, aber hypochondrischen Christian, der so amüsant und liebenswert ist und sich doch so schwer tut mit dem Leben, seinem weniger originellen, aber geradlinigen Bruder Thomas, der sein Leben – scheinbar – nach allen Tüchtigkeitskriterien dieser Welt meistert. Tony Buddenbrook, die immer dann, wenn sie etwas Wichtiges oder Bedeutendes zu sagen hatte, ihre Sätze einleitete mit dem Wort «auch wenn ich nur eine Gans bin», liebte ich, so wie sie war, und sah sie voller Verzweiflung schutzlos an die falschen Männer ausgeliefert, weil die richtigen – wie Morten, mit dem sie «auf den Steinen» sitzt – nicht standesgemäß waren.

Und sie, die beiden Fehlgriffe der Tony Buddenbrook, der spießige Hochstapler Grünlich und sein primitiv-bayrischer Nachfolger Permaneder, die traf ich sozusagen als alte, schreckliche Bekannte wieder, denn als geflügelte Worte tauchten sie regelmäßig in den Reden meiner Familie auf. Und jetzt erst erschloss sich mir die Ironie, mit der meine Mutter im Grünlich-Duktus – «Das

putzt ganz ungemein!» – gerne Geschenke lobte. Auch Tonys Schreckensausruf «Das Wort! Das Wort!» kehrte immer wieder in den Erzählungen, beliebt auch in seiner entschlüsselten Form, des Permanederschen «Sauluder, dreckats!». Zu meiner Überraschung und Freude fand ich all die Aussprüche wieder, mit denen ich aufgewachsen war: «Äußerlich, mein gutes Kind, bist du glatt und geleckt, aber innerlich, da bist du schwarz!», wurde – halb im Spaß, halb im Ernst – zu mir gesagt und Sesemi Weichbrodts «Ich wörde die ganze Zockerböchse nehmen, mein Kend!»!
Auch die anderen, die mir nicht so am Herzen lagen wie die drei Geschwister Tom, Christian und Tony, begleiten mich bis heute durchs Leben: Thomas' Ehefrau Gerda mit den seltsamen bläulichen Schatten um die Augen etwa, die sich aus ihrer profanen Ehe in die Musik und zu dem entsprechenden Lehrer flüchtet, mit dem sie Stunden hinter verschlossenen Türen zubringt – und meine zwölfjährige Phantasie mindestens so strapazierte wie die des irritiert in den Hausflur hineinlauschenden Ehemanns. Der arme kleine Hanno, mit dem ich so litt, als er vor der Großfamilie zu irgendeinem Jubiläum etwas aufsagen muss und ihn die Angst vor dem Auftritt würgt. Die verständnislose Enttäuschung des Vaters über das Versagen des Kindes stach mir direkt ins Herz. Und wie er schließlich – «mit dem Typhus ist es folgendermaßen bestellt» – stirbt, nachdem er selbst in der Familienchronik hinter seinem Namen einen Punkt gemacht hat, das hat mich tief bewegt.
Kein anderer Familienroman und keine andere Familie haben mich je wieder so unmittelbar berührt, denn ich konnte mich in fast jedes Familienmitglied hineindenken. Irgendwie waren sie einem alle sympathisch und nah und vertraut, und vielleicht kam das auch daher, dass wir einfach alle die Buddenbrooks gelesen hatten. So viele Romane gibt es ja nicht, die jeder in der Familie kannte. Es war, als lebten sie mit uns oder wir mit ihnen – wenn auch über ganz verschiedene Epochen hinweg.

Sie waren mir nah wie meine eigene Familie – obwohl es überhaupt keine Parallelen gibt. Weder waren wir Kaufleute noch norddeutsch noch wohlhabend. Nur auch ein wenig skurril und ebenso «dekadent» fand mein Bruder unsere Familie im Vergleich und meinte, mit uns werde es ebenso bergab gehen wie mit den Buddenbrooks –vielleicht weil mein Vater sich wie Thomas B. mehrmals am Tag umzog. Dass wir auch nicht leistungsfähig seien, weil uns (vor allem den Eltern) der Ehrgeiz fehle. Von Ruhm und Reichtum wolle er gar nicht reden, aber meine Eltern zeigten ja nicht mal die Lust, normale bürgerliche Verhältnisse vorzuzeigen – wenigstens ein ganz klein wenig zu repräsentieren. Nein, wir waren keine erfolgreiche Familie in seinen Augen: eher etwas altmodisch schöngeistig und lebensuntüchtig – so sein Verdikt.

Mich amüsierte das. Ich hatte nichts gegen Schöngeister (schon das Wort faszinierte mich), und materielle «Erfolglosigkeit» sah ich wie meine Eltern eher positiv («Wir sind keine Koofmichs!»). Ich fand meine Familie «im Prinzip» in Ordnung, auch wenn sie mir alle ständig auf die Nerven gingen, denn natürlich lag ich – pubertätsbedingt – permanent mit ihnen im Clinch. Ich fand meine Eltern und Geschwister ausgesprochen anstrengend, vor allem, wenn alle zusammenkamen. Wie in einer italienischen Großfamilie bei Fellini ging's dann zu, jeder redete auf jeden ein, niemand hörte zu, man diskutierte, politisierte, wertete und stritt.

Das fand ich unnormal. Bei meinen Freunden ging es jedenfalls anders zu. Ruhiger, normaler eben. Aber bei uns war alles immer anders als bei anderen. Schon das war Programm: Die anderen mögen es so machen, sagten Mutter und Großmutter unisono auf von mir geäußerte Wünsche oder Hinweise auf allgemeinen Usus, w i r machen es eben so.

Insofern war meine Familie in Wahrheit in allen Punkten das genaue Gegenteil der Lübecker Kaufmannsdynastie.

Doch Aufstieg und Verfall der Familie Buddenbrook ließ mich meine eigene Familie mit ihren Macken und Absonderlichkeiten plötzlich aus größerer Distanz sehen – sub specie aeternitatis, sozusagen; die erzählerische Ironie vermittelte mir zum ersten Mal das Gefühl, nicht ausgeliefert zu sein, sondern das Ganze auch von außen betrachten zu können – einschließlich meiner eigenen Person. Zum ersten Mal sah ich mich als Teil eines höchst lebendigen und hoch komplizierten sozialen Systems, dessen Sonderbarkeiten mir ja auch etwas gaben, was in diesem Alter eine entscheidende Erfahrung ist: Individualität. Ein Gefühl, das übrigens keineswegs beglückend ist, denn es wird hart erarbeitet: mit Einsamkeit, Fremdheit, Nicht-wissen-wohin-man-gehört und Ich-hasse-alle-um-mich-herum.

Die Ironie von Thomas Mann hat mir also – auch wenn mir das damals sicher nicht so bewusst war – eine Art Schutzschild vermittelt. Doch ja, so habe ich das empfunden: ein Schutzschild gegen all die Zumutungen, die eine große, laute, selbstbewusste und fordernde Familie für ein eher introvertiertes, jüngstes Kind wie mich darstellte. Und sie hat mich zumindest ahnen lassen, dass der übermächtigen, geliebt-gehassten Familie gegenüber noch eine andere Haltung möglich war als die des emotionalen Ausgeliefertseins: sie einfach nicht ganz ernst zu nehmen.

DER GENIUS SPRICHT

Sie werden jetzt gleich einen Satz lesen, der Ihnen die Lust auf den nächsten nimmt. Wir bitten Sie trotzdem: Bleiben Sie dran. Es wird gleich wieder besser, und Sie werden dann auch verstehen, warum dieser Satz jetzt sein muss:

Der Begriff Sozialisationsforschung erschließt sich über das interdisziplinäre Interesse an der methodisch gesicherten Klärung der Frage, wie sich der in Gesellschaft lebende Mensch unter dem Einfluss seiner materiellen und sozio-kulturellen Umwelt biographisch zu einem handlungsfähigen Individuum entwickelt.

Bemühen Sie sich erst gar nicht: Den Satz noch einmal zu lesen, ist nicht der Mühe wert. Lesen Sie mit uns gleich weiter, vielleicht erschließt sich ja noch, was der Autor uns eigentlich sagen will:

Dabei geht es weniger um eine empirische Überprüfung grundlegender human- und sozialwissenschaftlicher Hypothesen zur Ontogenese als vielmehr um ein zeitgemäßes Verstehen der mit dem organisatorischen und institutionellen Wandel moderner Gesellschaften assoziierten Veränderungen sozialer Handlungskontexte und individueller Erfahrungslagen.

Alles klar? Uns auch nicht. Vielleicht geben Sie sich selbst die Schuld daran und zweifeln an Ihrem Verstand oder, wie es neuerdings heißt, an Ihrer «Lesekompetenz». Wir nicht. Wir zweifeln am Verstand – oder, wie es neuerdings heißt, der «Sprachkompetenz» – jener Autoren, die solche Sätze fabrizieren wie die zitierten.

Nach dreimaligem Lesen haben wir es dann aber kapiert: Unser Autor von der Universität hat 103 Wörter verbraucht, um uns mitzuteilen, dass es in der Sozialisationsforschung um die Frage geht, wie man wird, was man ist.

Unser Textbeispiel stammt aus einem 28-seitigen Aufsatz, den wir im Internet fanden. Wir hätten auch einen anderen Erguss nehmen können aus den universitären Textfluten, die täglich die Menschheit überschwemmen. Wir verzichten daher bewusst auf die Angabe der Quelle, denn wir wollen nicht den Verfasser vorführen, sondern nur dessen Mentalität, und diese teilt er mit zehntausend anderer seiner Kollegen. Der Verfasser ist ein doppelt promovierter Mitarbeiter an der erziehungswissenschaftlichen Fakultät einer großen Universität einer deutschen Großstadt.

«Wenn einer etwas nicht lesen mag, was ein anderer für ihn geschrieben hat – wer ist dann schuld: der Leser oder der Schreiber?», schrieb Wolf Schneider.[1] «Wenn ich mich ärgere über unleserliches Zeug – soll *ich* dann dazulernen oder der Mensch, der das geschrieben hat?»[2]

Vielleicht rühren ja die lauten Klagen zahlreicher Professoren über die mangelnde Lesekompetenz ihrer Studenten daher, dass die professoralen Texte tatsächlich unlesbar sind. Und vielleicht braucht jeder Student erst einmal drei Semester, um über jene Trümmer zu springen, welche ihnen den Weg zur Erkenntnis versperren.

Hätte der Autor unseres Beispieltextes geschrieben, in der Sozialisationsforschung gehe es um die Frage, wie man wird, was man ist, hätte er seinen Lesern nicht nur die Zeit erspart, die es kostet, sich durch sein Wortgerümpel eine Gasse zu bahnen, sondern auch noch Interesse für sein Fach geweckt. Stattdessen hat er seine Leser abgeschreckt und im Studenten die Frage provoziert, ob er nicht doch besser Betriebswirtschaft studieren solle.

Ein üblicher Einwand, den die gescholtenen Wissenschaftler

schon längst vorgebracht hätten, lautet: Jede Disziplin entwickelt ihre eigene Fachsprache. Die jeder Disziplin eigenen Termini technici erleichtern die Verständigung mit den anderen Leuten vom gleichen Fach, und das Erlernen dieser Fachsprache ist nun mal Teil jedes Studiums.

Dem hält Wolf Schneider die Frage entgegen: Bedienen sich die Geisteswissenschaften tatsächlich «einer Fachsprache wie die Naturwissenschaften – oder *sind* sie eine Fachsprache», bloße Wortkunstwerke?[3] «Dem Geologen würden ja die Steine bleiben, auch wenn er nicht darüber spräche.»[4] Was aber bliebe den Soziologen, Bildungsforschern, Didaktikern und Lehrplanverfassern, wenn man ihnen die Begriffe nähme?

Was wohl die Verfasser der PISA-Studie geschrieben hätten, wenn man ihnen die Begriffe «Zielpopulation», «Ressourcenausstattung», «Lesekompetenz» und die «fächerübergreifende Basiskompetenz» entwendet hätte? Hätten wir je von dieser Studie erfahren, wenn ihnen verboten gewesen wäre, Sätze zu schreiben, wie diese: «Die zur Bewältigung der Leseaufgabe notwendige Information im Text muss deutlich erkennbar sein und der Text darf nur wenige konkurrierende Elemente enthalten, die von der relevanten Information ablenken könnten.» Zeugt es von «Sprachkompetenz», wenn man sagen will, unsere Kinder werden regelmäßig auf grundlegende Fertigkeiten getestet, aber stattdessen schreibt, es gehe um die «zyklische Erfassung basaler Kompetenzen der nachwachsenden Generation»?

Im Sommer 2002 kam in Weimar der Deutsche Lehrertag zusammen unter dem Motto «Kinder und Jugendliche brauchen Lesekompetenz». Für die von weit her Angereisten trug Professor Ortwin Beisbart aus Bamberg vor, was man unter Lesekompetenz – früher auch einfach: Lesen – eigentlich zu verstehen habe: «aus Texten Informationen entnehmen, interpretieren sowie reflektieren und bewerten». «Potztausend», kommentierte die *Frankfurter Allgemeine Zeitung* und berichtete weiter aus Beisbarts Vortrag, dass es beim Lesen außerdem auf die «mentale Repräsentation von Texten» ankomme und darauf, «metakognitive Strategien» zu entwickeln. Und die Eltern sollten neugierig sein auf das «Welt-, Reflexions- oder Strategiewissen» ihrer Kinder.[5]

Immer mehr Kinder und Jugendliche verlieren die Lust am Lesen. Vielleicht schwindet ihre Lust auch deshalb, weil der Lehrplan für das Fach Deutsch im Land Brandenburg im Lesen kein Vergnügen sieht, sondern einen «Beitrag zur Methodenkompetenz» und eine «Organisation des eigenen Arbeitens». Statt Novellen von Reportagen oder Heiratsanzeigen von Liebesbriefen unterscheiden zu können, sollen sie «zielbewusst variable Strategien der Textrezeption» einsetzen können. Und wenn Schüler plötzlich einfach nur lesen wollten, dürften sie es wahrscheinlich gar nicht, denn nach dem Brandenburger Lehrplan sollen sie sich «lernstrategisches Wissen» aneignen, «indem sie Strategien der Textauswahl sowie der intentions- und situationsangemessenen Textrezeption (ganzheitliches Lesen, kursorisches oder selektives Lesen) kennen lernen».

Der Lehrplan empfiehlt, die Schüler sollen in einer Sammelmappe alles aufbewahren, was «im Erarbeitungsprozess Auskunft über Arbeitsschritte und Leistungen gibt», und «welche Dokumente über einen längeren oder kürzeren Zeitraum im Portfolio verbleiben» sollen, dürfen die Schüler selbst entscheiden. – «Ging es soeben um das, was einst Hausaufgaben und ein Schulheft oder Ordner hieß?», fragte die *Frankfurter Allgemeine Sonntagszeitung* nach der Lektüre dieses Lehrplans.[6]

Und wie sagt man im Kindergarten, wenn die kleine Laura auf einen Stuhl steigen darf, weil sie Geburtstag hat und die anderen Kinder ihr ein Geburtstagslied singen? Erzieherinnen oder deren Ausbilder sagen dann: «Der konkrete Alltag mit seinen vielfältigen Situationen bestimmt im Wesentlichen eine lebendige Programm- und Prozessgestaltung in der Kindertageseinrichtung. Herausgehobene, besonders inszenierte Ereignisse (Highlights) geben ihm eine besondere Note und Qualität, indem sie soziale, rituelle und symbolische Muster bilden, die Leben und Erfahrung auf besondere Weise prägen.»[7]

Wenn wir solche Sätze lesen – und wir könnten mühelos dickleibige Bücher damit füllen –, drängt sich uns der Eindruck auf: Das Verhältnis zwischen Schreiber und Leser in Deutschland ist ein Sado-Maso-Verhältnis. Nur der Schreiber, der seine Leser quält, indem er ihnen den Zugang zum Wissen versperrt mit Hilfe eines möglichst undurchdringlichen Verhaus möglichst vieler Gräzismen, Latinismen, Anglizismen, Bandwurm-Schachtelsätzen, Passivkonstruktionen, Silbenschleppzügen, Sperrmüll-Substantivierungen und eines notorischen Mangels an kräftigen Verben – nur dieser Sadist gilt bei seinen masochistischen Lesern als großer Geist. Wer seinen Lesern dienen will durch Klarheit der Gedanken, Verständlichkeit und vielleicht sogar eine Prise Unterhaltung, wird leicht der «Seichtigkeit» geziehen, und dann heißt es: Was der schreibt, kann nicht bedeutend sein, das verstehen wir ja.

Wissenschaftler aus dem Land der Sprache Luthers betrachten Unverständlichkeit als Ausweis ihrer Wissenschaftlichkeit. Und anscheinend gelingt das am besten, wenn man sich an die Maxime hält: Je dunkler die Sprache, desto heller der Geist; je schwerer verständlich der Text, desto höher sein Niveau.

Konrad Lorenz und Sigmund Freud hatten diese Angst nicht. Sie schrieben anschaulich und verständlich für jedermann, ohne je ihr eigenes Niveau zu unterschreiten. Auch Carl Friedrich von Weizsäcker schreibt auf höchstem Niveau und bleibt dabei für jeden gebildeten Laien verständlich, sofern er nicht gerade über die Quantenphysik schreibt. Fast alle amerikanischen Wissenschaftler schreiben verständlich auf hohem Niveau.

Wer sich aber der Mühe unterzieht, Licht in dunkle Texte zu bringen, macht oft die gegenteilige Erfahrung: je dunkler der Text, desto dürftiger sein Inhalt, je verschwurbelter die Sprache, desto belangloser ihr Gegenstand. Und meistens beruhen komplizierte, schwer verständliche Formulierungen nicht auf der Kompliziertheit und Schwerverständlichkeit des Beschriebenen, sondern auf der sprachlichen Unfähigkeit des Beschreibenden, auf seiner Faulheit, seinem Unwillen oder der schlichten Tatsache, dass er seinen Gegenstand noch nicht ganz verstanden hat.

«Den Stil verbessern, das heißt den Gedanken verbessern», sagte der stets verständlich schreibende Friedrich Nietzsche. Und schon Friedrich Hebbel spottete: «Wenn der deutsche Philosoph selber nicht mehr weiß, was er schreibt, meint er, der Genius spräche.»

WIE KAMEN WIR JETZT VON DER KATZE AUF JOHANNES GROSS?

Wir sitzen beim Sonntagsfrühstück, unsere Katze Toni kommt auf leisen Pfoten herein, springt auf einen Teewagen voller Gläser und anderer Utensilien, und nichts geht zu Bruch. Nicht ein einziger Gegenstand fällt um, Toni landet so sanft auf der Fläche, dass sich der Wagen nicht rührt.

Die Mutter sagt: Habt ihr das gesehen? Die Toni konnte vor ihrem Sprung nicht wissen, dass auf dem Wagen allerlei Zeug herumsteht, erst in der Luft sieht sie die Gegenstände, und in diesem Augenblick checkt sie die Lage, koordiniert ihre vier Beine und ihren ganzen Körper so blitzschnell, dass sie unfallfrei landet.

Die Kinder fragen sich, wie es wäre, wenn unser tollpatschiger Zwölf-Pfund-Kater Theo draufspränge. Ob der auch unfallfrei landete? Oder gar unsere Hündin Jenny – dann wäre bestimmt alles kaputt, und Jenny würde so plump landen, dass sich durch den Aufprall der Wagen in Bewegung setzte und mit ihr aus dem Zimmer rollte.

Den Vater veranlasst das zu einem seiner gefürchteten Exkurse über sein Lieblingsthema: Wie viel Mannjahre an Forschung und Entwicklung müsste man investieren, um einen katzengroßen Roboter zu bauen, der mit gleicher Geschicklichkeit auf den Wagen spränge? Wie viele Milliarden Euro würde das verschlingen? Und wenn der Roboter fertig wäre, wäre er bestimmt schwerer als Theo und Toni zusammen, würde gleich beim ersten Mal daneben springen und seine teuren Prozessoren und Speicher zerdeppern. Dagegen die Natur: Sie bringe so einen «Katzenroboter», der auch noch schnurrt, schmust, nachts gut sieht, Mäuse fängt und auf Bäume klettert, ganz umsonst hervor.

Diese zweckfreien Gespräche sind es, die ganz nebenbei die Sprache der Kinder fördern und noch manch anderes, beispielsweise die Liebe zu Tieren, Respekt vor deren Leistungen, Ehrfurcht vor dem Leben und so weiter und so weiter. Wir kamen bei diesem Gespräch noch auf die Leistungen der Fliegen, auf das unsichtbare Leben in einem dampfenden Misthaufen, aufs Wasser, die Luft, auf Flugzeuge, und da ließ der Vater die unvermeidliche Bemerkung fallen, dass er nie ein Flugzeug bestiege, wenn dessen Bordcomputer von Windows gesteuert würden. Weil die Mutter schon weiß, dass nun gleich der unvermeidliche Vortrag über den Erzmonopolisten Microsoft und dessen abstürzende Betriebssysteme kommt, an den sich längere Erörterungen über die «Machtwirtschaft» anschließen, würgt sie den Vater ab, indem sie auf unsere erste Hündin Effi zu sprechen kommt. Wegen Effi konnten wir nie in den Urlaub fliegen, weshalb wir während unserer Kölner und Münchner Zeit vierzehn Jahre lang nur mit dem Auto in Frankreich und Italien Urlaub gemacht haben. Effi war ein geschädigtes Tierheimkind, dem man Flugreisen nicht zumuten konnte, die Abgabe in einer Hundepension oder bei der Verwandtschaft aber auch nicht – und umgekehrt. Als sie im Alter von sieben Monaten zu uns kam, war sie bereits durch vier Hände gegangen und zweimal ausgesetzt worden. Da haben sich riesige Verlustängste aufgebaut, auf die eine Familie einfach Rücksicht zu nehmen hatte. Also fuhren wir mit dem Hund immer nur bis Italien oder Frankreich, meistens Frankreich, weil nur dort Hunde so respektiert werden, wie wir es uns wünschen. Erzählt von Effi, sagen die Kinder, und wir erzählen, dass Effi eine völlig andere Hundepersönlichkeit war als unsere jetzige Lebensabschnittspartnerin Jenny. Effi hatte etwas leicht Irres in ihrem Blick, Tony Blair erinnert uns immer an Effi, der hat auch diesen Blick. Sie war viel kapriziöser und selbständiger als Jenny. Sie zeigte sich wehleidig beim Tierarzt, geschmäcklerisch bei der Auswahl ihres Futters, ziemlich feige gegenüber ihren Fein-

den, und anspruchsvoll bei ihren Schlafplätzen. Effi war mehr eine Katze als ein Hund. Und blitzgescheit.
Das soll jetzt keine Kritik an Jenny sein. Jenny lieben wir genauso, wie wir Effi geliebt haben. Jenny ist viel liebenswürdiger, als Effi es je war. Jenny ist ein richtiger Hund, lieb, treu, anhänglich, kinderlieb, unprätentiös, aufmerksam, einfach eine gute Seele. Spuren von Intelligenz haben wir bei ihr allerdings noch nicht gefunden. Dafür ist sie robust, anspruchslos, mit jedem Futter und Schlafplatz zufrieden und nimmt alles gleichmütig hin. Sie bellt nicht einmal, wenn wir sie versehentlich in die Garage einschließen. Sie würde Tage darin verharren, ohne einen Mucks von sich zu geben, und vertrauensvoll darauf warten, dass irgendwann die Tür wieder aufgeht. Sie ist vielleicht doch mehr ein Schaf als ein richtiger Hund. Effi hätte man nicht in der Garage vergessen können. Sie hätte längstens fünf Minuten heiser vor Wut gebellt und danach begonnen, die Garage zu zerlegen.
An diesem Punkt ist nun die Geschichte dran, wie Tante Cornelia mal bei uns zu Hause von einer Trittleiter herab versehentlich Effi auf den Schwanz getreten ist. Effi verließ laut aufjaulend das Zimmer und war darüber so entsetzt, dass sie das dringende Bedürfnis verspürte, es ihrem Herrn zu erzählen, die Herrin war im Sender.
Aber der Herr hatte damals in München-Bogenhausen sein Büro außerhalb des Hauses, im Arabella-Hotel. War für Effi jedoch kein Problem. Sie ging durch die Terrassentür in den Garten, wo sie durch ein Schlupfloch im Zaun in den Park und von dort auf den Gehweg kam. Jetzt musste sie allerdings die verkehrsreiche vierspurige Denninger Straße überqueren. Auch das kein Hindernis. Effi war im ganzen Viertel bekannt als der «Hund, der allein bei Grün über die Ampel geht».
Ganz so war es nicht, das Viertel hat unseren Hund ein kleines bisschen überschätzt, Effi ging nicht bei Grün, sondern wartete, bis jemand kam und die Straße überquerte, und da hängte sie

sich einfach dran. Ging jemand bei Rot, ging sie auch bei Rot mit, aber das kam selten vor. Es wohnten lauter ordentliche Leute in jenem Viertel. Einige dachten vermutlich: Wenn ich jetzt allein wäre, ginge ich auch bei Rot, aber ich muss ja diesem Hund ein Vorbild sein. So ordentlich und verantwortungsbewusst waren die Leute in diesem Viertel.
Effi überquerte also sicheren Schritts die Straße, ging durch den Arabellapark, sorgte nebenher für Ordnung auf den Grünanlagen, indem sie die darauf lebenden Kaninchen an ihrer grenzenlosen Vermehrung hinderte, und strömte anschließend mit den dort frei herumlaufenden Business- und Medienleuten, arabischen Ölscheichs und deren vermummten, weithin duftenden Frauen in die Lobby des Arabella-Hotels.
Nun musste sie in den dritten Stock gelangen, um vor der Bürotür ihres Herrn um Einlass zu bellen. Wie sie das machte, erfuhren wir erst am Tag danach. Ein Portier fragte, ob das unser Hund sei. «Ach so», sagte er, «dann wollte er gestern zu Ihnen. Der fuhr dauernd mit den anderen Leuten im Aufzug rauf und runter und ließ sich auch nicht vertreiben.» Er fuhr also so lange zwischen den zweiundzwanzig Etagen hin und her, bis der Aufzug im dritten Stock hielt. Ja, Effi war ein blitzgescheiter Hund, und so einen Hunderoboter sollen die Forscher der Künstlichen Intelligenz erst mal bauen, dann werden sie schon sehen, wie jämmerlich ihre Programme sind.
Effi war so klug, dass sie noch Jahre nach ihrem Tod Stoff für die Familiengespräche liefert und jedes Mal auch die Erinnerung an die verstorbene Großmutter weckt. Bei ihr und Effi gab es nämlich gewisse Übereinstimmungen des Charakters. Beide konnten sich aus nichtigsten Anlässen aufs Höchste erregen, beide waren maßlos neugierig, und beide waren sich stets der Wichtigkeit und Bedeutung ihrer Person bewusst. Es gab noch mehr Ähnlichkeiten, aber wir müssen hier ja nicht alle Familiengeheimnisse ausplaudern.

Von der Großmutter gelangt dann das Gespräch auf die Urgroßmutter, eine Hundenärrin, leider schon zu lange tot, um Effi oder wenigstens den Schwiegersohn der Tochter noch kennen zu lernen. Nun wird die Familie durchgehechelt, und weil ein Neffe bei der Bank arbeitet, kommt man auf die Börse, von da nach Köln, weil der Vater dort einmal beim Wirtschaftsmagazin *Capital* gearbeitet hat, und immer so weiter. Und das alles, weil die Katze auf den Servierwagen gesprungen ist.
Beim Stichwort *Capital* ist die Erinnerung an Johannes Gross fällig, der sich immer vor Effi, «diesem Scheusal», wie er es nannte, gefürchtet hat, aber großmütig genug war, seinem Mitarbeiter das Mitbringen des Hundes in die Redaktion nicht zu untersagen. Diese Geschichte animiert nun die Mutter, den Kindern abermals zu erzählen, mit was für einem Volltrottel von Mann sie verheiratet ist, der mit seinem Leben überhaupt nicht zurechtkommt, wenn die Ehefrau mal verreist ist.
Es begab sich nämlich zu Köln, dass Effi – sie war noch ganz jung, das Ehepaar Gerster-Nürnberger auch, zudem noch kinderlos – zu nächtlicher Stunde so um drei Uhr morgens dringend hinausmusste, ihren Herrn weckte und dieser mit ihr schlaftrunken, und der Einfachheit halber im Schlafanzug, in den menschenleeren Park ging. Leider hatte er vergessen, den Schlüssel mitzunehmen. Die Wohnung lag in einem Hochhaus im 13. Stock.
Kann man nachts um drei einen Schlüsseldienst anrufen? Wenn ja, womit? Der Mann im Schlafanzug stand nicht nur ohne Hausschlüssel, sondern natürlich auch ohne Geld und Telefonkärtchen und überhaupt fast ohne alles im Park. Den Hausmeister wecken? Nachts um drei?
Vom anderen Ende des Parks nähert sich ein Mensch. Den könnte man fragen, ob er mal 'ne Mark hat. Als der Mensch das Gespenst im Schlafanzug sieht, flieht er. So blieb dem Gespenst nichts anderes übrig, als sich auf eine Parkbank zu begeben und

dort mit dem Hund den Rest der Nacht zu verbringen. Zum Glück war es eine laue Sommernacht. Geweckt wurde er in der Morgendämmerung von lautem Gebell und dem Geschimpfe eines Radfahrers.
Effi hatte offenbar den vorbeihuschenden Radfahrer ein bisschen erschreckt. Effi hasste Radfahrer. Sie kamen immer so heimtückisch, leise und aggressiv von hinten mit hohem Tempo herangebraust, erschreckten die empfindliche Hundeseele, flohen vor Effis erschreckten Ausrufen und mussten daher unbedingt in die Flucht geschlagen werden.
Was sollte der Mann im Schlafanzug jetzt machen? Den Streit schlichten? Sich entschuldigen? Er zog es vor, die beiden das unter sich regeln zu lassen und so zu tun, als ginge ihn das alles nichts an, drehte sich auf seiner Parkbank um und kehrte den beiden Streithanseln den Rücken zu. Die Situation entspannte sich dann auch ganz von selbst. Der Radler fuhr ärgerlich von dannen, Effi kam wutschnaubend zurück. Jetzt schnell möglichst ungesehen über die Straße hasten, den Hausmeister herausklingeln, ihm eine Flasche Schnaps versprechen und zurück ins Bett.
Der Vorgang blieb aber offenbar nicht unbeobachtet. Eine halbe Stunde später parkt unten vor dem Haus ein Krankenwagen, dem zwei Weißgekleidete entsteigen. Sie suchen den Park ab. Und sie haben eine Zwangsjacke dabei.

Das mit dem Krankenwagen und der Zwangsjacke ist eine unverschämte Erfindung der Ehefrau, aber in deren Familie gibt es einen Hang, solche Geschichten bei jeder weiteren Erzählung immer ein bisschen mehr auszuschmücken. So entstehen Familienlegenden, bei denen Dichtung und Wahrheit irgendwann nicht mehr auseinanderzuhalten sind.
Kindern ist das egal. Sie sind süchtig nach solchen Geschichten. Und wir glauben: Die Bedeutung solcher Geschichten für die

Entwicklung von Kindern wird maßlos unterschätzt. Durch solche Geschichten bildet sich Identität, durch sie erfährt das Kind: Ich bin der, der mit Effi, Jenny, Theo und Toni aufgewachsen ist, und mit meiner Schwester. Und die Schwester erfährt: Ich bin das Kind, dessen Papa nachts den Menschen im Park als Gespenst erschienen ist. Sie hat eine Mama, die sie im Münchner Prinzregententheater kurz vor ihrem Auftritt gestillt hat, und dazu hat sie ihr Papa an der Polizei vorbei- und in das Theater hineinschmuggeln müssen. Solche Geschichten sind es, die stark machen fürs Leben, denn wir Menschen, wir sind unsere Geschichten.

Je mehr solcher Geschichten es gibt, in die ein Kind sich einwickeln kann, desto besser kann es sich entwickeln, desto mehr Halt erfährt das Kind. Die meisten dieser Geschichten sind eher Nebenprodukte der zweckfreien, chaotischen Familiengespräche, bei denen man hinterher nicht mehr weiß, wie man eigentlich von der springenden Katze auf Johannes Gross gekommen ist. Dabei lernen die Kinder tausend Dinge, zum Beispiel, wer Johannes Gross war, nämlich der Herausgeber von *Capital*, einer der erfolgreichsten Journalisten Deutschlands, ein kleiner, hochintelligenter, allzeit fröhlicher und humorvoller Mann, wohlhabend, in seinem Habitus und seinen Ansichten etwas konservativ. Jede einzelne dieser Eigenschaften liefert wieder einen Ausgangspunkt für weitere Kaskaden von Geschichten und Assoziationen, und für Kinderfragen, zum Beispiel: «Warum seid ihr nicht wohlhabend, ihr seid doch auch Journalisten?» Viele dieser Geschichten werden die Kinder anfangs gar nicht verstehen, aber wenn sie mal erwachsen sind und zufällig den Namen Johannes Gross hören, wissen sie: Ach ja, das ist ja der, der sich vor unserer Effi gefürchtet hat, aber im Leben erfolgreicher gewesen ist als unsere Eltern.

Anderes, was sie im Augenblick nicht verstehen, verstehen sie dann eben, wenn die Familie bei anderer Gelegenheit in einem anderen Zusammenhang zum dritten, vierten oder fünften Mal darauf zurückkommt. Auf die Künstliche Intelligenz kommt die Familie, bzw. der Vater, so gut wie immer zurück, egal, wo die Assoziationsketten ihren Ausgangspunkt nehmen.

Sie werden sich daran erinnern, dass ihr Vater immer gesagt hat, an der menschlichen Intelligenz würden sich die Erforscher der Künstlichen Intelligenz noch ihre Gehirnzellen ausbeißen. Sie scheitern schon seit 50 Jahren daran, und werden schon allein deshalb immer weiter scheitern, weil sie dem Irrtum anhängen, der Mensch sei eine Logikmaschine.

Dabei ist er das glatte Gegenteil. Eine Logikvernichtungsmaschine ist er, oder wie sonst soll man erklären, dass er zum Tomatensaft Tomatensaft sagt, weil er aus Tomaten ist, zum Hustensaft aber Hustensaft, weil er nicht aus Husten ist, sondern gegen Husten hilft, und das auch nur angeblich. Ein Autodieb heißt Autodieb, weil er Autos klaut, aber ein Meisterdieb klaut keine Meister. Der Schoßhund heißt so, weil er auf dem Schoß sitzt, aber worauf sitzt der Blindenhund?

An dieser Stelle lernen die Kinder immer Wolf Schneider kennen, der einmal gesagt hat, «Liedermacher machen Lieder, aber es stört uns nicht im Geringsten, dass einer, der Bücher macht (indem er sie schreibt, setzt, druckt oder bindet), nicht Buchmacher heißen darf, weil ‹Buchmacher› einer heißen soll, der nicht Bücher macht, sondern Wetten vermittelt, und zwar nicht auf Bücher, sondern auf Pferde, und nicht in Büchern, sondern auf Tafeln» – und darum ist es sinnlos, in der Sprache nach so etwas wie Logik, Zuverlässigkeit oder Regeln zu suchen. Diesem menschlichen Willen zur Anarchie ist auch mit der Fuzzylogik nicht beizukommen. Daran verglühen die Logikchips unserer KI-Produkte millionenfach.

Nicht so das Gehirn unserer Kinder. Es mästet sich an solchen Absonderlichkeiten und solch elterlichem Geschwätz. Ihre kleinen grauen Zellen bekommen pausenlos Futter, müssen pausenlos aufnehmen und verarbeiten und nachfragen, und wenn das Gespräch längst vorbei ist, sind sie immer noch damit beschäftigt. Die Kinder merken das alles gar nicht, sie lernen nebenbei, üben sich nebenbei im Sprechen, Fragen, Erinnern und Wiedererkennen und werden genauso anarchisch und für Computer unberechenbar wie ihre Eltern – und für Computer unberechenbar zu sein, halten wir für ein erstrebenswertes Erziehungsziel.

Irgendwann bekamen unsere Kinder mit, dass wir manches, was sie sagen oder tun, aufschreiben. Sie verstanden aber noch nicht, warum wir das tun. Dennoch fanden sie das höchst interessant, achteten nun darauf, bei welcher Gelegenheit die Eltern was aufschrieben, und es kam der Tag, an dem Livia etwas sagte, was ihr originell erschien, und fragte, ob wir das jetzt aufschrieben.
Auch das, dieses Aufschreiben, sollten Eltern pflegen, denn hier entstehen die Anfänge neuer Familiengeschichten, und die Kinder erkennen: Ich bin meinen Eltern wichtig. Ich bin überhaupt wichtig auf der Welt. Ich mit meiner noch kleinen Geschichte werde bereits eingewebt in die große Familiengeschichte, und schon jetzt werden meine Geschichten in der Familie herumerzählt.
In diesem Zusammenhang ist übrigens die Technik wirklich ein Segen. Fotos und Videofilme halten fest, was man unweigerlich vergessen würde. In unregelmäßigen Abständen, mindestens einmal pro Jahr, meistens in der Vorweihnachtszeit, kramen wir daher in unseren Fotokisten, schieben alte VHS-Kassetten in den Videorecorder, staunen, was wir alles schon vergessen hätten, wenn es diese Fotos und Filme nicht gäbe, und versuchen, uns an Szenen zu erinnern, die es nicht auf Foto oder Video gibt. Und die Kinder sehen ihre verstorbenen Großmütter wieder, an die sie sonst nur eine immer mehr verblassende Erinnerung hätten.
Uns überkommt daher ein leiser Schauder, wenn wir lesen und

hören, dass jetzt allenthalben große Symposien und Kongresse stattfinden, für die Linguisten, Didaktiker, Literaturwissenschaftler, Gehirnforscher und Pädagogen aus der ganzen Welt eingeflogen werden, um darüber zu beraten, wie die Lese- und Sprachkompetenz unserer Kinder erhöht werden könnte. Wir sind uns ziemlich sicher, dass ihre Vorschläge allesamt auf teure, komplizierte und ineffiziente Lösungen hinauslaufen werden und keiner von ihnen auf die einfachste, billigste und effizienteste Lösung kommt: das Familiengeschwätz.

Das dauerhafte, tägliche, nicht abreißende Gespräch zwischen Eltern und Kindern ist die beste Art der Sprachförderung, der Weitergabe von Wissen und auch der Wertevermittlung. Das Kind fühlt sich dabei weder belehrt noch erzogen, sondern einfach nur unterhalten und auch emotional geborgen – es ist das ideale Lernklima. Darum ist es für Kinder lebenswichtig, dass sich die Familie regelmäßig um den Tisch versammelt, dass es regelmäßige gemeinsame Mahlzeiten gibt und diese nicht nur der Nahrungsaufnahme und den Terminabsprachen dienen. Es ist wichtig, dass die Familie Zeit hat und die Eltern sich bewusst sind, wie wichtig diese Zeit für sie selbst und ihre Kinder ist.

Es müssen nicht immer Kaskaden von Geschichten erzählt werden. Solche längeren Gespräche sind allenfalls am Wochenende oder im Urlaub möglich, aber dann sind sie auch nötig.

Die alltäglichen Gespräche am Tisch dagegen sind nötig, um ein Mindestmaß an Kommunikation zu sichern. Anderenfalls bekommen die Eltern es nicht mehr mit, wenn das Kind Probleme in der Schule oder in der Clique hat. Sie erfahren es nicht mehr, wenn das Kind sich falschen Freunden anschließt. Sie bekommen nicht mehr richtig mit, was das Kind eigentlich beschäftigt. Und so übersehen sie dann die ersten Fehlentwicklungen. Und dann ist es plötzlich zu spät zum Eingreifen, oder die noch möglichen Korrekturen werden schmerzlich, aufwändig und teuer.

Aber auch die Kinder wollen und sollen erfahren, was die Eltern beschäftigt, was sie freut, ängstigt, tröstet, was sie tun und reden. Deshalb sollten im täglichen Familiengespräch die täglichen kleinen Probleme gelöst und die täglichen kleinen Spannungen beseitigt werden. Werden diese kleinen Probleme und Spannungen mangels Kommunikation nicht gelöst, entsteht über kurz oder lang ein großes Problem. Es werden dann auch keine Familiengeschichten mehr erzählt, und selbst das normale Alltagsgeschwätz erstirbt.

DER TANZ DER NEURONEN

WORTE FÜR DEN EMBRYO

Wer sein Kind stärken will, stärke dessen Sprache. Je früher, desto besser, denn Sprechen ist zunächst ein körperlicher Vorgang, dessen erste rudimentäre Voraussetzungen schon im siebten Schwangerschaftsmonat angelegt werden. Später, als Erwachsener, braucht der Mensch allein im Gesicht 86 Muskeln fürs Sprechen.

Es beginnt mit dem Hören. Im siebten Schwangerschaftsmonat kann der Fötus schon Laute unterscheiden, und darauf reagiert er mit winzigen Muskelbewegungen, kaum erkennbar für das Auge. Das Gehör entwickelt sich früh und reift langsam. Bei der Geburt verfügt ein Baby schon über rund zwölf Wochen Hörerfahrung, aber seine Hörfähigkeit braucht bis zum Schulalter, um vollständig auszureifen. Es ist wahrscheinlich kein Zufall, dass sich das Gehör des Kindes parallel zu seinem Spracherwerb entwickelt, glaubt die Gehirnforscherin Lise Eliot.[1]

Zu denken, es habe wenig Sinn, mit einem Neugeborenen zu sprechen, ist daher ein verhängnisvoller Irrtum. Das Kind braucht Sprache von Anfang an. So nötig wie die Muttermilch ist die Mutter-Sprache, die Ansprache durch die Mutter und andere Menschen. Jedes Baby, wenn es nicht taub ist, reagiert auf menschliche Stimmen, besonders auf die der Mutter. Ein paar verblüffende Experimente legen sogar die Vermutung nahe, dass sich Neugeborene an das erinnern können, was sie im Mutterleib hörten.

Zwei bis drei Tage alten Babys wurden Kopfhörer aufgesetzt und speziell präparierte Schnuller in die Münder gesteckt. Über die Kopfhörer bekamen die Babys eine kleine Geschichte zu hören, einmal von der Mutter vorgelesen, beim zweiten Mal von einer fremden Frau. Die Babys konnten durch verstärktes Saugen bestimmen, welche Stimme ertönen sollte. Das Ergebnis war eindeutig: Sie wollten die Stimme ihrer Mutter hören.

Eine Variante des Experiments zeigt, dass die Erinnerung an die Mutterstimme tatsächlich schon vor der Geburt einsetzt, und die Erinnerung sich nicht nur auf die Stimme erstreckt, sondern, und das ist das Unglaubliche, auch schon auf Inhalte. Bei diesem Versuch wurden Mütter gebeten, während der letzten Schwangerschaftswochen regelmäßig eine bestimmte Geschichte laut zu lesen. Kurz nach der Geburt wurde den Babys von ihren Müttern diese Geschichte vorgelesen, zusätzlich lasen die Mütter eine andere, unbekannte Geschichte vor. Die Babys bevorzugten die Geschichte, die sie schon vor ihrer Geburt kennen gelernt hatten.[2] Darum ist es höchst sinnvoll, schon mit Neugeborenen intensiv zu sprechen.

Gelegenheiten dazu gibt es genug: beim Füttern, beim Wickeln, beim Baden, vor dem Einschlafen. Wichtig ist dabei der Blickkontakt. Wenn das Kind sieht, dass die Mutter lächelt, sich freut, wenn es lallt oder «singt», deutet das Kind diese Reaktion als Erfolg und fühlt sich ermutigt, weiterzumachen, sein Stimmchen zu üben, Laute zu bilden und diese zu variieren. Das Kind wird sich in dem Maß bemühen, seine Fähigkeiten weiterzuentwickeln, wie es für seine Bemühungen durch entsprechende Reaktionen der Mutter oder des Vaters belohnt wird.

Sprache ist wahrscheinlich an Bewegung gekoppelt und entwickelt sich vermutlich in Abhängigkeit von den motorischen Fähigkeiten des Kindes. Das «Winke-Winke» lernt sich eben leichter, wenn es mit der zugehörigen Armbewegung verknüpft ist. Das Wort «Hand» schleift sich ein durch die Bewegung der Hand. Die Muskeln, die den Arm und die Hand bewegen, und die Muskeln, die den Sprechapparat bewegen, scheinen sich über eine geheimnisvolle Verbindung gegenseitig zu bestärken. Zwischen der geistigen und der motorischen Entwicklung des Kindes besteht ein enger Zusammenhang, und das Gehirn gleicht in dieser frühen Entwicklungsphase einem trockenen Schwamm, der sich mit Wörtern voll saugen will. Nie wieder lernt es so schnell so viele Wörter wie zwischen dem zweiten und fünften Lebensjahr.

Darum sind auch die Sprachspiele, das spätere «Hoppe-Hoppe-Reiter», Kuckuck- und Fingerspiele, Reime, Schüttelreime, Versteckspiele, Zungenbrecher und die Wiegenlieder so wichtig. Von Geburt an, und vielleicht schon früher, hören Babys gerne Musik und Lieder, und besonders schön finden sie es, wenn das, was sie hören, mit Bewegung verbunden ist: Wiegen im Arm der Eltern, schaukeln in der Wiege, sich verstecken hinter dem Vorhang, lachen und wegrennen bei der Entdeckung. Und am schönsten ist es für sie, wenn sich alles wiederholt, wenn sie schon vorhersehen können: Gleich passiert dieses, danach jenes, und dann geht alles wieder von vorne los. Kinder lieben die Wiederholung und die Vorhersehbarkeit, besonders wenn sie mit Bewegung verbunden ist.

Sie spüren die Bewegung ja auch schon im Mutterleib, verbinden das Herumgetragenwerden im Bauch mit den Tönen, die sie hören. Hören und Bewegtwerden gehören daher von Anfang an zusammen. Die Bewegung, die Melodie und der Rhythmus eines Liedes, der Text, das alles bringt die Neuronen zum Schwingen. Der Tanz der Neuronen hinterlässt durch die Wiederholungen erste wichtige Spuren im Gehirn, legt Kanäle an für den späteren Erwerb und Gebrauch der Sprache und vielleicht auch schon für das spätere Verständnis von gelesenen Texten.

Das Kind vor einen Kassettenrecorder zu setzen und ihm Märchen vorzuspielen wird allerdings wenig ausrichten. Es braucht nicht nur eine menschliche Stimme, nicht nur Text, sondern zum Text auch die Mimik und Gestik eines vertrauten Menschen. Eine Mutter, die nur den ganzen Tag telefoniert, tut nichts für die Sprachentwicklung ihres Kindes, miteinander plaudernde

Erzieherinnen tragen ebenfalls nichts bei. Fernsehen schadet eher, weil die schnellen Bildfolgen das Kind überfordern.

Experimente bestätigten: «Kinder, deren Eltern früh im Leben häufiger mit ihnen sprachen oder ihnen antworteten, verfügten über einen größeren, rascher wachsenden Wortschatz und schnitten bei Intelligenztests besser ab als Kinder, deren Eltern quantitativ weniger mit ihnen gesprochen hatten.»[3]

Dabei entdeckte man aber noch einen weiteren interessanten Aspekt: Die Psychologen Betty Hart und Todd Risley beobachteten, dass die kindliche Sprachentwicklung auch vom elterlichen Feedback abhängt, und in besonderem Maß davon, ob es negativ oder positiv ist. «Die Kinder, die relativ häufig *nein, mach das nicht, hör auf* und ähnliche Verbote zu hören bekamen, schnitten sprachlich schlechter ab als die Dreijährigen, die weniger negatives Feedback erhalten hatten», deren Eltern beispielsweise die Stimmübungen ihrer Kinder wiederholten oder mit Fragen und Bestätigungen auf sie eingingen.[4]

Eine Nachfolgestudie mit derselben Gruppe von Kindern zeigte, dass die sprachlichen Unterschiede bis weit in die Grundschuljahre bestehen blieben. In der dritten Klasse waren die während der ersten drei Lebensjahre besonders geförderten Kinder im Lesen, Rechtschreiben, Sprechen und im Hörverständnis deutlich besser als die weniger geförderten Kinder. «Folglich hat die frühe Konfrontation mit Sprache selbst nach der Einschulung, wenn die Eltern längst nicht mehr den einzigen Einfluss auf die kognitive Entwicklung des Kindes ausüben, ein dauerhaftes Fundament geschaffen.»[5]

Die frühe Sprachförderung durch intensive Zuwendung ist sogar noch steigerungsfähig, wie der Schulpsychologe William Fowler berichtet. Er brachte Eltern spezielle Methoden zur Anreicherung der sprachlichen Umgebung von Babys im frühen Säuglingsalter bei. Fowlers grundlegende Strategie bestand darin, jedes Stadium der Sprachentwicklung vorwegzunehmen. Schon bevor ein Baby eine bestimmte Phase erreicht, trainierten die Eltern mit ihm das, was erst noch kommen sollte.

So begannen Eltern mit dem «Lautieren» – sie führten dem Baby verschiedene Phoneme, also Silben und Silbenkombinationen vor –, noch ehe das Baby zu lallen angefangen hatte. Als Nächstes, bereits im dritten Monat, folgte die Zuordnung lautlicher Äußerungen, wobei die Eltern erstmals den Gebrauch von Substantiven und Verben förderten, indem sie alle Gegenstände, Personen oder Tätigkeiten benannten, für die das Baby sich momentan interessierte. Danach kamen Präpositionen, Adverbien und Pronomen an die Reihe. Im neunten Monat folgten Ein- und Mehrwortäußerungen, und bis zum vierzehnten Monat verwickelten die Eltern ihr Baby in immer komplexere Sprachmuster.

Und der Erfolg? «Kinder, die auf diese Weise stimuliert wurden, sprachen ihre ersten Worte zwischen sieben und neun Monaten und begannen um den ersten Geburtstag Wörter zu kombinieren; manche sagten bereits mit zehn Monaten ganze Sätze. Mit zwei Jahren hatten fast alle die Grundregeln der Grammatik gelernt – ein Meilenstein, den die Kinder normalerweise erst im Alter von vier Jahren erreichen. Darüber hinaus behielt die Mehrheit der so stimulierten Kinder ihren verbalen Vorsprung während der gesamten Kindheit bei; die meisten lernten vor Schuleintritt lesen und erbrachten ausgezeichnete schulische Leistungen (auch in ‹nonverbalen› Fächern wie Mathematik und Naturwissenschaften), und in der Highschool nahmen 62 Prozent an Spezial- oder Schnellkursen für besonders begabte Schüler teil.»[6]

Das Experiment wurde bisher nicht wiederholt. Wie zuverlässig es ist, kann daher noch nicht gesagt werden. Sicherlich müsste man auch darüber diskutieren, ob es wirklich nötig ist, schon mit Babys schulmäßig das Sprechen in der beschriebenen Weise zu üben. Aber in der Tendenz bestätigt das Experiment die Regel: Die Sprachförderung des Kindes hat am Tag der Geburt zu beginnen, und wenn man dabei eher des Guten zu viel tut, schadet es wahrscheinlich nicht.

Sobald das Kind Reime, Lieder, Wortspiele, Fingerspiele und Versteckspiele kann, ist es auch reif fürs Vorlesen und Geschichtenerzählen. Mit der sprachlichen Zuwendung durch die Eltern wird im Kinderhirn wahrscheinlich nicht nur die Sprach- und Lesefähigkeit angelegt, sondern auch die Neugier, der Wissensdurst. Diese Gier verschwindet, wenn sie nicht gestillt wird.

Regelmäßiges, möglichst tägliches Vorlesen ist daher die sicherste Gewähr für die Ausbildung der Sprach- und Lesefähigkeit und, wie wir vermuten, auch für eine lebenslange Neugier, für Wissensdurst und wache Interessiertheit. Dabei haben wir mit unseren eigenen Kindern die Erfahrung gemacht, dass man nicht einfach nur vorlesen, sondern sich im «Dialoglesen» üben sollte, das heißt: beim Vorlesen die Reaktionen des Kindes beachten, den Lesefluss nach Bedarf immer wieder unterbrechen oder vom Kind unterbrechen lassen, damit es das Gehörte kommentieren oder nach der Bedeutung eines unbekannten Wortes fragen kann. Der Vorleser oder die Vorleserin selbst sollte sich ebenfalls von Zeit zu Zeit unterbrechen, um zu prüfen, ob das Kind bestimmte Zusammenhänge, ironische Wendungen, Anspielungen, Metaphern oder Sprachspiele eigentlich versteht. Und am nächsten Tag sollte man das Kind erzählen lassen, was es von der Geschichte des Vortags noch weiß.

Vorlesen vergrößert nicht nur den Wortschatz der Kinder, es fördert auch die Konzentration. Während des Vorlesens wird ein größerer Zusammenhang aufgebaut, der über längere Zeit die Aufmerksamkeit des Kindes erfordert. Auch das Gedächtnis wird gebraucht, die Erinnerung an vorausgegangene Handlungen, um die gegenwärtigen zu verstehen und sich in den künftigen zurechtzufinden. Den roten Faden einer Geschichte muss sich das Kind also selber spinnen. Und dazu braucht es außerdem seine Phantasie, denn es muss sich das Gehörte mit seiner eigenen Vorstellungskraft selbst bebildern. Noch bevor es also selber lesen kann, eignet es sich beim Hören auf das Vorgelesene die Fähigkeiten an, auf die es beim späteren Lesen, in der Schule und überhaupt im Leben ankommt: Konzentration, Imagination, Gedächtnis, wache Aufmerksamkeit über längere Zeit.

SPORT MACHT SCHLAU

Die Arbeit am Erfolg des Kindes beginnt nach der Geburt. Wir sollten vom ersten Tag an mit ihm sprechen. Wir können aber noch mehr tun. Da sich, wie wir gesehen haben, kognitive und motorische Fähigkeiten in wechselseitiger Abhängigkeit entwickeln, können wir dem Kind auch helfen, wenn wir seine Motorik fördern.

Unsere Leitfrage, was Kinder stark macht fürs Leben, kann daher auch im wörtlichen Sinn beantwortet werden: Muskeln machen Kinder stark. Kinder brauchen Sport, Kinder brauchen Bewegung.

Davon haben sie offensichtlich zu wenig. «Noch nie waren so viele Kinder motorisch auffällig wie heute», sagt Klaus Bös, Sportwissenschaftler an der Universität Karlsruhe: «Teilweise hat die Leistungsfähigkeit seit Mitte der siebziger Jahre um 10 bis 20 Prozent abgenommen.»[1] Bös hatte rund 1500 Grundschulkinder aus 33 deutschen Schulen untersucht. Sein Fazit: «Viele haben schon Probleme mit Grundfertigkeiten wie Laufen, Klettern, Werfen, Springen.»[2]

Der Sportpädagoge Horst Rusch ließ Kinder und Jugendliche im Alter von 6 bis 17 Jahren wiederholt seinen aus sechs Übungen bestehenden «Münchner Fitnesstest» absolvieren. Resultat: «Nur rund ein Viertel der Schüler erreichte 2001 die Durchschnittsleistungen von 1986.»[3]

Eine der schlimmsten Erkenntnisse der PISA-Studie ist die wachsende Ungleichheit in unserem Land, die jetzt zum Vorschein kommt. Wer aus kleinen Verhältnissen stammt, hat massive Probleme in der Schule, und niemand hilft. Wer das Glück hat,

Kind bildungsbewusster Eltern zu sein, kommt leichter durch die Schule.

Diese Ungleichheit der kognitiven Fähigkeiten setzt sich offenbar fort beim körperlichen Zustand unserer Kinder und deren sportlichen Fähigkeiten. Sportskanonen, die – von den Eltern gefördert – im Verein trainieren, teilen sich die Klassen mit besonders ungelenken und dicklichen Stubenhockern. Und davon gibt es anscheinend immer mehr.

Der Münchner Erziehungswissenschaftler Helmut Zöpfl kam nach der Auswertung verschiedenster Untersuchungen zu dem Ergebnis:

- ca. 50 % der Kinder sind nicht in der Lage, 30 Sekunden den Einbeinstand auszuführen
- etwa 10 % der Kinder sind hinsichtlich der Ausdauer als auffällig zu bezeichnen
- mehr als 30 % der Erstklässler zeigen eine mangelnde Beweglichkeit
- 50–65 % der 8- bis 18-Jährigen haben Haltungsschwächen bzw. -fehler
- mehr als 30 % derselben Altersgruppe sind übergewichtig, was einer Verdoppelung im Vergleich der Jahre 1976 und 1996 entspricht
- 20–25 % der 8- bis 18-Jährigen haben einen leistungsschwachen Kreislauf oder Kreislaufregulationsstörungen
- 40 % der Kinder klagen über Rückenschmerzen
- 84 % der Kinder haben anormale Blutfettwerte (Cholesterin)
- 10 % der 10-Jährigen weisen arteriosklerotische Gefäßveränderungen auf
- jedes 20. Kind hat Bluthochdruck
- ungefähr 75 % der Erstklässler haben eine schwache Bauchmuskulatur

Wieland Kiess, Direktor der Universitätsklinik für Kinder und Jugendliche in Leipzig, beobachtet eine zunehmende Verfettung bei Kindern und Jugendlichen. In den Industrienationen leiden rund 20 Prozent aller Kinder und Jugendlichen unter 18 Jahren an einer Adipositas, also an Übergewicht oder Fettsucht. Etwa vom zwölften Lebensjahr an bleibt eine solche Störung mit großer Wahrscheinlichkeit auch im Erwachsenenalter bestehen.[4] Wissenschaftler der Universitätskinderklinik Leipzig haben in Zusammenarbeit mit über 200 Kinderärzten in Ostdeutschland ermittelt, dass übergewichtige zwölfjährige Mädchen im Jahre 2001 durchschnittlich bereits 72,5 Kilogramm wogen, während es im Jahr 1998 erst 71,5 Kilogramm waren.

Dicke Kinder haben oft ein geringeres Selbstbewusstsein, verfallen leichter Drogen, vor allem Alkohol und Nikotin. Schwer übergewichtige Jugendliche sind häufig sozial isoliert, sind schon in jungen Jahren von Arteriosklerose, Bluthochdruck, Diabetes, Hormon- und Stoffwechselstörungen, orthopädischen Schäden und chronischen Rückenschmerzen bedroht. Parallel zum Anstieg von Übergewicht und Adipositas nehmen affektive Störungen stark zu, vor allem Depressionen, Angst und Essstörungen,. Ursachen sind falsche Ernährung und Bewegungsmangel.[5] «Kinder bewegen sich heute im Schnitt nur noch 30 Minuten täglich intensiv – das ist eine Katastrophe», sagt Uwe Büsching, Kinderarzt in Bielefeld und Vorstandsmitglied im Berufsverband der Kinder- und Jugendärzte.[6]

Auch diese Probleme zeigen sich bereits im Kindergarten. Untersuchungen aus den USA, wie auch Studien der Universitätskinderklinik Leipzig und der daran beteiligten Kinderärzte, zeigen: Die übermäßige Zunahme des Gewichts beginnt schon im dritten Lebensjahr.

Die Osnabrücker Sportwissenschaftlerin Renate Zimmer testete bei Vier- bis Sechsjährigen, wie beweglich, geschickt, reaktionsschnell sie ihren Körper koordinieren können. Die Kinder mussten mit Tennisbällen ein Ziel treffen, auf einer Linie balancieren oder einen Hampelmannsprung machen. Ihre Beobachtung: «Vielen Kindern fällt es schwer, beim Hampelmann rhythmisch zu springen und gleichzeitig die Arm- und Beinbewegungen zu koordinieren.»[7] Die Testergebnisse, so Renate Zimmer, seien heute im Schnitt um zehn Prozent schlechter als vor 15 Jahren.

Mangelnde Körperbeherrschung geht fast immer einher mit mangelnder Kraft und Konzentration. Sie drückt sich auch aus, wenn Kindergartenkinder über den Rand ihrer Malhefte malen, keine Linie halten können und eine schwache, zittrige Strichführung zeigen. Wo es an Kraft, Körperbeherrschung und Konzentration fehlt, steigt die Gefahr von Unfällen, und diese führen meist auch noch zu schlimmen Verletzungen, weil Kinder zu langsam reagieren und die Kraft fehlt, sich beim Stürzen geschickt abzurollen oder abzufangen.

Kinder ziehen viel Selbstbewusstsein aus sportlichen und körperlichen Leistungen, Geschicklichkeit und Kraft. Wenn es ihnen daran fehlt, nagt das an ihrem Selbstwertgefühl, und damit beginnt ein Teufelskreis. Weil sich ein Kind immer weniger zutraut und immer ängstlicher wird, vielleicht auch noch von anderen gehänselt wird, unternimmt es auch immer weniger.

Stark übergewichtige Kinder schämen sich und wollen sich beim Schwimmunterricht gar nicht mehr ausziehen, beobachtet die Hamburger Kinderärztin Christiane Petersen.[8] Statt Defizite durch verstärkte Anstrengungen auszugleichen, steigern solche Kinder die Defizite durch Aufgabe, Rückzug und Resignation. Davon wird alles andere in Mitleidenschaft gezogen, denn im Vor- und Grundschulalter sind die geistige, seelische und körperliche Entwicklung eng miteinander verbunden. Darum ist Bewegung so wichtig.

Bewegung ist Entwicklung, und zwar von Anfang an, deshalb stecken wir den Säugling in ein «Strampelhöschen». Er will strampeln, und da er sich noch nicht kontrolliert bewegen kann, bewegt er sich eben unkontrolliert, aus purer Lust am Agieren. In dieser Phase wird er noch von Reflexen gesteuert.

Die Reflexe haben zwei Funktionen. Sie dienen dem körperlichen Training, dem Muskelaufbau, und zugleich dem Aufbau von Gehirnstrukturen.

Jeder gesunde Säugling schließt, wenn man ihm den Finger reicht, seine Hand um diesen Finger. Mit diesem Greifreflex übt er eine grundlegende und wichtige Bewegung, deren Abfolge seine Spuren im Gehirn hinterlässt. Irgendwann ist diese Bewegungsabfolge einfach «da», und der bloße Reflex nicht mehr nötig. Das Kleinkind kann jetzt gezielt nach etwas greifen und auch wieder loslassen. Später, wenn das Kind robbt, krabbelt, aufsteht, trainiert es nicht nur seine Muskeln und seinen Bewegungsapparat, sondern baut auch ein räumliches Bezugssystem in seinem Gehirn auf. Viele Jahre lang bauen sich Leib, Seele und Geist in enger Abhängigkeit voneinander auf.

«Zahlreiche psychologische Forschungen weisen darauf hin, dass der Mensch, vor allem das Kind bis zum achten bzw. zehnten Lebensjahr, seine Kenntnisse durch Bewegung und Wahrnehmung erlangt», sagt Helmut Zöpfl. Es gebe einen Zusammenhang zwischen der motorischen Geschicklichkeit und einzelnen Faktoren der Intelligenz, z. B. der Konzentrationsfähigkeit. Außerdem führe Bewegung nachweislich zu einer Verbesserung der Gefühlslage, zu einer erhöhten Motivation, zu einem Abbau von Aggressionen und zu einer Steigerung der Kreativität. Und das soziale Miteinander, das Zusammenspiel mit anderen, Regeln des Fairplay werden eingeübt, Lohn durch Anstrengung wird erfahren, Lust an der Leistung entsteht.

Es ist also durchaus nicht aus der Luft gegriffen, wenn wir vermuten, dass zwischen dem schlechten Abschneiden unserer Schüler bei PISA und deren Bewegungsmangel ein Zusammenhang besteht. Die Kinder trifft keine Schuld, sie kommen mit einem natürlichen Bewegungsdrang auf die Welt. Doch dieser Drang wird durch die äußeren Bedingungen, in denen Kinder heute aufwachsen, systematisch gebremst.

Kinder sitzen zu viel, morgens im Auto oder Bus, dann in der Schule, anschließend wieder im Schulbus, beim Mittagessen, beim Hausaufgabenmachen, und danach gehen viele Kinder noch immer nicht hinaus ins Freie, sondern sie hocken vor dem Fernseher, dem Computer oder der Videospielkonsole. Ihre verstädterte Umwelt draußen lädt ja auch nicht unbedingt dazu ein, sich körperlich auszutoben.

Kein Wald in der Nähe, um «Räuber und Gendarm» zu spielen, keine Sandgrube, in der man zwei Meter in die Tiefe springen kann, kein Baum für den Bau eines Baumhauses vor der Haustür, kein Fluss oder Weiher, um flache Kiesel springen zu lassen, kein Bach zum Stauen, kein Rinnsal zum Matschen, kein Heuschober zum Herumstreunen, oft nicht einmal ein eigener Garten, und wenn, dann einer zum Angucken mit Zierrasen, Ziersträuchern und vielen Blumen, aber nicht zum Spielen. Fußball spielen auf der Straße ist lebensgefährlich, und Kinder, mit denen man gemeinsam etwas unternehmen könnte, trifft man dort nicht. Dazu die beständige Angst der Eltern, die ihre Kinder daran hindert, außer Sichtweite zu gehen, auf einen Baum zu klettern, allein an einem Fluss zu spielen. Was bleibt da anderes übrig als Stubenhockerei?

Eltern, die beide berufstätig sind, können diesen Bewegungsmangel ihrer Kinder abends und am Wochenende kaum kompensieren. Es bleibt die Mitgliedschaft in einem Sportverein, der nicht jedermanns Sache ist – und die Schule. Und wenn es nach den Kindern ginge, sähe diese anders aus.

Forscher der Universität Bayreuth hatten 400 Kinder nach ihren Ideen für das Klassenzimmer, den Pausenhof und die Sporthalle gefragt.[9] Neben den Interviews werteten sie auch 1200 Zeichnungen mit Verbesserungsvorschlägen aus. Jetzt wissen wir: Kinder möchten mehr Platz für Bewegungsspiele auf dem Schulhof, dazu Freiräume, in denen sie selber entscheiden können, was sie lernen und wie sie es lernen. Besonders bedauern sie, dass sie sogar von Lehrern in der Pause in ihrem Bewegungsdrang eingeschränkt und ermahnt werden, hier nicht so wild herumzurennen, und dass ihnen der Ball immer abgenommen wird von Lehrern, die nur herumstehen, statt selbst mal mit den Kindern zu spielen.

Dieses Problem muss man ernst nehmen, wie das Beispiel der Friedrich-Ebert-Grundschule in Bad Homburg zeigt. Dort haben die Kinder seit sieben Jahren täglich Sportunterricht – auf Kosten anderer Fächer. Und mit verblüffenden Erfolgen.[10]

Bevor das Projekt in Zusammenarbeit mit Sportwissenschaftlern von der Universität Frankfurt begann, hatten die Aggressionen unter den Kindern an dieser Schule so stark zugenommen, dass Eltern in den Pausen Aufsicht führten. Schon ein paar Monate nach Beginn des Projekts war das überflüssig. Die Raufereien ließen schlagartig nach. Und: Die Schüler bewegten sich geschickter, und vor allem die Schwachen, die Grobmotoriker und Übergewichtigen, machten rasante Fortschritte.

Drei Jahre nach dem Ende des Projekts bestätigen oder übertreffen die wissenschaftlichen Auswertungen den subjektiven Eindruck von Eltern, Lehrern und Schülern. Im Vergleich zu zwei Kontrollschulen mit offiziell drei Stunden Sportunterricht pro Woche haben die Kinder der Friedrich-Ebert-Schule viel mehr Ausdauer und Geschick und mehr Lust auf die Schule. Sie erleiden weniger Unfälle, sind auffällig friedlich und offenbar gescheiter. Heute wird dort 15 Prozent mehr Schülern als früher der Übertritt auf das Gymnasium empfohlen.

In den USA und in englischen Internaten scheint das alles längst bekannt zu sein. Dort haben Schulen ihre eigenen Sportplätze, Schwimmbäder und Ruderrennstrecken. Dort feuern bei Schulwettkämpfen Tausende ihre Akteure an, mit dem Effekt, dass sich die Schüler mit ihrer Schule identifizieren und eine emotionale Bindung knüpfen, die oft ein Leben lang anhält.

Bei uns ist der Sport das Fach, bei dem zuerst gespart wird. Die drei oder vier Wochenstunden, die der Lehrplan vorsieht, stehen meistens nur auf dem Papier, und in den zwei Stunden, die übrig bleiben, wird ein bisschen Ball gespielt und herumgehüpft. Die Stadt Mainz verfügt nicht einmal über ein Hallenbad.

In Bayern, sagt Horst Rusch, stünden formal vier Wochenstunden Sport im Lehrplan. Davon fielen aber in der Regel zwei aus, weil von 1996 an zusätzliche Sportlehrerstellen gestrichen wurden.[11]

Wenn schon am Sportunterricht gespart wurde, aber das Sparen nicht aufhört, dann fallen als Nächstes die Musiklehrerstellen weg. Und die Musikschulen werden geschlossen.

Auch das schadet dem Wirtschaftsstandort Deutschland, wo noch immer die Auffassung vorherrscht, die Zahl der Mathematik- und Physikstunden müsse steigen, damit wir international wettbewerbsfähig bleiben. Musikerziehung hat ihren eigenen Wert, und darum sollte es überflüssig sein, hier zu begründen, warum wir unseren Kindern schaden, wenn wir ihnen den Weg in die Welt der Musik versperren.

Aber in unserem Land regiert die Ökonomie. Alles wird auf schnelle Verwertbarkeit und Nützlichkeit abgeklopft, und da erscheint die Musik unnütz und der Computerunterricht umso wertvoller. Einen Businessplan erstellen zu können gilt als wichtiger, als eine Sonate von Mozart spielen zu können. Deshalb ist es leider doch nötig, den Ökonomisten zu erklären, dass auch das Beherrschen eines Musikinstruments der wirtschaftlichen Wettbewerbsfähigkeit dient – vielleicht sogar mehr als die Beherrschung des Computers – und dass das Sponsoring von Musikschulen und Musiklehrerplanstellen gut angelegtes Geld wäre. Denn Musik hat erstaunliche Nebenwirkungen.

Zwischen 1992 und 1998 hat der Paderborner Musikpädagoge und Begabungsforscher Hans Günther Bastian untersucht, was Musik bei Grundschulkindern bewirkt. Dazu beobachtete er 130 Kinder aus fünf Schulen mit musischem Schwerpunkt und 40 Kinder aus zwei Grundschulen, die wie üblich nur zwei Wochenstunden Musikunterricht haben.

Das Ergebnis war, «dass bei den Kindern mit musikbetontem Unterricht die soziale Kompetenz viel ausgeprägter ist. Es gibt in den Klassen weniger ausgegrenzte Schüler»[1], sagt Bastian. Das habe sich aus Soziogrammen ergeben, denen die Frage zugrunde lag: Welchen Schüler in deiner Klasse magst bzw. magst du nicht so gerne? In diesem sozialen Bereich seien die Ergebnisse für ihn «sensationell» gewesen. «In den musikbetonten Klassen ist über die gesamte Grundschulzeit die Anzahl der Positivwahlen deutlich höher als in Klassen ohne Musikschwerpunkt, und die Anzahl der Kinder, die keine einzige Ablehnung erhalten haben, ist doppelt so hoch. Musikerziehung fördert also ein emotional positiv aufgeladenes Klassenklima. Die Lehrer haben auch beobachtet, dass Schulvandalismus und Aggressionspotenziale zurückgehen und die Kinder in der Pause anders miteinander umgehen.»[2] Musik sei das sozialste Medium überhaupt. Sie führe Menschen zusammen, und im Ensemblespiel sei man aufeinander angewiesen, um etwas Gemeinsames zu schaffen, sagt Bastian.

Mehrmals ließ er die Schüler Intelligenztests lösen. In beiden Gruppen erhöhte sich der IQ von Jahr zu Jahr. Die Musik-Kinder jedoch schnitten stets etwas besser ab, und nach vier Jahren Musikerziehung waren die IQ-Werte der Modellschüler deutlich höher. Besonders prächtig entwickelten sich Ausdauer, die Fähigkeit zum abstrakten Denken, Leistungsbereitschaft und Konzentration, auch und gerade bei Kindern aus sozial schwachen Familien.

Es habe sich auch herausgestellt, dass der für das Musizieren vermehrte Zeitaufwand eindeutig nicht zu Lasten der allgemeinen schulischen Leistungen geht. «Zu keinem Zeitpunkt der Studie waren die Leistungen der Kinder aus musikbetonten Grundschulklassen in den so genannten Hauptfächern schlechter als in den Vergleichsklassen.»[3]

Instrumentalisten hätten auch das bessere Wortgedächtnis, sagt die Psychologin Agnes Chan von der Chinese University Hongkong. Sie hat 1998 in einem Experiment 60 Studentinnen

16 Begriffe vorgelesen, möglichst viele davon sollten die Studentinnen gleich anschließend wiedergeben. 30 Probandinnen hatten vor dem zwölften Lebensjahr ein Instrument zu spielen gelernt und waren im Test diejenigen, die sich an deutlich mehr Wörter erinnerten.[4]

Die Personalchefs großer Unternehmen haben inzwischen entdeckt, dass soziale und emotionale Intelligenz Qualifikationsmerkmale für Führungspositionen sind. Beispiele für solche Merkmale sind die Fähigkeit, seine Gefühle zu erkennen und diese in richtige Entscheidungen umzusetzen, die Fähigkeit, sich trotz andauernder Fehlschläge zu motivieren, die Fähigkeit, zumindest vorübergehend Verzicht zu leisten, und schließlich die Fähigkeit, sich in andere Menschen hineinzuversetzen. «Alle diese Kompetenzen werden im Umgang mit Musik in besonderer Weise gefördert», sagt Bastian.[5]

Durchs Musizieren könne man «den aktuellen Aggressions- und Gewaltentladungen in Schule und Gesellschaft prophylaktisch begegnen» und «lernen, die eigene Position zu relativieren und in das gelingende Gesamtergebnis des Spiels einzubringen». Mehr noch als im Sport fördere das Spiel in einem Laienmusikensemble «das Miteinander-Schaffen, das Voneinander-Lernen, das Aufeinander-Zugehen, das Füreinander-da-Sein» (Bastian).[6] Das scheint sogar Innenminister Otto Schily zu wissen, der einmal gesagt hat, «wer Musikschulen schließt, gefährdet die Innere Sicherheit».[7]

Ähnlich argumentiert Hermann Raue, Leiter der Hamburger Musikhochschule: «Musik ist die beste Grundlage zur allgemeinen Erziehung. Sie motiviert zum Lernen und zur Teamarbeit, fordert aber auch Disziplin. Notenlesen verlangt Konzentration, Üben, Ausdauer, und Lieder zu behalten trainiert das Gedächtnis. Kinder entdecken beim Musizieren, dass Arbeit Spaß machen kann, wenn man hinterher Erfolg hat. Auf der anderen Seite tut Musik der Seele gut, kann Ängste und Ärger nehmen und macht es Kindern möglich, Gefühle auszudrücken, die sie sonst nicht in Worte fassen können.»[8]

Eckart Altenmüller, Direktor des Instituts für Musikphysiologie und Musiker-Medizin an der Musikhochschule Hannover, hat herausgefunden, dass Musizieren auf hohem Niveau zu den schwierigsten menschlichen Leistungen gehört. «Gehörsinn, Motorik, Körperwahrnehmung und Hirnzentren, die Emotionen verarbeiten, werden gleichzeitig beansprucht.»[9] Dieses Dauertraining verändert das Gehirn, sagt Altenmüller, der die Gehirnaktivität von professionellen klassischen Pianisten und Laien miteinander verglichen hat. Dabei beobachtete er, dass bei Profis die Hör- und Bewegungsareale im Gehirn miteinander verzahnt sind. Schon die Reizung nur eines der beiden Felder reicht aus, um das jeweils andere automatisch mit zu aktivieren.

Das Corpus callosum, ein dicker Nervenstrang, der die rechte Gehirnhälfte mit der linken verbindet, insbesondere Gebiete, die für die Planung und Ausführung von Handlungen nötig sind, ist bei Musikern ausgeprägter. Bei Kindern, die vor dem siebten Lebensjahr mit dem Musizieren begonnen haben, ist sie besonders stark. Musiker, so zitiert Bastian den Geiger Jascha Heifetz, brauchen «die Nerven eines spanischen Stierkämpfers, die Konzentration eines buddhistischen Mönchs und die Chuzpe einer Pariser Nachtclubbesitzerin».[10] Je früher man damit beginnt, dies alles zu üben, desto besser.

Die Kultusministerkonferenz erkannte schon 1998: «Musik leistet einen unverzichtbaren Beitrag zur Erziehung des jungen Menschen.»[11] Aber welche Konsequenz ziehen die Minister daraus? Sie lassen den Musikunterricht ausfallen. Bis zu 80 Prozent des Musikunterrichts fällt an den Grund- und Hauptschulen mancher Bundesländer weg[12], in zahlreichen Realschulen und Gymnasien fristet die Musik das Schattendasein eines als überflüssig empfundenen Nebenfachs, und die Musikschulen kämpfen gegen Mittelkürzungen und Schließung. In Kindergärten müssen Eltern ihre Kinder zur musikalischen Früherziehung eigens anmelden und auch extra dafür bezahlen.

Wieder wird die Chance vertan, auf das zu bauen, was Kinder als Grundausstattung mitbringen: die Lust am Singen, Spielen und Musizieren. Wieder wird die Chance vertan, fürs Lernen den Schwung aufzunehmen, den Kinder von Natur aus haben. Schon im Mutterleib können sie hören. Vom schlagenden Herz ihrer Mutter wissen sie schon, was Takt ist. Kaum auf der Welt, finden sie Gefallen an ihrem Lallen, ihrem Säuglingsgesang, hören aufmerksam zu, wenn ihnen ihre Mütter ein Wiegenlied singen, lauschen dem Klang ihrer Spieluhr, dirigieren bereits im Laufstall, wenn aus dem Radio Musik kommt, und erfreuen sich am ohrenbetäubenden Lärm, den sie mit Kochlöffel und Kochtöpfen zustande bringen, kaum dass sie krabbeln können.

Ihr Gehör kann nicht nur Laute und Wörter unterscheiden, sondern auch Töne und Rhythmen. Ihr Gehirn wartet auf diese Töne und Rhythmen, weil sie gebraucht werden, um die Datenverbindungen durch Gehirn und Nervensystem zu bauen.

Dennoch sei noch einmal gesagt: Nicht wegen der nützlichen Nebenwirkungen und wirtschaftlicher Verwertbarkeit sollen Kinder musikalisch gefördert werden, sondern einzig und allein aus dem Grund, weil sie Musik für ihr Menschsein brauchen, weil Musik einfach schön ist. Robert Spaemann bringt es auf den Punkt: «Es gibt nichts Ernsteres, nichts, wofür es sich mehr lohnt sich anzustrengen, als das Schöne.»[13]

DAS LEBEN IN DIE SCHULE HOLEN

Kurz vor den Sommerferien des Jahres 2000 bekam unser Moritz eine Postkarte von seinem Münchner Freund Simon, und auf der Karte stand: «Findesd du schule auch scheise?» – «Ja», schrieb Moritz zurück, «ich finte schule auch sheiße.» Beide waren zu diesem Zeitpunkt gerade mal ein Jahr in der Schule, und beide hatten es kaum erwarten können.

Wir wissen nicht, wie ernst es Moritz' Freund Simon gemeint hatte mit seinem Verdikt über die Schule. Von Moritz wissen wir: Er ging damals nicht ungern in die Schule, stöhnte aber über die Hausaufgaben, und manchmal kam er nach Hause und sagte: «Heute war es wieder den ganzen Tag langweilig.»

Inzwischen hat sich seine Einstellung geändert. Seit er fast nur noch gute Noten mit nach Hause bringt, geht er mit viel mehr Spaß in die Schule. Trotzdem wären ihm Dauerferien wahrscheinlich immer noch lieber.

Damals, in der ersten Klasse, empfand er die Schule als lästige Tortur und stand damit vermutlich nicht allein. Tausende andere Kinder gehen oft eine ganze Schulzeit lang nur mit Widerwillen in die Schule, und das lässt uns fragen: Was läuft da schief?

Kinder kommen mit einer angeborenen Neugier auf die Welt und wollen lernen. Diese Neugier und diesen Willen zum Lernen behalten sie bis zu ihrer Einschulung. Ein Jahr später ist davon kaum noch etwas vorhanden. Neugierig sind sie zwar immer noch, aber das, was sie interessiert, hat meistens nichts mit dem zu tun, wofür sie sich in der Schule interessieren sollen.

Warum ist das so? Sie werden ja nicht schlecht behandelt in der Schule. Die Zeiten der schwarzen Pädagogik sind vorbei, und die meisten Lehrerinnen und Lehrer geben sich Mühe. Trotzdem stöhnen viele Kinder über die Schule, und der Bielefelder Reformpädagoge Hartmut von Hentig findet, sie stöhnen zu Recht. «Die größte Schande der Pädagogik ist, dass wir aus neugierigen, tatenlustigen Kindern Stillhalte- und Mitschreibeschüler machen», sagt Hentig[1].

Es hat keinen Sinn, die Schuld bei den Lehrern suchen zu wollen. Diese hätten es auch lieber, wenn die Kinder gerne zu ihnen kämen. Man wird annehmen können, dass die meisten Lehrer alles tun, um von fröhlichen, motivierten Kindern umgeben zu sein. Wenn es trotzdem nicht gelingt, müssen andere Gründe vorliegen.

Wir sind auch nicht klüger als Lehrer, Erziehungswissenschaftler, Didaktiker und Schulbürokraten. Wir haben auch keine Antwort auf unsere Fragen, aber ein paar Vermutungen. Unsere erste Vermutung lautet: Der Übergang vom Kindergarten in die Schule ist zu abrupt. Gestern durften sie noch herumlaufen und reden, heute sollen sie stundenlang stillsitzen. Gestern durften sie meistens tun, was sie wollten, heute sollen sie tun, was der Lehrer sagt. Im Kindergarten hörten sie nur selten «richtig» und «falsch», in der Schule hören sie es andauernd.

Unsere zweite Vermutung lautet: In der Schule wird Kindern über Nacht eine andere Art zu lernen abverlangt. Bis zum Schulbeginn haben sie alles irgendwie von selbst gelernt, nebenbei, selbstbestimmt, spielerisch. Jetzt sollen sie auf eine ganz andere, wesentlich anstrengendere Art lernen, fremdbestimmt, bewusst, durch zielgerichtete Anstrengung, und zwar viele Dinge, die sie eigentlich gar nicht unbedingt lernen wollen und die sie im Moment auch nicht besonders interessieren.

Unsere dritte Vermutung lautet: Wahrscheinlich haben wir noch nicht gut genug verstanden, wie Kinder in ihren verschiedenen Entwicklungsstadien lernen und wie die Schule die kindliche Neugier und den Lernwillen, den Kinder von Natur aus mitbringen, besser nutzen könnte, um ihnen den Schulstoff näher zu bringen.

Vielleicht ist es schon falsch, sich überhaupt einen «Schulstoff» auszudenken, für den sich 30 Kinder einer Klasse zur selben Zeit zu interessieren haben. Und wahrscheinlich ist es falsch, diesen Schulstoff in kleinste Unterrichtseinheiten zu zerlegen und ihn dann Stunde für Stunde, Tag für Tag und Monat für Monat wieder zusammenzusetzen. So lernen Kinder im Alter von bis zu sechs Jahren nicht. Kinder lernen ganzheitlich und intuitiv, indem sie etwas nachahmen oder etwas tun, bei dem all ihre Sinne beschäftigt sind und jeder einzelne Handgriff und jedes einzelne Wort einem sinnvollen Ganzen dient.

Das scheinbar disziplinlose Verhalten wird ihnen vom ersten Schultag an abtrainiert. Jetzt sollen sie diszipliniert und systematisch lernen, und vor allem zusammenhanglos. Sechs Jahre lang hatte ihr Leben einen ununterbrochenen Zusammenhang. Jetzt wird es plötzlich in Fächer aufgeteilt. Jetzt müssen sie eine ganze Stunde lang nur Zahlen addieren, ohne Bezug zu ihrem Leben, nur weil es auf dem Stundenplan steht. Danach folgt Religion, ohne Zusammenhang mit dem zuvor Erlebten.

Dann Lesen. Das Lesen beginnt mit dem Kennenlernen der Buchstaben, einzelner isolierter Elemente, die noch keinen Sinn ergeben. Außerdem erscheinen sie wie reine Willkür. Warum steht für den Laut «a» ausgerechnet das Zeichen «a»? Man könnte sich doch auch ganz andere Zeichen und Formen für «a» ausdenken. Gerade intelligente Kinder fragen und denken so. Und wenn ihnen niemand den Sinn erklärt, sehen sie keinen zwingenden Grund, sich mit diesen «sinnlosen» Dingen zu beschäftigen, und träumen sich aus dem Klassenzimmer hinaus.

Schließlich das Schreiben: Im Kindergarten durfte man sich mit Fingern, Farben und Pinsel großflächig auf großen Rollen Papier und auch auf Fenstern austoben. Jetzt müssen plötzlich kleine unansehnliche Zeichen mit einem dünnen Bleistift exakt auf ein kleines Blatt Papier gebracht werden. Das macht null Spaß, bereitet größte Mühe, ist stinklangweilig und vermittelt das Gefühl: Schule ist blöd.

Natürlich können wir unseren Kindern ein Leben ohne Mühe nicht ersparen. Aber deshalb müssen wir doch nicht die unbeschwerte Kindheit so abrupt im sechsten Lebensjahr enden lassen. Was spricht eigentlich dagegen, die Zeit zwischen Kindergarten und Schule als gleitenden Übergang zu gestalten? Warum muss dieser Übergang solch ein harter Schnitt sein? Schon im Kindergarten kann man Zahlen und Buchstaben großflächig malen und anschließend versuchen, sie immer mehr zu verkleinern. Schon im Kindergarten kann man die Kinder spielerisch aufs Rechnen, Lesen und Schreiben vorbereiten.

In der Schule ginge dafür die Kindergartenzeit noch ein bisschen weiter. Die Schule sollte zwar kein Kindergarten mehr sein, aber die Kindergartenzeit wäre noch nicht ganz vorbei. Die Kinder hätten zwei Jahre Zeit, sich umzustellen.

Das letzte Kindergartenjahr als Vorbereitung auf die Schule zu nutzen hätte auch den Vorteil homogenerer erster Schulklassen. Heute ist die Ungleichheit unter sechsjährigen Kindern deutlich größer als vor 30 oder 50 Jahren. Heute werden die ersten Klassen von Kindern besucht, die schon rechnen, schreiben und lesen und mit dem Computer umgehen können, und anderen, die nichts davon können und sogar mit dem Sprechen ihre Probleme haben, dazu noch von Ausländerkindern, die kaum oder gar nicht Deutsch beherrschen.

Durch ein Schulvorbereitungsjahr könnte man diese Unterschiede nivellieren und gerade jenen Kindern einen besseren Start in die Schule ermöglichen, deren Eltern sich wenig um die Bildung ihrer Kinder gekümmert haben. Und noch ein anderes Problem wäre gelöst: Die Sechsjährigen, von denen man schon vor der Einschulung mit hoher Sicherheit sagen kann, dass sie trotz des Vorbereitungsjahrs in der ersten Klasse überfordert sein werden, bekämen die Chance, den Schulbeginn um ein Jahr aufzuschieben und in einem weiteren Kindergartenjahr besonders gefördert zu werden. Statt also irgendwann eine demotivierende, ehrenrührige «Ehrenrunde» drehen zu müssen, wird diese vorher absolviert.

Sehr wichtig wäre außerdem, herauszufinden, welcher Schulstoff besser so zu lernen ist, wie Kinder von Natur aus lernen, also ganzheitlich und intuitiv. Niemand käme auf die Idee, Kindern das Radfahren beizubringen, indem man ihnen erst einmal 30 Stunden theoretischen Unterricht über die Mechanik des Radfahrens, der Fliehkräfte, des labilen Gleichgewichts, der Erdbeschleunigung und des Reibungswiderstands beibringt. Das ganze Wissen, das man ihnen auf diese Weise vermittelte, wäre in dem Augenblick völlig nutzlos, da sie zum ersten Mal ein Rad besteigen. Genauso kontraproduktiv wäre es, die fürs Radfahren erforderlichen Bewegungen in kleinste Schritte zu zerlegen – Lenker in die Hand nehmen, linker Fuß aufs linke Pedal, mit rechtem Fuß von der Erde abstoßen und Schwung holen, rechtes Bein über den Sattel, aufsitzen, treten – und sie einzeln zu üben. Die Kinder, die das so lernen müssten, fielen reihenweise vom Rad.

Das Kind lernt stattdessen völlig intuitiv und ohne jeglichen theoretischen Ballast, sich den Bewegungsgesetzen des Radfahrens anzupassen – so, wie übrigens manche Menschen in der Kindheit Geige oder ein anderes Instrument zu spielen lernen, ohne dass ihnen je das Notenlesen beigebracht wurde. Diese Fähigkeit des ganzheitlichen, «analogen», intuitiven Lernens aus dem Bauch heraus ist eine sehr hoch entwickelte Fähigkeit. Ihr verdanken wir es, dass wir während unserer ersten Lebensjahre fast mühelos Laufen, Sprechen und Singen gelernt haben. Aber dann lassen wir diese Fähigkeit verkümmern, weil ab der ersten Klasse fast nur noch das andere Lernen gelehrt wird, das analytische, «digitale» Lernen und Spielen «nach Noten» – also über den Kopf.

Genies, Künstler, große Unternehmer haben sich diese Fähigkeit aus der Kindheit bewahrt. Eine verkopfte Schule trainiert sie den Kindern fast systematisch ab, obwohl unser rohstoffarmes, hauptsächlich auf Erfindungsreichtum und unternehmerische Kühnheit angewiesenes Land gerade davon mehr bräuchte. Wir sollten diese Fähigkeit kultivieren, statt sie verkümmern zu lassen.

Weniger Kopf, mehr Leib und Seele

Wir könnten sie fördern und kultivieren, indem wir einfach anwenden, was wir längst wissen und in den vorausgehenden Kapiteln beschrieben haben: Kinder haben einen natürlichen Bewegungsdrang. Im einem früheren Kapitel haben wir darauf aufmerksam gemacht, dass Sprechen – Lernen überhaupt – zunächst ein körperlicher Vorgang ist, dessen erste rudimentäre Voraussetzungen schon im siebten Schwangerschaftsmonat angelegt werden. In den weiteren Kapiteln haben wir herausgestellt, wie wichtig Sport, Bewegung, Musik und Emotion fürs Lernen sind und wie eng diese drei von Anfang an zusammenhängen.

Darum sollte die Schule dem angeborenen Drang unserer Kinder nach Bewegung, Musik, Tanz und Spiel wesentlich mehr entsprochen werden, als es heute geschieht. Sport, frische Luft, sich draußen austoben, seinen Körper beherrschen lernen, seine Kräfte messen, sich ausprobieren, auch einmal Mut zeigen, sich selbst überwinden – das alles ist lebenswichtig, und darum sollte Sport zum Tagesprogramm in Kindergärten und Schulen gehören. Das Gleiche gilt für die Musik. Jedes Kind muss die Chance haben, sich schon im Kindergarten an einer größeren Zahl von Instrumenten auszuprobieren. Und Theaterspielen, sich in verschiedenen Rollen ausprobieren, sich verkleiden, hätte ebenfalls einen lernverstärkenden Effekt.

Würde das in größerem Maße geschehen, könnte der Schwung, den Kinder von Natur aus mitbringen, fürs Lernen in der Schule genutzt werden. Statt ihnen diesen Schwung zu nehmen, sollte ihn die Schule aufnehmen, indem sie den Kindern erlaubt und ermöglicht, ihre Sinne zu gebrauchen und dabei zu reden und sich zu bewegen.

An der von Hartmut von Hentig erfundenen Bielefelder Laborschule ist das alles schon lange bekannt. Dort gibt es keine 45-Minuten-Stunden und auch keine Klassenzimmer, sondern einen Großraum. «Außerdem», sagt Hentig, «braucht man einen Garten, um in ihm Lebendiges zu beobachten, eine Werkstatt, um mit den Händen zu arbeiten, eine Bibliothek, um in Stille für sich zu lernen.»[2]

Lernen, während man spricht, alle Sinne gebraucht und sich bewegt, erfordert eine andere Schule. Statt teurer Computerräume wäre ein Schulgarten wichtig, vielleicht mit ein paar Tieren dazu, einem Gewässer mit Fischen, einem Gartenhaus. Labors für Biologie, Chemie und Physik müsste es geben, in denen die Schüler selbst experimentieren können. Durch Selbermachen lernt man am effizientesten, lehrt uns die Hirnforschung, lehrt uns schon längst unsere eigene Erfahrung.

Kinder, die etwas säen und zusehen, was dabei entsteht, lernen nicht nur mehr über Biologie als im herkömmlichen Unterricht, sondern erlernen nebenbei, warum man schreiben, rechnen und lesen können muss. Sie werden nämlich, wenn die ersten Samen keimen, an den Sprösslingen nicht erkennen, was sie da gesät haben, darum ist es wichtig, dass man die einzelnen Bereiche auf den Beeten beschriftet. Also muss man schreiben können. Sie werden zählen, messen und wiegen müssen, wenn sie lesen, wie tief die Körnchen, Sämlinge, Steckzwiebeln in die Erde zu stecken sind und wie viel Abstand sie benötigen.

Solche praktischen Tätigkeiten böten auch die Chance, dass größere und kleinere Kinder zusammenarbeiten, diese von jenen lernen, und jene bei dem Versuch, den kleineren etwas beizubringen, sich noch einmal neu mit dem bereits Gelernten auseinander setzen. Wer versucht, anderen etwas beizubringen, lernt selbst am meisten.

Auch bei der Versorgung der Tiere, in den Labors und überhaupt bei all den Tätigkeiten, die in einer solchermaßen aktivierenden Lernumgebung zu verrichten wären, würde sehr viel nebenbei und dennoch effizienter gelernt als im täglichen Frontalunterricht. Dieser wäre keinesfalls entbehrlich. Aber er könnte reduziert werden, und in der reduzierten Zeit würde sehr wahrscheinlich intensiver gelernt als jetzt, weil die Köpfe der Kinder freier und überhaupt leistungsfähiger wären. Der Druck, der Frust, die Angst, viele der lernhemmenden Faktoren, die heute den Schülern und Lehrern das Leben vergällen, wären verschwunden.

Eine solche Entzerrung des Unterrichts würde es ermöglichen, die unterschiedlichen Interessen von Kindern und deren individuelles Lern- und Entwicklungstempo besser zu berücksichtigen. Kein Problem, wenn einer am Ende der ersten Klasse noch nicht richtig lesen und rechnen kann, sofern er in diesem ersten Jahr andere Dinge gelernt hat, die auch wichtig sind – dann lernt er eben im zweiten Jahr Rechnen und Lesen. Wer seine Saat-Schildchen noch nicht beschriften kann, malt oder zeichnet eben die Pflanze möglichst detailgetreu vom Samentütchen ab.

Natürlich darf den Kindern nicht überlassen bleiben, was und wie viel sie tun. Es muss schon klar sein, dass Durchmogeln nicht gilt, dass sie bestimmte Aufgaben, für die sie sich nach eingehender Beratung durch ihre Lehrer entschieden haben, zu Ende gebracht werden müssen. Es sollte für jedes Kind einen individuellen Lernplan geben, auf dem verzeichnet ist, was es schon gelernt hat und was bis zu einem bestimmten Zeitpunkt noch gelernt werden muss.

Alle diese Überlegungen sind übrigens in Ganztagseinrichtungen besser zu verwirklichen. Würden sie tatsächlich Realität, wäre das ein weiteres starkes Argument für Ganztagskindergärten und

-schulen. Die Förderung, die ein Kind dort erhielte, wäre in der überwiegenden Zahl der Fälle gewiss besser als die Nichtförderung, die heute das Schicksal jener Kinder ist, deren Eltern beide ganztags ihren Berufen nachgehen. Die Ganztagsschule stehle zwar «vielen Kindern andere Erfahrung, die sie in ihrer Nachbarschaft, in der Natur, mit ganz anderen Menschen haben könnten. An manchen Orten ist so viel mehr außerhalb der Schule zu erleben als in ihr! An anderen wieder gibt es nur Autos, Mülltonnen und mürrische Erwachsene. Da wäre eine Ganztagsschule gut. Wenn die freilich darauf hinausläuft, eine Ganztags-Unterrichtsschule zu werden, kann man auf sie verzichten.»[3]

PISA war ein heilsamer Schock. Aber wenn wir daraus die Konsequenz ziehen, die verkopfte, an der Stärkung des Wirtschaftsstandorts Deutschland interessierte «Kultusministerkonferenz-Schule» noch weiter auszubauen, dann geht der Zug in die falsche Richtung. PISA könne «viele wichtige Leistungen einer wirklich pädagogischen Schule nicht erfassen», sagt Hartmut von Hentig, «etwa, was es bedeutet, wenn ein Kind bei seinem Kaninchen im Schulzoo Trost findet und gleichzeitig erfährt, was es heißt, gebraucht zu werden. So etwas passiert am Computer nicht.»

Eigentlich wissen wir längst, was zu tun wäre. Statt es jetzt einfach zu tun, kreißen die Kultusminister, beraten die Experten, tagen die Symposien und beraten abermals über Maßnahmen, Konzepte und Programme. Aber die Maßnahmen liegen auf der Hand: weniger Mathematik, Physik, Latein und graue Theorie und dafür mehr Bewegung, Musik, Gesang, Tanz und Theater. Weniger Kopf und mehr Leib und Seele. Und nicht den Wirtschaftsstandort Deutschland muss die Schule stärken, sondern ihre Schüler.

WAS UNS WIRKLICH WICHTIG IST

«SIEHT FREUNDLICH DRAUF VON FERN ...»

Der Tod meiner 81-jährigen Mutter vor drei Jahren kam nicht überraschend. Gerade deshalb war es ein guter Tod. Wir hatten Zeit, uns voneinander zu verabschieden.
Auf der Trauerfeier, als wir um den Sarg herum saßen und meine Schwestern weinten, meine Frau weinte, meine zehnjährige Tochter weinte, nur ich nicht, fragte mich dann leise mein Siebenjähriger, der auch nicht weinte: «Warum weinst du nicht, Papa?» Ich antwortete: «Weil ich nicht besonders traurig bin. Weil die Oma jetzt nämlich unsichtbar über dem Sarg schwebt und uns zuschaut und sich freut, dass wir alle da sind, dass aus dem Dorf so viele gekommen sind, dass wir an ihrem Sarg und den vielen Blumen und Kränzen nicht gespart haben und sie ein neues Kleid anhat, das war ihr nämlich sehr wichtig.»
In jenem Augenblick hatte ich das alles fast selber geglaubt, aber dann flüsterte mein Siebenjähriger: «Sieht die Oma dann auch, wie sich später die Würmer durch den Sarg fressen und sich zu ihrem toten Körper vorarbeiten?» Ja, flüsterte ich zurück, das könne sie auch sehen, wenn sie wolle, aber das würde ihr gar nichts ausmachen, denn das sei ja nur ihr alter kranker Körper, über den sich die Würmer hermachten, und sie selbst habe dann ja schon einen schönen jungen. Deshalb würde sie wahrscheinlich gar nicht gucken, was da im Grab mit ihrem alten Leib passiere. «Der interessiert sie wahrscheinlich gar nicht mehr, und im Himmel hat sie sicher Besseres zu tun, als zu gucken, was die Würmer mit ihrer Leiche machen.»
Habe ich mein Kind angelogen?
Wenn ich ernst nehme, was moderne Theologen über Tod und

Auferstehung sagen, dann habe ich gelogen. Was heute als Stand der theologischen Forschung gilt, ist nicht mehr vereinbar mit dem, was ich meinem Sohn am Grab seiner Großmutter erzählte. Der evangelische Theologe Gerd Lüdemann[1] schrieb vor ein paar Jahren, ein Leichnam könne nicht wieder lebendig werden und aus dem Grabe steigen. Für Lüdemann ist Jesus in seinem Grab verwest, wie jede andere Leiche. Diese Auffassung ist durchaus repräsentativ für das, was in der Theologie heute gedacht, gelehrt und geschrieben wird, auch wenn Lüdemann von vielen aus seiner Zunft kritisiert wird. Seine Aussagen reichen eigentlich kaum über das hinaus, was andere Theologen auch schon behauptet haben.

Theologen haben's leichter als Eltern. Sie müssen nur ihresgleichen erklären, was sie über Tod und Auferstehung denken. Wenn sie's Kindern erklären müssten, würden vermutlich die meisten von ihnen verstummen.

Als ich ein Kind war, hat mir meine Mutter, eine einfache Bäuerin, drei Sorten von Geschichten erzählt: unwahre, halb wahre und wahre. Die unwahren, das waren die Märchen. Sagen und Legenden zählten zu den halb wahren, und die biblischen Geschichten, die konnte man glauben. Denn sie sind wirklich geschehen.

Ich hörte alle drei Sorten gleichermaßen gern. Die Märchen waren am unterhaltsamsten. Aber es ließ sich im Leben nicht viel damit anfangen. Die Sagen und Legenden schärften den Geist, denn sie beschäftigten mich mit der Frage, was daran wohl wahr und was unwahr sein könnte. Die biblischen Geschichten aber, die machten mich fit fürs Leben, ohne dass ich es merkte. Diese Geschichten waren meine eigentliche frühkindliche Literatur. Sie waren viel wichtiger als die Märchen und Sagen, nicht nur wegen ihres von mir geglaubten hohen Wahrheitsgehaltes, sondern auch, weil sie am besten zu dem dörflich-protestantischen Milieu passten, in dem ich aufwuchs.

Vieles erlebte ich ähnlich wie Ulla Hahn[2], nur in der protestantisch-fränkischen Variante. Die ersten Reime, an die ich mich erinnere, lauten: «Mit Gott fang an, mit Gott hör auf, das ist der schönste Lebenslauf.» Als mich meine Mutter mal dabei ertappte, wie ich einem Käfer ein Bein nach dem anderen vom Körper abriss, schimpfte sie und ließ mich «zur Strafe» – ich verriet nie, dass mir die Reime Spaß machten – einen langen Spruch lernen, der mit den Zeilen begann:

Keinem Würmlein tu ein Leid.
Sieh, in seinem schlichten Kleid
Hat's doch Gott im Himmel gern,
Sieht so freundlich drauf von fern.

Da ich den Vers relativ schnell lernte, schien meiner Mutter die «Strafe» noch nicht groß genug, und sie trug mir auf, zwei weitere Sprüche zu behalten. Einer lautete:
«Quäle nie ein Tier zum Scherz, denn es fühlt wie du den Schmerz.»
Dieser Spruch schlug ein wie der Blitz. Schlagartig änderte er meine Wahrnehmung der Tiere. Diese war bis dahin von der bäuerlichen Wahrnehmung geprägt: Tiere waren Nutz- und Schlachttiere. Man entwickelte daher keine persönliche Beziehung zu ihnen. Aber nachdem ich diesen Spruch verstanden hatte, betrachtete ich Tiere plötzlich als leidensfähige Mitgeschöpfe. Ich habe danach nie mehr ein Tier gequält, sondern, im Gegenteil, persönliche Beziehungen zu unseren Tieren entwickelt. So etwas wie Empathie entstand. Aus einem bloßen Wort heraus.
Die Worte des Glaubens hatten aber noch mehr Wirkungen. Ich glaubte wirklich, dass Jesus über Wasser laufen konnte. Ich glaubte, dass er den Sturm gestillt, Kranke geheilt, Wasser in Wein verwandelt und Tote auferweckt hat. Auch mir wurde er-

zählt: Der liebe Gott sieht alles. «Wo ich bin und was ich tu, sieht mir Gott, mein Vater, zu», lautete der passende Spruch.

Im Gegensatz zu vielen anderen Müttern, die ihren Kindern damit das Bild des strafenden und über allem wachenden Gottes einpflanzten, gab meine Mutter dieser Allmacht eine ganz andere Wendung. Er muss alles sehen, damit er dich beschützen kann, sagte sie. «Er sieht dann zwar auch, was du alles anstellst, aber erstens vergibt er dir, wenn du es hinterher bereust, und zweitens kann er bei kleinen Jungens auch mal fünfe gerade sein lassen. Kinder müssen lernen, und zum Lernen gehört, dass man Fehler macht, aus ihnen lernt man am meisten, und darum dürfen Kinder Fehler machen. Darum sind sie aber auch immer gefährdet, und deshalb muss der liebe Gott auf Kinder besonders gut aufpassen.»

Der liebe Gott war mir daher tatsächlich ein lieber Gott, ein Übervater, kein Kontrolleur, kein Angstmacher, sondern ein Beschützer, ein gütiger Großvater, mit dem ich ständig in Kontakt stand, mit dem ich wortlos betend alles besprach, was es zu besprechen gab.

Als der Vater eines Freundes von mir wegen eines Herzinfarktes ins Krankenhaus kam, betete ich für ihn. Erfolgreich. Der Mann blieb noch viele Jahre fröhlich am Leben, und immer, wenn ich ihm begegnete, dachte ich bei mir: Wenn du wüsstest, wem du das zu verdanken hast.

Dass Gott meine Existenz wollte, er mich mit meinem Namen kennt, auf mich schaut und mit mir etwas vorhat, war für mich ein Tatsache, schließlich kennt er jeden Erdenwurm persönlich. Jesus hat es doch selbst gesagt, und meine Mutter zeigte mir die Stelle in der Bibel: Kein Spatz wird von Gott vergessen, und die Haare auf deinem Kopf sind gezählt[3], dein Schicksal lässt Gott nicht gleichgültig, deshalb kümmert er sich um dich. Weil ich dieser Zusage glaubte, war ich ein vor Selbstbewusstsein strotzendes Kind. Und weil ich wusste, dass Gott stets seine schüt-

zende Hand über mich hält, kannte ich als Kind keine Angst – Furcht in konkreten Situationen schon, aber auch in solchen Situationen sagte ich mir: Du brauchst dich jetzt gar nicht besonders zu fürchten, denn entweder haut dich der liebe Gott hier raus, oder aber er braucht dich im Himmel, dann musst du halt jetzt sterben, das wird schon so schlimm nicht werden.
Einen Keiler, dem ich einmal allein im Wald begegnet bin, und der bedrohlich auf mich zukam, vertrieb ich furchtlos mit einem Prügel. Kläffende Hunde, die wütend auf mich zuschossen, brachte ich mit lautem Gebrüll, aber vor allem furchtlosem Auftreten zum Rückzug. Ja, Jesus macht die Kinder stark. Er macht sie furchtlos, mutig und selbstbewusst.
Mein Kinderglaube von damals ist heute verschwunden. Aber die Angstfreiheit und das – wie meine Frau zu spotten pflegt – «durch nichts gerechtfertigte Selbstbewusstsein» sind mir bis heute geblieben. Diese «wahren Geschichten» aus der Bibel haben in mir so etwas wie einen unzerstörbaren Kern geschaffen. Gerne würde ich dieses Gottvertrauen auch an meine Kinder weitergeben. Deshalb habe ich meinen Sohn belogen am Grab meiner Mutter. Aber es war ja gar nicht richtig gelogen. Wir hatten ja in unserer Familie schon oft über Glaubensfragen gesprochen. Kinder stellen solche Fragen ganz von selbst. Und wir haben auch nach dem Tod meiner Mutter wieder darüber gesprochen, und darum wissen unsere Kinder, dass wir in Wahrheit nichts wissen. Kann sein, dass nach dem Tod für immer alles vorbei ist, kann sein, dass Gott überhaupt nicht existiert. Kann aber auch sein, dass er existiert und am Ende unseres Lebens eine Überraschung für uns parat hat.
Ich halte diese Frage in der Schwebe. Sie entspricht am ehesten meiner eigenen Überzeugung. Aber die Kraft, die ich als Kind von den biblischen Geschichten empfing, diese Kraft kann ich für unsere Kinder aus diesen Geschichten nicht mehr herausholen.

Moritz hatte sich am Grab zwar aufmerksam angehört, was ich ihm sagte, es gab ihm auch viel Stoff zum Nachdenken, aber er wusste ja schon, dass das, was ich ihm da erzählte, zwar eine Möglichkeit ist, aber leider nichts, worauf er sich verlassen kann. Er wusste: Das ist eine schöne Geschichte, die sein Papa da erzählt, aber ob sie auch wahr ist, weiß der Papa selber nicht.
Als sein Vater noch ein Kind war, hatte es sich darauf verlassen, dass sie wahr ist. Das vermittelt einem Kind ein ganz anderes Lebensgefühl. Aber um dieses Lebensgefühls willen seinem Kind etwas vorlügen? Man muss ehrlich sein zu seinen Kindern, gerade in solchen Fragen.
Man entwickelt sich in solchen Dingen auch weiter, und daran sollte man seine Kinder teilhaben lassen. Ich denke heute anders darüber als vor zwanzig Jahren und auch wieder anders als vor zwei Jahren.[4] Ja, gerade fange ich an zu verstehen, was Dorothee Sölle gemeint haben könnte mit ihrem Wort «atheistisch an Gott glauben». Vor zwanzig Jahren hielt ich das für Unsinn. Und noch vor zwei Jahren hielt ich Lüdemanns Aufforderung, fortan von dem Wenigen zu leben, das man wirklich glaubt, für ehrlich, aber trostlos.
Heute kommt es mir weise vor. Und gerade fange ich an, die «kümmerlichen Reste», die übrig bleiben, wenn man die moderne Theologie ernst nimmt, mit anderen Augen zu betrachten. Ich habe diese Reste unterschätzt. Es steckt noch unendlich viel Wertvolles darin. Und wahrscheinlich muss ich den modernen Theologen sogar noch Recht geben und kann nicht mehr länger bestreiten, was ich während der letzten zwanzig Jahre geleugnet habe: Erst in diesen von aller Mythologie und zeitgeschichtlichen Bedingtheiten bereinigten Resten erscheint die Essenz des Christentums in reiner Form.

DAS BUCH, OHNE DAS MAN NICHTS VERSTEHT

Wir gehen sehr selten in die Kirche, eigentlich so gut wie gar nicht. Der Sonntagvormittag ist bei uns eine geheiligte Familienzeit. Nur dann haben wir richtig Zeit füreinander. Da wird ausgiebig gefrühstückt und palavert. Früher sahen die Kinder im Fernsehen immer «Siebenstein» und die «Sendung mit der Maus».

Gelegentlich fragten wir uns: Sollten wir nicht wenigstens ein paar Mal im Jahr mit den Kindern in die Kirche gehen oder sie wenigstens manchmal in den Kindergottesdienst schicken? Die Antwort lautete jedes Mal nein. Wir brauchen diese wenigen ungestörten Stunden in der Woche für uns.

Einmal waren wir im Hochamt im Mainzer Dom. Die Kinder fanden es langweilig. Wir selber fühlten uns fremd.

Die Geschichten, die wir mit den Kindern im Fernsehen hören und sehen, sind zwar nicht die gleichen wie die, die sie in der Kirche zu hören bekämen, aber die meisten dieser Geschichten vermitteln implizit christliche Botschaften, unsere Gespräche oft genug auch, und die Geschichten im Kinder-TV sind kindgerechter als die aus der Bibel. Also fehlt es unseren Kindern eigentlich an nichts. Dachten wir.

Doch neulich stellte sich durch Zufall heraus: Unsere Kinder wissen nicht, was der Karfreitag bedeutet. Sie haben keine Ahnung, was es mit Pfingsten auf sich hat. Unsere Tochter weiß zwar, warum Musliminnen Kopftücher tragen, aber von Kain und Abel hatte sie angeblich noch nie etwas gehört. Ihr Wissen über Adam und Eva: rudimentär. Noah und seine Arche: geht so, aber dass die Friedenstaube mit dem Ölzweig im Schnabel aus dieser Geschichte kommt, war ihr neu, und außerdem symbolisiert die Taube doch den Heiligen Geist, sagte sie. Sodom und Gomorrha? Fehlanzeige. Jakob und Esau? Nie gehört. David und Goliath: «Ja, kenn ich wohl, weiß aber nicht mehr die Einzelheiten.» Turmbau zu Babel: «Ja klar, das geht gegen die Wolkenkratzer.» Abraham und Lot: Ja, von Abraham habe sie wohl schon mal was gehört, aber «dieser andere Typ, wie heißt der doch gleich noch mal?».

In zwei Jahren will Livia Konfirmation feiern.

Moritz verstand überhaupt immer nur Bahnhof.

Wir waren ehrlich erschüttert.

Wir dachten: Die waren in christlichen Kindergärten, die haben in der Schule Religion, also werden sie doch wohl das Grundwissen des christlichen Glaubens beherrschen. Weit gefehlt.

So machten wir wieder einmal die Erfahrung: Was zu Hause unterlassen wird, können Kindergarten und Schule nicht ausbügeln. Da diese Geschichten offenbar für ihre Eltern keine Rolle spielen, haben sie auch für die Kinder keine Bedeutung. Sie können nichts dafür, dass wir ihnen diese Geschichten nicht erzählten.

Seit dieser Erschütterung gibt es bei uns zwei- bis dreimal in der Woche abends vor dem Einschlafen eine Bibelstunde. Die elementaren Geschichten werden vorgelesen und auch abgefragt. Moritz mosert, will sich lieber bei «Gänsehaut»-Büchern gruseln. Livia findet's himmlisch gemütlich, weil bei diesen Bibelstunden beide Eltern im Kinderzimmer sitzen, und meistens kommen auch noch zwei bis drei Tiere dazu, falten ihre Zehlein und hören anscheinend auch zu. Vielleicht haben sie ja die Geschichte mit Noahs Arche irgendwie verstanden.

Manche Eltern werden fragen: Müssen diese Geschichten denn wirklich noch sein? Ist es nicht besser, die Kinder frei von religiösen und weltanschaulichen Vorurteilen zu erziehen?

Jedes Kind wird doch in ein bestimmtes Milieu hineingeboren. Ist dieses Milieu zufällig evangelisch, wird das Kind mit hoher Wahrscheinlichkeit evangelisch getauft. Im katholischen Milieu wächst es katholisch auf. Andere wachsen im muslimischen, buddhistischen, esoterischen, agnostischen oder atheistischen Milieu auf. Der Umstand, dass jemand zufällig Protestant ist, ist kein Argument dafür, dass Katholiken Unrecht haben. Dass einer in Europa aufwächst, ist kein Argument für eine eurozentrische Sichtweise oder die Überzeugung, dass europäische Traditionen anderen überlegen sind.

Daraus ziehen nun manche Eltern den Schluss, man dürfe seinen Kindern die eigene Tradition nicht aufzwingen. Kinder sollten möglichst vorurteilsfrei aufwachsen und deshalb nicht vorzeitig und voreilig auf das Wertesystem der Eltern festgelegt werden. Kinder sollten aus ihren eigenen Anlagen heraus in möglichst großer Freiheit und durch möglichst wenig Beeinflussung von außen zu sich selber finden, ihre eigenen Wertvorstellungen entwickeln, damit sie sich später, wenn sie reif sind, frei für eines der vielen Angebote auf dem Markt der Weltanschauungen entscheiden können.

Aber kann man sich für oder gegen etwas entscheiden, was man nie wirklich «von innen» kennen gelernt hat? Dem «Verhängnis», dass wir unsere Kinder so vorprägen, dass sie als Erwachsene schon nicht mehr frei entscheiden, können wir nicht entrinnen. Das Leben ringt uns täglich eine Vielzahl von Entscheidungen ab. Aus der Fülle dieser zwangsläufig getroffenen Entscheidungen kristallisiert sich für jedes Kind allmählich heraus, was seinen Eltern wichtig ist.

Die Familie ist der Ort, an dem sich niemand auf Dauer verstellen und die anderen über sich täuschen kann. In der Familie zeigt jeder, was ihm wirklich wichtig ist. Das Kind erfährt in der Familie: Woran die anderen ihr Herz hängen, das ist ihre Religion.

Und wenn diese so tun, als gehörten sie keiner bestimmten Kultur und Tradition an – was sowieso nicht gelingt –, wenn sie sich aus lauter falsch verstandener Toleranz abmühen, ihre eigenen Überzeugungen vor ihren Kindern zu verbergen oder diese ständig in Frage zu stellen, um zu betonen, dass ihre persönliche Überzeugung allen anderen gleichwertig ist, dann verunsichern sie ihre Kinder umso mehr. Kinder wollen Geborgenheit, ein sicheres Zuhause, und dazu gehört auch die Geborgenheit einer geistigen Heimat. Diese Geborgenheit müssen wir Eltern unseren Kindern geben. Kinder wollen wissen, was gut und böse, richtig und falsch ist, wofür es sich zu leben lohnt.

Der Begriff Ethos bedeutet im Griechischen Ort des Wohnens, Gewohnheit, Herkunft, Sitte, also Zuhause, Heimat. Wir machen unsere Kinder heimatlos, wenn wir sie «wertneutral» zu erziehen versuchen. Wir verhindern, dass sie Wurzeln schlagen, Gewohnheiten bilden, ihre eigene Identität entwickeln, wenn wir sie darüber im Unklaren lassen, was bei uns zu Hause Sitte ist, gut und böse und wichtig oder unwichtig.

Der Philosoph Robert Spaemann bezeichnet den Standpunkt der wertneutral erziehenden Eltern als tiefen und verhängnisvollen anthropologischen und pädagogischen Irrtum. «Aus der Überzeugung, dass es viele Wege des Menschen zu seinem Ziel gibt, wird hier nicht die Folgerung gezogen, einen dieser Wege entschlossen zu gehen, sondern die Folgerung, lieber keinen zu gehen, alles im Hypothetischen zu lassen. Die pathologische Bindungsschwäche vieler junger Erwachsener heute ist bereits das Produkt einer solchen Erziehung. Die wirklichkeitserschließende Kraft einer anspruchsvollen Sicht der Welt und des Menschen wird jungen Menschen vorenthalten, bloß weil man vielleicht auch aus einem anderen Blickwinkel Wirklichkeit zu sehen bekommt. Das ist ein tiefes Unrecht an Kindern.»[1]

Nicht eine weltanschauliche Vorprägung ist also das Problem, sondern die scheinbar wertfreie Erziehung. Die Erziehung kann ja nie wirklich wertfrei sein, weil Eltern an eigenen Wertungen nicht vorbeikommen. Dort, wo sie sich davor drücken, hinterlassen sie ein Vakuum, das dann von anderen Kräften – und nicht immer guten – gefüllt wird.

Mit diesem Total-Relativismus enthalten wir unseren Kindern etwas vor, worauf sie eigentlich Anspruch haben: mit ihren Eltern ein Stück Weges gemeinsam zurückzulegen, den Weg zu beschreiten, den ihre Eltern für richtig halten. Später können sie selbst entscheiden, ob es ein guter Weg war. Sie können noch einen anderen einschlagen und erkennen, ob ihrer der bessere ist.

Nun kann man uns vorhalten: Selber eher einer agnostischen Überzeugung zu frönen, aber den Kindern das Christentum zu predigen – ist das nicht inkonsequent? Ja, das ist es. Und ist es auch wieder nicht, denn es geht uns bei diesen Geschichten nicht primär um den daran geknüpften Glauben, sondern primär um Ethik und Bildung.

«Die Bibel ist das Buch, ohne das man nichts versteht», schrieb Jan Ross in der *Zeit*[2], «nicht, warum wir Ostern feiern oder an Ostern wenigstens freihaben … nicht Bach, nicht Michelangelos Pietà und nicht den Prolog zum Faust, der mit Motiven des Buches Hiob spielt.» Ohne die Bibel sei auch ein Naher Osten nicht zu begreifen, «wo Archäologen mit der Heiligen Schrift in der Hand nach Überbleibseln aus der Erzväterzeit graben und israelische Siedler darauf ihre Ansprüche gründen. (…) Und wenn evangelische Politiker beim Thema Bioethik doch ein wenig laxer gesinnt sind als Katholiken, dann hängt das kaum allein mit der unterschiedlichen Strenge und Bindungskraft der beiden Konfessionen zusammen. Sondern auch mit der von Luther stammenden Ausrichtung des Protestantismus auf die Bibel, in der sich zu Stammzellexperimenten oder künstlicher Befruchtung noch keine Vorschriften finden.»

Gewiss, die Bibel ist ein Buch des Glaubens, aber deswegen noch lange kein Buch nur für Gläubige. «Das letzte Wort des ‹gottlosen Juden› Freud war ein Buch über Moses. Es ist das Spannungsverhältnis zum heiligen Text, das Skepsis und Ketzerei ihren intellektuellen Reiz verleiht und ihr polemisches Feuer.» Ein Unglaube, der die Glaubenszeugnisse einfach ignoriert oder vergisst, werde «langweilig und schal, wie der achselzuckende Allerweltsatheismus unserer Gegenwart», sagt Ross.

«Die Bibel ist die Mutter aller Entwicklungsromane, der literarischen wie der existenziellen, von Wilhelm Meisters Lehrjahren bis zu Joschka Fischers Kehrtwendungen. Und weil der Held und Regisseur der Bibel selbst eine Geschichte hat, sind auch die Juden, die Christen und die von ihnen geprägte Welt zu historischem Bewusstsein gekommen.» Fromme Zumutungen seien mit der Lektüre der Bibel nicht verbunden: «Glauben – das ist eine andere Sache. Aber Lesen sollte schon sein.»

Und wie ist es mit dem Beten? Es gab bei uns nie das Ritual des Gutenachtgebets. Nicht aus Prinzip, sondern nur, weil es sich nicht ergeben hat. Es war uns wohl nicht wichtig genug.

Heute, wo wir gründlicher darüber nachdenken, meinen wir, dass dies vielleicht ein Fehler war, den wir jetzt nicht mehr korrigieren können. Unsere Kinder würden sich sehr wundern, wenn wir jetzt plötzlich darauf bestünden, dass vor dem Zubettgehen gebetet wird, wie das in vielen anderen Kinderbetten durchaus noch üblich ist.

Außerdem spricht unsere Tochter sowieso abends vor dem Einschlafen von sich aus ein Gebet, nicht täglich, aber dann, «wenn es nötig ist», erzählte sie uns. Gelegentlich spricht sie mit uns darüber. Wir geben ihr das Gefühl, dass es sinnvoll ist, zu beten, bestärken sie in ihrem Tun und warnen sie lediglich vor dem Missverständnis, Gebete als Zauberformeln zu betrachten.

Dass wir unsere Kinder nicht lehrten zu beten, mag eine Sünde sein, aber, wie wir meinen, eine lässliche, denn sie bekamen dafür einen ziemlich gleichwertigen oder vielleicht sogar besseren Ersatz: die tägliche Gutenachtgeschichte, Geschichten aus Büchern, die meist untergründig christliche Werte beinhalten. Aber jetzt, da wir zum ersten Mal darüber nachdenken, fallen uns auch ein paar gute Gründe fürs Gebet ein.

Gebete werden still oder laut gesprochen, und alles, was ein

Kind zum Sprechen bringt, ist gut. Wenn ein Kind betet, bedient es sich dazu entweder eines fertigen Gebets, dessen Text es gelernt hat, oder es formuliert selbst ein eigenes Gebet. Formuliert es selbst, muss es nachdenken und übt seine Formulierungskunst. Spricht es ein gelerntes Gebet, übt es sein Gedächtnis. So oder so fördert Beten die Sprachentwicklung.

Kinder sind offen für magisches Denken, glauben an die Wirkung der Worte ihres Gebets, und darum können Kinder sich selbst beruhigen, trösten, sich von Ängsten befreien, wenn sie beten. Beten ist gut für die kindliche Seele.

Wer sein Kind richtig beten lehrt, bringt ihm bei, den lieben Gott mit allzu ichsüchtigen Wünschen zu verschonen. Man darf Gott zwar anrufen in der Not, wenn man Angst hat oder ein persönliches Herzensanliegen, aber Gott ist nicht dazu da, dem Kind in der nächsten Erdkundearbeit beizustehen, für die zu lernen das Kind zu faul war. Besser ist es, für andere zu beten. So wird dem Kind Wertigkeit vermittelt, das Gefühl für die Rangfolge von Werten, und das Kind schärft sein Unterscheidungsvermögen.

Irgendwann wird das Kind die Erfahrung machen, dass Gott seine Gebete nicht erhört hat, und es wird sich fragen, warum. Es wird lernen, dass Gebete keine Zauberformeln sind. Damit beginnt eine geistige Auseinandersetzung mit den Fragen des Glaubens, der Religion und der Philosophie. Viel Stoff für Gespräche mit Eltern, Lehrern, Geschwistern, Freunden und Pfarrern sammelt sich. Selbständiges Denken bahnt sich an.

Wirklich christliche Eltern wird an dieser Aufzählung stören, dass das Gebet hier zweckentfremdet wird. Sie haben Recht. Das Gebet ist kein Instrument frühkindlicher Förderung, sondern ein Gespräch mit Gott, das seinen Zweck in sich selbst hat. Aber es mindert das Ansehen vor Gott nicht, wenn man sich all die heilsamen Nebenwirkungen des Gebets bewusst macht und dann billigend in Kauf nimmt.

Diese Hinweise sind auch weniger für Eltern mit fester christlicher Überzeugung gedacht als vielmehr für jene vielen Verunsicherten, die schwanken wie der Strohhalm im Wind, so wie wir. Ihnen möchten wir getrost zurufen: Lehrt eure Kinder das Beten, auch wenn ihr selber unsicher seid. Wenn ihr's nicht könnt, dann unterbindet es wenigstens nicht, wenn eure Kinder es aus eigenem Antrieb tun. Fördert es, sprecht mit euren Kindern darüber, aber ehrlich, heuchelt nicht einen Glauben, den ihr nicht habt.

Dennoch wird, wer selber nicht an Gott glaubt, vielleicht sogar überzeugter Atheist ist, nicht wollen, dass sein Kind diesem «altmodischen Aberglauben» anhängt.

Hier möchten wir fragen: Ist so viel heiliger Ernst denn nötig? Kann man seinen Atheismus nicht ein wenig lockerer nehmen? Man sollte wenigstens nicht spotten, wenn das Kind von sich aus betet, lasst es gewähren, nehmt ihm nicht die Chance, seine Erfahrungen mit dem Beten zu machen.

Seht es weise und gelassen, etwa so, wie der Physiker Werner Heisenberg, der auf seiner Almhütte außen ein Hufeisen hängen hatte. Als er einmal von seinen Kollegen Besuch bekam und einer mit kritischem Blick auf das Hufeisen fragte: «Du glaubst doch nicht etwa an diesen Unsinn?», soll Heisenberg lachend geantwortet haben: «Natürlich nicht. Aber ich habe mir sagen lassen, dass es auch dann wirkt, wenn man nicht daran glaubt.»

EINE FLUCHT UND DIE FOLGEN

Die Bibel ist das Buch, ohne das man nichts versteht. Ohne dieses Buch versteht man auch nicht, wie unser Wertesystem entstanden ist, was Werte eigentlich sind und dass sie etwas grundlegend anderes sind als Wertpapiere. Ohne Bibel versteht man nicht, was gemeint ist, wenn der amerikanische Präsident George W. Bush von den «westlichen Werten» redet, denen er notfalls mit Bomben Geltung verschaffen will.

Vielleicht wäre Bush etwas zurückhaltender, wenn er sich bewusst machte, dass diese «westlichen Werte» ursprünglich östliche Werte waren, denn sie sind im Nahen Osten entstanden, auf dem Berg Sinai in der Wüste zwischen Ägypten und Israel. Damals, vor dreieinhalbtausend Jahren, hatte sich nach den Zeugnissen der Bibel Gott ein Volk erwählt und schloss in der Wüste einen ewigen Bund mit ihm. Das hat Auswirkungen bis in unsere Zeit.

Mit diesem Ereignis begann ein Aufruhr, der den Verlauf der Weltgeschichte im Guten wie im Bösen entscheidend beeinflusste. Exodus, Monotheismus, erste Aufklärung, erste Blasphemien, Provokation der Mächtigen durch die Schwachen, erster Sklavenaufstand der Weltgeschichte, Sieg der Sklavenmoral über die Herrenmoral – das sind die Begriffe, die sich mit diesem Ereignis verbinden.

Gott hatte sich ein Volk erwählt. Er hätte die Wahl gehabt unter lauter tüchtigen Völkern. Die Ägypter hätte er nehmen können, die Babylonier, Phönizier, Hethiter, Perser, Griechen oder Römer. Wen hat er sich ausgesucht? Eine Hand voll unbedeutender Nomadenstämme, die viel zu spät die über die Welt hereingebrochene Zeitenwende erkannt hatten. Die Fortschrittlichen hatten längst ihr Nomadendasein beendet, das Land unter sich aufgeteilt, sich darauf niedergelassen, es bebaut und sind zu Wohlstand gelangt, mächtig geworden, auch kultiviert und gebildet.

Die anderen, die zu spät merkten, wohin die Reise ging, hatten das Nachsehen. Das fruchtbare Land war verteilt. Für sie blieb nur, was die Cleveren übrig gelassen hatten. Wertloses Land. Da konnte man nicht lange weiden, war gezwungen weiterzuziehen. Man war zu Mobilität und Flexibilität verdammt.

Einige versuchten, in die fruchtbaren Zonen des Wohlstands einzusickern. Manchmal wurden sie geduldet, erhielten Asyl, doch meistens wurden sie vertrieben oder schon von den Grenzposten abgewiesen. Oder die reichen Völker zwangen sie, wie in Ägypten, zur Fronarbeit. Chabiru hießen diese Knechte, Steineklopfer, später wurde das Wort Hebräer daraus.

Diese in Ägypten bunt zusammengewürfelte Internationale hatte eines Tages das Trennende zwischen ihnen zurückgestellt und das Gemeinsame entdeckt: ihre Fremdbestimmung, ihre Unfreiheit, den gemeinsamen Unterdrücker. Sie fassten sich ein Herz und brachen aus, flohen vor den Ägyptern ans Schilfmeer, wo sie auf wundersame Weise gerettet wurden, in die Wüste entkamen, dort zusammenblieben und sich eine bessere Zukunft erträumten.

Freiheit, Gleichheit, Brüderlichkeit – diese Begriffe existierten noch nicht, aber die Sache, die sie bezeichnen, die nahm hier, am Schilfmeer und in der Wüste, ihren Ausgang. Dort wurde der bunte Steineklopferhaufen zu einem Volk, das sich von allen anderen damaligen Völkern unterschied. Dort entstand eine Religion, die sich grundlegend von den damals herrschenden Religionen abhob. Dass ihr Gott es war, der sie aus Ägypten geführt hatte, und dass er ihnen ein Land geben würde, in dem Milch und Honig fließen, ist wohl eine spätere Deutung.

Aber seit diesem Auszug aus Ägypten sind der Exodus, die Befreiung, die Abschüttelung von Fremdherrschaft und die Hoffnung auf eine bessere Zukunft zu einem Archetypus der Weltgeschichte geworden. In zahlreichen Aufständen und Befreiungsbewegungen bewahrte er seine Sprengkraft bis weit in die säkularen Jahrhunderte. Auch die Last der Freiheit und die Verklärung der Unfreiheit durch nostalgische Erinnerungen an die «Fleischtöpfe Ägyptens» gehören zu dieser Ur-Erfahrung. Ebenso wie die Enttäuschung, die nach jeder Befreiung folgt.

Der Spartakus-Aufstand in Rom, die Revolution in Frankreich, die nationalen Freiheitskämpfe, die marxistischen Revolutionen, die lateinamerikanischen Befreiungsbewegungen, der Kampf der Afroamerikaner in den USA, die Unabhängigkeitskämpfe der Kolonialvölker, die 68er Studentenbewegung, der Feminismus, die Schwulen- und Lesbenbewegung, die Befreiung der Osteuropäer vom Kommunismus – sie alle haben eine ihrer tiefsten Wurzeln in jenem identitätsstiftenden Schilfmeer-Erlebnis der kleinen zittrigen Verlierertruppe aus Ägypten.

Der arbeitsfreie Tag, die Institution des Sabbats, geht auf diesen Tag der Befreiung zurück und wurde von ihren Erfindern mit dem letzten Tag der Schöpfung, dem Ruhetag Gottes, verknüpft. Jeder Sabbat ist seitdem ein Tag der Erinnerung an die selbst erkämpfte und zugleich von Gott geschenkte Freiheit.

Die Christen haben die Tradition fortgesetzt, indem sie das Ereignis mit der Auferstehung Jesu verknüpften und sich seitdem von Sonntag zu Sonntag daran erinnern. Passah und Ostern sind die jährlichen Über-Feiertage zum Sabbat und Sonntag, in denen sich die Geschichte, die sich seitdem ereignet hat, wiederkehrend bündelt. Auch der 1. Mai ist davon ein säkularer Ableger.

Das Skandalöse dieser Geschichte ist uns Heutigen gar nicht mehr richtig bewusst. Skandalös ist, dass es Unterdrückte waren, Außenseiter, ungebildete Verlierer und Versager, welche die Hybris hatten, sich als «erwähltes Volk» zu fühlen. Friedrich Nietzsche hatte noch ein Gefühl für diesen Skandal und deshalb gewütet, damit habe der «Sklavenaufstand in der Moral» begonnen.

Das Volk vom Berg Sinai habe eine folgenschwere Umkehrung der Werte vorgenommen, erkannte Nietzsche mit scharfem Blick. Der aristokratischen Wertgleichung gut = vornehm = mächtig = schön = glücklich = gottgeliebt hätten die Steineklopfer aus Ägypten ihre Sklavenmoral entgegengesetzt: gut = elend = arm = ohnmächtig = niedrig = krank und leidend. In den Kampfparolen «Black is beautiful» oder «Ich bin schwul, und das ist gut so» scheint diese Umwertung noch heute durch.

Wir mögen Verlierer sein, sagte dieses Völkchen, wir mögen schwächliche Versager sein, aber Gott hat uns erwählt, wir wissen auch nicht, warum, aber so ist es nun mal, das haben wir euch anderen voraus, und deshalb sind wir jetzt keine Verlierer mehr – das war nicht die einzige Provokation, mit der das neue Volk die etablierten Völker gegen sich aufbrachte.

Noch schlimmer war vielleicht das Salz der aufklärerischen Kritik, das die Juden den anderen in die religiöse Suppe spuckten. Den mächtigen, sie ständig bedrohenden Herrenvölkern ringsherum entgegneten sie furchtlos: Es stimmt nicht, dass es einen Gott für den Krieg gibt, einen für die Fruchtbarkeit, einen für die Schönheit. Es gibt nur einen Gott, unseren Gott. Er ist auch der eure. Wenn ihr das nicht begreift, ist das nicht sein Problem, sondern eures.

Eure Bilder und Statuen, mit denen ihr eure Götter abbildet, die könnt ihr getrost verheizen oder in den Jordan werfen. Die stimmen alle nicht. Der eine und wahre Gott ist ganz anders, als eure begrenzte Phantasie es sich ausmalt. Er sprengt das menschliche Vorstellungsvermögen, darum ist eure Bildermacherei, euer ganzer multimedialer Zauber, den ihr zu Ehren eurer Götter veranstaltet, hohles Blech. Eure Götter menscheln, unserer allein ist so anders und göttlich, dass wir nicht einmal wagen, seinen Namen auszusprechen.

Das abstrakte, bildlose Denken war eingeführt. Später wird es sich mit griechischem Denken reiben und Funken schlagen und den Boden bereiten für Wissenschaft, Technik, Theater, Musik, Demokratie. Das freche Volk konnte sich auch den Hinweis nicht verkneifen, dass sein Gott viel moderner sei als die Götter der anderen. Der Gott des neuen Volkes war ein mobiler, ein dynamischer Gott. Wo sein Volk war, da war auch er. Die zahlreichen Götter der anderen waren wie festgenagelt. Wer etwas von ihnen wollte, musste sich auf den Weg machen, und wer von mehreren etwas wollte, war ständig unterwegs. Unpraktisch. Rückständig. Freundlicher war er auch, der Gott der Juden. Er wollte keine Menschenopfer. Ab und zu ein Hammel, damit gab er sich zufrieden.

Die Sterne wurden von den anderen Völkern als Götter verehrt und angebetet. Lächerlich, sagten die Juden, das sind nur Lampen, und ätzten weiter: Die hat unser Gott in den Himmel gehängt. Für die anderen, die in den Sternen Götter sahen, war das Blasphemie.

Auch das, was man «Priesterschwindel» nennt, war diesem kritisch denkenden Volk schon bekannt: Als der Prophet Daniel am Hof des Perserkönigs Cyrus bei diesem in Beraterdiensten stand, fiel Cyrus auf, dass sich Daniel weigerte, den Gott Bel anzubeten.[1] Cyrus fragte Daniel nach den Gründen, und dieser antwortete, er bete doch kein blödsinniges Standbild an. «Du meinst also, Bel sei kein lebendiger Gott, sondern nur ein Bild, ein totes Ding?», hakte der König nach.

«Ja», sagte Daniel, «darum bete ich nur den einen lebendigen, den wirklichen Gott an, der über uns alle herrscht.»

«Wie erklärst du dir dann den gewaltigen Appetit dieses Gottes Bel», fragte der König weiter, «siehst du denn nicht, was dieser Bel täglich konsumiert?» Tatsächlich musste der König täglich zwölf Scheffel Mehl opfern, dazu vierzig Schafe und sechs Krüge Wein.

«Statuen aus Erz und Lehm können nicht essen», entgegnete Daniel stur. «Diese alberne Figur da hat, so lange sie hier steht, noch nie auch nur ein Salatblatt gegessen.»

Da wurde der König wütend, aber zugleich unsicher, rief deshalb die Priester herbei und sagte zu ihnen: «Wenn ihr mir nicht sofort sagt, wer all diese Mengen verzehrt, müsst ihr sterben. Beweist ihr aber, dass Bel dies alles vertilgt, dann muss Daniel sterben.» Daniel war einverstanden. Die siebzig Priester auch. Sie verließen den Tempel, der König selbst trug die Speisen und Getränke auf, und die Priester sagten: «Wenn davon morgen noch etwas übrig ist, dann wollen wir sterben, andernfalls aber Daniel, der uns verleumdet hat.»

Als der König fertig war, ließ Daniel Asche holen und damit den ganzen Boden des Tempels bestreuen. Danach verließen auch Daniel und der König den Tempel und versiegelten die Tür.

Am nächsten Morgen ging der König mit Daniel zum Tempel, überzeugte sich, dass das Siegel unversehrt war, öffnete die Tür, sah, dass alles gegessen und getrunken war, und rief: «Groß bist du, Bel, bei dir gibt es nie einen Betrug.»

Aber Daniel lachte nur und sagte: «Siehst du nicht die Spuren auf dem Fußboden?»

«Tatsächlich», sagte der König, «es sind Fußspuren von Männern, Frauen und Kindern.» Er sah, dass die Spuren zu einem Geheimgang führten, und da war dem König alles klar.

Wie wenig autoritätshörig dieses Volk war, zeigt sich auch an seiner Geschichtsschreibung. Während die anderen Völker jeden hinrichten ließen, der ein kritisches Wort über deren Könige sagte, wurden in Israel die Mächtigen gnadenlos kritisiert. Deshalb erfahren wir beispielsweise, wie David Bathseba schwängert, die Frau eines seiner Offiziere, und dafür sorgt, dass dieser an der Front fällt. Aber der Prophet Nathan hält ihm den Spiegel vor, macht ihm klar, wie schuftig er sich verhalten hat, und das Erstaunliche daran ist: Nathan wird nicht enthauptet, sondern David sieht seine Schuld ein und bereut.[2]

Kritik, Aufklärung, Fortschritt, Aufbruch, Entgötterung des Himmels, Entmythologisierung, Profanisierung, sogar Spott, Sarkasmus und Ironie – in diesem kleinen, jungen, machtlosen Volk ist alles schon angelegt, was später die Welt verändern wird, zum Beispiel auch die Idee der Gleichheit. In Ägypten erkannten sie, dass es zwei Klassen von Menschen gibt: jene, die die Peitsche schwingen, und jene, über die sie geschwungen wird.

Gegen diese Klassengesellschaft rebellierten die Juden – und das ist das Revolutionäre des Christentums bis heute. Sie bestritten den Herrenvölkern das Recht, andere zu knechten. Darum war das Volk der Juden bei den Herrenrassen so verhasst. Es war ein Außenseitervolk.

Dass der Gott der Juden ein Gott der Schwachen, Außenseiter und Verlierer ist, demonstrierte er auch wieder bei der Geburt seines Sohnes, denn was hätte die damalige Welt gemacht, wenn sie die Ankunft eines Gottessohnes zu inszenieren gehabt hätte? Wo hätte dieser «Jahrtausend-Event» stattgefunden? Natürlich in Rom. Gott aber entschied sich für ein Kaff namens Nazareth.

Wie wäre die Ankunft des Sohnes Gottes inszeniert worden? Ein siegreicher Held wäre mit Glanz und Gloria in Rom eingeritten, und die Hauptstadt der Supermacht hätte alles aufgeboten, was aufzubieten war: den Kaiser von Rom, die Senatoren, die schönsten Frauen von Rom, die Dichter, Philosophen, die Gladiatoren und die Legionen des Kaisers. Tonnen von Konfetti wären verbraucht worden, wenn es Konfetti damals schon gegeben hätte.

Gott aber schickte ein Kind, das Kind eines unbekannten Zimmermanns und dessen Verlobter – eine Frau, die unterwegs gebären muss, ein Paar auf der Flucht vor König Herodes, ohne Geld für ein Hotel. Als Schauplatz für die Geburt seines Sohnes wählte Gott einen Stall weitab vom Weltgeschehen, als Staffage ein paar hinterwäldlerische Hirten mit deren Schafen und einem Ochsen und einem Esel. Jämmerlich hat Gott das Leben seines Sohnes beginnen lassen, und noch jämmerlicher ließ er es enden: am Kreuz.

Und was war das für ein Personal, mit dem Jesus damals durch Galiläa zog? Wir verehren sie heute als Apostel, als Helden und

Heilige, doch zunächst lernen wir sie als begriffsstutzige Feiglinge und Schwächlinge kennen.

Irgendwie hatten sie sich die Sache mit Jesus ein bisschen anders vorgestellt. Dass sie arm waren, machtlos, wenig Ansehen genossen, oft verspottet wurden, das nahmen sie hin, weil sie glaubten, dafür noch zu ihren Lebzeiten belohnt zu werden. Sie glaubten, das Weltende stehe unmittelbar bevor, und dann werde ihr Chef voller Pracht in Jerusalem einziehen und die Römer zum Teufel jagen. Stattdessen: ein Ende am Kreuz. War wohl doch alles nur ein großer Irrtum, dachten sie und verkrochen sich nach dem Debakel von Golgatha. Petrus wollte plötzlich mit diesem Mann am Kreuz nie etwas zu tun gehabt haben. Er kenne ihn gar nicht, hat der «Fels» Petrus einem römischen Soldaten gesagt.

Aber dann geschah wieder ein Wunder. Plötzlich, gleichzeitig und offenbar unabhängig voneinander, hatten die Jünger schlagartig begriffen, was ihr toter Führer zeit seines Lebens eigentlich immer gesagt und gemeint hatte. Und sie begriffen auch: Der Weg, den Jesus gegangen ist, endet zwar zuverlässig am Kreuz, aber er ist der einzig Richtige.

Von jenem Moment an waren sie keine Schwächlinge mehr. Von jenem Moment an sind sie jenen Weg gegangen, den Jesus ihnen gewiesen hatte, mit oft tödlicher Konsequenz. Dreihundert Jahre lang lebten und lehrten sie einen gänzlich anderen Lebensstil, provozierten damit ihre Umgebung, eckten überall an und nahmen den Tod und die Verfolgung durch die römische Supermacht in Kauf. Die Anhänger dieses neuen Glaubens hatten anders gedacht, anders gesprochen und anders gehandelt als der Rest der Welt.

In den Gemeinden, die sich gebildet hatten, waren die Gesetze der Welt außer Kraft gesetzt. Da gab es «nicht mehr Juden und Griechen, nicht mehr Sklaven und Freie, nicht mehr Mann und Frau», die Gräben zwischen verschiedenen Rassen, Völkern und Kulturen, verschiedenen Klassen und zwischen den Geschlechtern existierten nicht mehr. Auch nicht mehr der Gegensatz zwischen arm und reich.

Die ersten Christen «hatten alle Dinge gemeinsam. Sie verkauften Güter und Habe und teilten sie aus unter alle. … Sie waren ein Herz und eine Seele; auch nicht einer sagte von seinen Gütern, dass sie sein wären, sondern es war ihnen alles gemeinsam. … man gab einem jeden, was er nötig hatte.»[3] Agape nannte man das damals. Später, in der Neuzeit und der Aufklärung entwickelte sich daraus etwas, was man bis heute Solidarität nennt.

Dass auch Arme und Schwache eine Würde haben, dass sich der Wert des Menschen nicht aus seiner Leistung speist und auch nicht aus seiner Herkunft, seiner Rasse, seinem Alter, seinem Besitz oder seinem Geschlecht, das rührt von diesen Geschichten her, das kommt von der Zusage Gottes, dass ihm jeder Mensch gleich viel wert sei. Der soziale und demokratische Rechtsstaat hat in diesen Geschichten seine Wurzeln, die allgemeinen Menschenrechte, so gut wie alles, was heute in unserem Grundgesetz steht – also unsere westliche Wertegemeinschaft –, wurzelt in jener Geschichte, die vor dreieinhalbtausend Jahren am Schilfmeer ihren Anfang genommen hatte.

Man muss die historische Faktizität dieser Geschichte nicht glauben, man kann sie einfach als literarische Geschichte nehmen, aber kennen muss man sie. Denn die Achtung und der Respekt vor den Werten, die diese Geschichte transportiert, zeichnen den Gebildeten aus. Und wer sie als literarische Geschichte in seinem Erziehungsalltag ernst nimmt, also sein Kind ohne Wenn und Aber liebt, hat schon viel für dessen Stärke getan.

Natürlich kann man diese Geschichte nicht erzählen, ohne zu erwähnen, was folgte. Schon ab dem sechsten Jahrhundert lässt sich erkennen, wie die Kirche begann, ihre eigene Herkunft zu verraten, wie sie begann, auf den christlichen Werten herumzutrampeln. Dem im vierten Jahrhundert besiegelten Bündnis von

Thron und Altar folgten Inquisition, Scheiterhaufen und Hexenverbrennungen, Kriege und Kreuzzüge im Namen Gottes, Missionierung der Heiden durch Feuer und Schwert, Ausrottung der Indianer im Namen Christi, Imperialismus, Kolonialismus und Versklavung der Schwarzen unter kirchlicher Duldung, Segnung der Kanonen, kirchlich genährter Antisemitismus und das Versagen großer Teile der Amtskirche im Dritten Reich.

Aber: Dass wir das heute alles wissen, dass man das schreiben darf, ohne um sein Leben fürchten zu müssen, verdanken wir der Tatsache, dass der von der jüdisch-christlichen Religion ursprünglich selbst in die Welt gesetzte aufklärerische Impetus sich am Ende des Mittelalters gegen die Kirche gekehrt und die Neuzeit und die säkulare Welt vorbereitet hat. Das Herumtrampeln auf christlichen Werten spricht nicht gegen die Werte, sondern gegen diejenigen, die trampeln.

Und wenn es jemandem gelänge, hieb- und stichfest zu beweisen, dass all die Geschichten, die in der Bibel stehen, sich historisch niemals ereignet haben, dass sie reine «Literatur» sind, Erfindungen und Projektionen von Menschen, dann würde auch das den bleibenden Wert dieser Geschichten nicht tangieren, denn wir glauben: Die aus diesen Geschichten entstandenen Werte bleiben auch jenseits aller Faktizität gültig. Wenn diese Geschichten reine Erfindungen sein sollten, dann sind es geniale Erfindungen. Diese Geschichten bleiben wahr, weil sie beschreiben, wie menschliches Zusammenleben gelingen kann, weil sie sagen: Wenn diese «westlichen Werte» gelten, dann gelingt das Leben. Das ist ihre Wahrheit, und das glauben wir.

Deshalb sind es keine «kümmerlichen Reste», die übrig bleiben, wenn man die Bibel dem Entmythologisierungsprogramm der modernen Theologie unterzieht, denn alles, was diese Geschichten wertvoll macht, bleibt erhalten. Diese «Reste» sind keine Asche, sondern Goldklumpen. Darum müssen diese Geschichten unbedingt weitererzählt werden. Darum muss man sie kennen.

ACH, DIE WERTE

Seit 1974 hat es in den Vereinigten Staaten 37 Schul-Attentate gegeben.[1] Bei jedem Attentat wurde nach den Ursachen gefragt, und jedes Mal hieß es, es sei in den USA eben kinderleicht, an Waffen zu gelangen. Bis heute gab es kaum Ansätze, den Erwerb von Waffen zu erschweren. Stattdessen führten verschiedene US-Staaten nach solchen Schulmassakern das Schulgebet wieder ein oder verstärkten den Religionsunterricht.

Nicht ganz so grotesk, aber ähnlich hilflos, waren die öffentlichen Reaktionen in Deutschland nach dem Schulmassaker in Erfurt. Das Schulgebet kehrte zwar nicht zurück, aber der Ruf nach den Werten erscholl. Wir brauchen eine gesellschaftliche Diskussion über Werte und Erziehung, forderte die CDU-Vorsitzende Angela Merkel zwei Tage nach dem Massenmord im Erfurter Gutenberg-Gymnasium.

Jawohl, Kindern und Jugendlichen müssen wieder Werte vermittelt werden, hieß es danach an den Stammtischen, in den Talkshows und auf Symposien, Kongressen und Podiumsdiskussionen. Der Werteverfall muss gestoppt werden. Aber wie?

Wenn das so einfach wäre. Neben der Hilflosigkeit, die aus solchen Forderungen spricht, offenbart sich ein unausrottbarer Machbarkeitswahn. Als ob wir durch die Wahl des richtigen Werte-Mix und dessen Vermittlung Amokläufe ausschließen und das Böse bannen könnten. Als ob Werte etwas wären, was zu unserer freien Verfügung steht wie Benzin, Bücher oder Buletten. Als ob man Werte selber schaffen könnte oder Kindern und Jugendlichen Werte einbläuen könnte durch Unterricht und Wertediskussionen.

Nein, es gibt kein Fach Freiheit, Liebe, Solidarität, Gewaltfreiheit, Anstand, Charakter oder Gewissen, das man pauken könnte wie Latein und abfragen wie Vokabeln. Werte sind etwas Unverfügbares. Man kann Wertpapiere besitzen, aber nicht die Werte. Werte kann man nur leben und vorleben. Deshalb ist das, was Kindern und Jugendlichen wertvoll erscheint, unter allen Nebenwirkungen des Lebens, das sie erfahren, die größte.

Was sich Kindern im Lauf ihres Lebens als Wertesystem einprägt, ist überwiegend eine Wirkung unseres bewussten und unbewussten Umgangs mit ihnen, mit dem Ehepartner, den Großeltern und mit anderen Menschen und mit unserer Umwelt. Es ist eine Nebenwirkung unseres Tuns und Lassens, eine Nebenwirkung des öffentlichen, gesellschaftlichen und politischen Lebens und eine Nebenwirkung dessen, was über die Medien in die Köpfe unserer Kinder dringt. Die Summe dieser Nebenwirkungen kann im Ergebnis stärker sein als alle zielgerichteten Bemühungen von Erziehern.

Die Unterschiede zwischen gut und böse, schön und hässlich, wichtig und unwichtig vermitteln sich durch die Unterschiede, die in der Familie und der Gesellschaft gemacht werden. Werte vermitteln sich, indem man den anderen durch sein Reden und Tun zeigt, was einem wichtig ist, wobei Tun wichtiger ist als das Reden.

Für das Gute einzutreten ist billig. Für das Gute ist jeder, solange es ihn nichts kostet. Das Gute tun, obwohl es einen etwas kostet, das ist die Aufgabe. Wenn man die Werte, die man verkündet, nicht auch gegen sich selbst und seine Interessen anwendet, dann vermittelt sich dem Kind, dass es offenbar von Vorteil ist, sich selbst nicht beim Wort zu nehmen. Heuchler ziehen Heuchler heran. Verlogenheit gebiert Verlogenheit. Geiz erzeugt Geiz. Lieblosigkeit produziert Lieblosigkeit. Darum blicken wir in einen Spiegel, wenn wir auf unsere Kinder schauen.

Diese haben ein feines Gespür dafür, ob Erwachsene sich selber an das halten, was sie Kindern predigen. Wenn Kinder merken, dass da etwas nicht stimmt, dann sind alle Appelle an ihr Gewissen vergebens. Warum soll ein Kind wegen einer Lüge ein schlechtes Gewissen haben, wenn es im Alltag erfährt, wie oft die Erwachsenen lügen?

Erwachsene, auch Personen des öffentlichen Lebens, Sportler, Popidole, Filmstars und Politiker, sind deshalb, ob sie es wollen oder nicht, immer auch Vorbilder – sie erziehen unsere Kinder mit. Darum können wir nicht ignorieren, was im öffentlichen Leben geschieht. Es betrifft auch unsere Erziehung.

Wenn öffentlich gelogen wird, verfällt übrigens nicht der Wert Wahrheit oder Wahrheitsliebe. Werte können nicht verfallen. Verfallen kann nur unsere Bereitschaft, einem Wert wie der Wahrheitsliebe durch unsere Wahrhaftigkeit Geltung zu verschaffen. Verfallen kann die Bereitschaft, für Werte einzutreten, die höheren Werte den geringeren vorzuziehen und das eigene propagierte Wertesystem im Konfliktfall auch gegen sich selbst anzuwenden. Verfallen kann die Bereitschaft, höheren Werten unsere eigenen Interessen unterzuordnen. Verfallen kann unsere eigene Glaubwürdigkeit.

Dies ist besonders bitter, wenn ausgerechnet die Institution an Glaubwürdigkeit verliert, die wir eigens als Instanz der Wahrheit geschaffen haben: die Wissenschaft. Von der ursprünglich optimistischen Idee der Aufklärung, durch Wissenschaft zur Wahrheit vorzudringen, haben wir uns sowieso schon längst verabschieden müssen. Was blieb, war das wissenschaftliche Ethos, das Bemühen um Wahrhaftigkeit, aber auch davon scheint in unseren Tagen immer weniger übrig zu bleiben.

Während wir dieses Buch schreiben, hören wir aus den USA, der dort bei den Bell Labs arbeitende 32-jährige Physiker Jan Hendrik Schön sei wegen des Verdachts auf Forschungsfälschung entlassen worden. Schön, ein mit allen wissenschaftlichen Weihen versehenes Wunderkind der Wissenschaft, der kurz vor einer Berufung zum Direktor des Stuttgarter Max-Planck-Instituts für Festkörperforschung stand und schon auf dem Weg zum Nobelpreis war, soll mehrere seiner wissenschaftlichen Arbeiten manipuliert haben.

Es ist nicht das erste Mal, dass wir so etwas hören, es wird nicht das letzte Mal sein, und schon jetzt müssen wir davon ausgehen, dass es zahlreiche Forschungsarbeiten gibt, bei denen gemogelt wurde oder auch richtiger Betrug im Spiel war, der nur noch nicht entdeckt ist. Möglicherweise herrscht in manchen Wissenschaftsdisziplinen bereits die Einstellung: Warum nicht mogeln? Tut doch jeder.

So einen Fall hat es vor fünfzehn oder zwanzig Jahren noch nicht gegeben, in den letzten Jahren aber immer häufiger. Bezeichnend ist der Hinweis Donald Kennedys, des Chefredakteurs der amerikanischen Wissenschaftszeitschrift *Science*, das Gutachtersystem seiner Zeitschrift sei nicht dafür gedacht, Wissenschaftsbetrug aufzudecken, sondern habe allein die Aufgabe, unwissenschaftlich oder schlampig angefertigte Artikel auszuscheiden. Mit Betrug rechnete man bisher nicht in der seriösen, der Wahrheit verpflichteten Welt der Wissenschaft. In Zukunft müssen Fachgutachter «wohl oder übel immer auch die Möglichkeit einer Fälschung erwägen – auch wenn das dem traditionellen Selbstbild der Zunft als einer Gemeinschaft von Wahrheitssuchern natürlich etwas zuwiderläuft».[2]

Auf neue Bücher, Studien, Theorien und «Beweise» des Wissenschaftsbetriebs können wir uns daher nicht mehr blind verlassen. Wissenschaftler sind kaum noch die Orientierungsgeber, für die wir sie gehalten haben. Platte Fälschungen kommen zwar noch immer selten vor, doch ihre Zahl wächst. Und noch stärker wachsen vermutlich jene wissenschaftlichen Werke, die hart an der Grenze zum Verbotenen arbeiten.

Die bereits in diesem Buch erwähnte Autorin Judith Rich Harris provoziert mit der Feststellung, auf die Eltern komme es in der

Erziehung nicht an, diese seien austauschbar wie Fabrikarbeiter. Harris hat dieses Buch nicht geschrieben, weil die These eine wissenschaftlich erhärtete Tatsache ist, die sie wirklich beweisen kann. Sehr wahrscheinlich sieht auch Harris die Rolle der Eltern in Wahrheit etwas stärker und differenzierter, als sie es beschreibt. Sehr wahrscheinlich hat auch Mrs. Harris immer schon gewusst, dass man die Eltern nicht einfach so ausblenden kann, wie sie das tut.

Doch wer sich in unserer Marktgesellschaft zu seinem Vorteil positionieren will, muss mit provokant formulierten, am besten einseitig begründeten Thesen aufwarten, um mit einem Buch zur Kenntnis genommen zu werden.

Wenn daher der amerikanische Molekularbiologe Dean Hamer behauptet, es gebe Glücks-, Angst- und Schwulen-Gene, und bei der Bildung unserer Persönlichkeit hätten wir etwa so viel Spielraum wie bei der Wahl unserer Schuhgröße, dann lassen vielleicht ein paar seiner Forschungsergebnisse diese Interpretation gerade noch zu. In jedem Fall erregt er Aufsehen. Nicht ohne Absicht: Wissenschaftler, denen es gelingt, das öffentliche Interesse auf sich zu lenken, kommen in den USA leichter an das Geld der Regierung und privater Finanziers.

Mehr Geld bedeutet mehr Planstellen, mehr Studenten, mehr Labors, mehr Forschungsaufträge, mehr Ansehen, ein höheres Einkommen – dafür kann man schon mal eine etwas zweifelhafte These riskieren. Wissenschaft unterliegt inzwischen den gleichen Marktmechanismen wie alles andere auf dieser Welt. Daher müssen wir stets damit rechnen, dass unter Erfolgs- und Konkurrenzdruck stehende Wissenschaftler sich dazu verleiten lassen, ihre Ergebnisse ein bisschen überzuinterpretieren, zu frisieren, auf öffentliches Interesse zu trimmen oder gleich ganz platt zu fälschen wie Doktor Schön.

Diese Zerstörung der eigenen Fundamente, der damit verbundene Verlust an Glaubwürdigkeit und die daraus resultierende Orientierungslosigkeit – dieses Phänomen zieht sich heute durch alle Bereiche unseres Lebens. Und das macht Erziehung zu einem schwierigen Geschäft.

Als unsere Tochter zehn Jahre alt war, fragten wir sie einmal, ob sie eigentlich wisse, warum man bei CDU-Politikern immer von «den Schwarzen» redet. «Klar weiß ich das», hat sie gesagt, «das kommt von Helmut Kohls schwarzen Kassen.» Wir lachten, und sagten, wenn es so wäre, dann müssten die entsprechenden Kassen der SPD rot und die der FDP blau-gelb sein.

Aber zugleich erfuhren wir: Schon Kinder bekommen mit, dass führende Repräsentanten unseres Staates es mit unseren Werten und den von ihnen selbst gemachten Gesetzen nicht so genau nehmen. Man braucht sich nicht zu wundern, dass die Deutschen zu einem Volk der Steuerbetrüger geworden sind. Und als Erzieher wird es einem nach jedem weiteren Korruptions- und Parteispendenskandal immer noch ein bisschen schwerer gemacht, sein Kind zur Ehrlichkeit, zu Korrektheit zu erziehen. Zugleich wird es noch schwieriger, seinem Kind Vertrauen in unsere Demokratie zu vermitteln und zu erklären, warum man trotzdem weiterhin zu diesem Staat steht.

Auch Manager, die mit einer Millionenabfindung nach Hause gehen, wenn sie ihr Unternehmen in den Ruin getrieben haben, und zugleich kritisieren, das Arbeitslosengeld sei zu hoch, haben schon viel für die Vergeblichkeit unserer Erziehungsbemühungen getan. Kürzlich hatten wir versucht, unserer Tochter den Begriff Leistungsgesellschaft zu erklären. Als sie es kapiert hatte, erzählte sie, der Vater einer ihrer Freundinnen habe fürchterlich auf die Telekomvorstände geschimpft, weil diese sich neunzigprozentige Gehaltserhöhungen genehmigten, nachdem sie den Aktienkurs ihres Unternehmens um neunzig Prozent gedrückt hatten. Ob das denn stimme, wollte sie wissen.

Wir mussten es bestätigen. Wir konnten unserer Tochter nur

sagen, dass uns das ebenfalls ärgert. Und wir erklärten ihr, dass diese Leute, auch jene, die sich durch Bilanzfälschungen und Kursmanipulationen persönlich bereichert und damit einen beispiellosen Verfall der Weltbörsen induziert haben, oft dieselben sind, die den normalen Arbeitnehmern gerne die Rückkehr zur Bescheidenheit predigen, eine Abkehr von der Besitzstandswahrung fordern und ein Ende des Sozialmissbrauchs. Der Fisch stinkt immer vom Kopf her.

Kinder ab einem gewissen Alter, und noch viel mehr Jugendliche, spüren, wenn werktags etwas anderes gilt, als sonntags gepredigt wird. Was sie im Fernsehen zu sehen bekommen, demonstriert ihnen, dass die Fernsehmacher «höhere Werte» kennen als Aufklärung, Bildung oder Information.

Wenn anspruchsvolle Sendungen aus dem Programm geschoben werden, weil man mit Fußball, Formel 1, den Royals, mit Schmuddeltalkshows, Softpornos und Gewaltorgien offenbar mehr Zuschauer versammelt als mit einem niveauvollen Programm, dann können die Fernsehmacher noch so oft beteuern, sie seien keine Schulmeister, sondern gute Demokraten und wollten dem Volk geben, wonach es verlangt – es bleibt dennoch der nackte Zynismus.

Sonntags wird dann gerne der Sittenverfall beklagt. Sonntags jammern alle, dass unsere Jugend nur auf Spaß, Partys und coole Klamotten Wert legen. Wenn dann von Zeit zu Zeit ein Jugendlicher Amok läuft, wird gefragt, ob es in Ordnung sei, dass Medienkonzerne mit ihren Produkten handeln dürfen wie mit Schrauben. Es wird diskutiert, ob es vernünftig sei, den Markt bestimmen zu lassen, was über die Medien in die Köpfe unserer Kinder dringt, es wird gefragt, ob wir um der Freiheit des Marktes willen tatsächlich dazu verdammt sind, tatenlos mit ansehen zu müssen, wie durch die Medien die Gehirne unserer Kinder verseucht werden, und es wird gefragt, ob unser Hochtechnologiestandort Deutschland es sich leisten kann, sein Leitmedium auf Ballermann-Niveau herunterquoten zu lassen. Es wird sogar ein Zusammenhang vermutet zwischen den Ergebnissen der PISA-Studie und der Qualität unseres Fernsehens.

Montags ist das wieder vergessen, denn da wird bereits eine neue Sau durchs Dorf gejagt. Und außerdem gilt doch in unserem Land die Informations- und Meinungsfreiheit.

Seit mehr als anderthalb Jahrtausenden gibt es christliche Mönche. Seit dieser Zeit durchzieht das Leben dieser Mönche ein Ritual: das Gebet zu jeder vollen Stunde. Die Konstante im Leben eines Bauern der Agrargesellschaft war der sonntägliche Kirchgang. Mochten die Jahreszeiten, die Ereignisse, Kaiser, Könige und Päpste wechseln, eines blieb konstant, eines blieb so sicher wie das Amen in der Kirche: die regelmäßige Verehrung Gottes, das Gebet der Mönche zu jeder vollen Stunde.

Was ist heute die Konstante unseres Lebens? Was ist heute so sicher wie das Amen in der Kirche? Gibt es nicht mehr? Doch, nur diese neue Konstante gehört so sehr zu unserem täglichen Leben, dass sie uns gar nicht mehr auffällt.

Aufgefallen ist sie den Amerikanern, als sie eines Tages plötzlich ausblieb. Am 11. September 2001 ist im ganzen Land die Werbung im Fernsehen entfallen. Bis zu jenem Tag war sie die einzige Konstante im Leben des amerikanischen Volkes. Und ist es wieder seit dem 12. September. Die Programme im Fernsehen wechseln, die Moderatoren, die Nachrichten und die Inhalte wechseln, Präsidenten kommen und gehen, Moden kommen und gehen, die Zeiten ändern sich immer schneller, die Zukunft ist ungewiss, alles ist offen und unvorhersagbar, nur eines ist so sicher wie das Amen in der Kirche: die Werbeunterbrechung. So wird den Menschen vom Kleinkindalter an bis zum Erwachsenwerden mit Millionen Werbeunterbrechungen unauslöschlich ins Hirn gebrannt, der Sinn des Lebens bestehe im Konsum. Kaufen und Verkaufen global und rund um die Uhr, auch sonntags, gerade sonntags, das ist die Bestimmung des Menschen in der

Kultreligion des Kapitalismus. Geld ist zur alles bestimmenden Wirklichkeit geworden.

Dagegen ist schwer anzukämpfen. Wenn weder der Glaube noch Werte die Richtung vorgeben und auch die Wissenschaft als Orientierungshilfe ausfällt, dann bleibt als letzte Orientierung gebende Realität nur noch der Markt, also das Geld. Dagegen zu erziehen ist eine Sisyphusarbeit. Und man hat ständig dagegen zu kämpfen, nicht selbst zum Zyniker zu werden.

«MIT VERLAUB, SIE SIND EIN ARSCHLOCH»

In letzter Zeit mühe ich mich, den Gebrauch des Wortes «Arschloch» zu minimieren, und sinniere, ob ich es vielleicht ganz aus meinem Wortschatz streichen soll, vielleicht in einem Aufwasch mit dem «Wichser» und der «Scheiße». Ich habe das Gefühl, dass das jetzt nötig ist.

Es fing damit an, dass ich zu der Zeit, als alle über das Schulmassaker in Erfurt diskutierten, mit meinem neunjährigen Moritz Tischtennis spielte, und er mich nervte, weil er bei jedem Fehler, den er machte, «Scheiße» rief. Scheiße hat, wie Hans Magnus Enzensberger in seinem gleichnamigen Gedicht bemerkte, etwas eigentümlich Sanftes, Nachgiebiges, Gewaltloses und Friedfertiges an sich.

Noch vor fünf Jahren hätte ich darum wahrscheinlich, Enzensberger gedenkend, das Wort aus dem Munde meines Sohnes nachgiebig-friedfertig hingenommen und zugleich minutenlang überlegt, ob ich ihm den Gebrauch dieses Wortes einfach so ohne Begründung verbieten kann. Ich bin Journalist. Zensur hasse ich schon von Berufs wegen. Darf ich die Sprache meines Kindes zensieren?, hätte ich mich gefragt, unkonzentriert gespielt, verloren und ihm dann aus Rache und Wut den Gebrauch des Wortes untersagt.

Aber man reift ja als Erzieher, deshalb musste ich überhaupt nicht überlegen und habe meinem Sohn – scheiß auf den Enzensberger – das Wort einfach verboten. Dass es mich nervte, war Begründung genug. Jetzt sagt Moritz «Mist», wenn der Ball danebengeht. Was an Mist besser ist als an Scheiße? Keine Ahnung. Aber ich bin zufrieden.

Wenige Wochen vor der Ächtung dieses Wortes beim Tischtennis hatte ich Moritz heftig gerüffelt, weil er seine Schwester Livia als «Arschloch» titulierte. Livia, immer darauf erpicht, von ihren Eltern Begründungen für alles zu hören, hielt mir vor: «Du benutzt das Wort doch auch.»

Jetzt stand ich blöd da vor meiner Tochter.

«Es ist etwas anderes, ob wir uns in der Familie gegenseitig als Arschlöcher titulieren oder ob ich das über irgendeinen Idioten im Fernsehen so leicht dahinsage», eierte ich rum, «in der Familie geht das einfach nicht.»

Livia wollte weiterdiskutieren, kam altklug mit Goethes Götz-Zitat daher, aber ich hatte einen Termin, musste weg und hoffte, die Sache werde irgendwie versanden. In mir selbst arbeitete es aber weiter. Was habe ich plötzlich gegen Wörter, die auszusprechen in meiner Kindheit sich nicht geziemte, die dennoch auszusprechen gerade deshalb ab dem Jahr 1968 zur revolutionären Mode wurde? Warum erkläre ich diese Wörter für meine Kinder nun wieder zu Bähwörtern?

Vielleicht zunächst nur, weil es nie verkehrt ist, alte Gewohnheiten zu überprüfen. Vielleicht, weil eine norddeutsche Pfarrerin neulich ihren Bischof als «Arschloch» bezeichnet hatte und ich leise darüber erschrak. Vielleicht, weil ich schon vor Jahren ein ungutes Gefühl hatte, als die Kinder das Wort «Ficken» aus dem Kindergarten mit nach Hause brachten. Vielleicht, weil mich das Gefühl beschleicht, dass da etwas eingerissen ist. Oder werde ich einfach nur konservativ, also alt?

War es nicht befreiend, als vor dreißig Jahren von den Bühnen herab das Wort «Scheiße» ins Publikum geschrien wurde? Die Fäkalsprache war ein Mittel des Protests, ein Ausdruck der Rebellion. Mit Vulgärwörtern und Kraftausdrücken meinte man, den «Terror des elaborierten Codes» und mit ihm «das Establishment» bekämpfen zu müssen. Hat es uns nicht amüsiert, wie verschreckt das konservative Publikum darauf reagierte? Es war übrigens das gleiche konservative Publikum, das heftig applaudierte, als Ludwig Erhard und Franz Josef Strauß intellektuelle Kritiker als «Pinscher» titulierten, als «Ratten und Schmeißfliegen» und als «Tiere, auf die für Menschen gemachte Gesetze nicht anwendbar sind».

Robert Gernhardt verlieh seinem Unbehagen darüber Ausdruck mit einem Gedicht, das er ironisch in die Form eines Sonetts brachte, aber inhaltlich mit dem damas üblichen Jargon und der Fäkalsprache jener Zeit füllte. Es beginnt mit der Zeile: *Sonette find ich so was von beschissen, so eng, rigide, irgendwie nicht gut.*[1]

Gespiegelt werde darin ein Hauptkonflikt der siebziger Jahre, schrieb Wolfgang Schneider in der «Frankfurter Anthologie» der *FAZ:* «die Rebellion gegen überlieferte Formzwänge jeder Art, von der Kleiderordnung bis hin zum Terror von Reim und Jambus.» Es sei ein Gedicht, «das ein Jahrzehnt auf den Punkt bringt», resümierte Schneider, und «ein ironisches Plädoyer für Form und Tradition».

Aber so weit waren wir damals noch nicht. Die Sprache, das Benehmen und Verhalten von uns Früh-, Mittel- und Spät-Achtundsechzigern ließ sehr zu wünschen übrig, man gab sich gerne «proletarisch». In meiner WG haben damals die Söhne von Richtern, Generälen und Industriellen ungeniert gerülpst beim Essen, nachts ins Waschbecken gepinkelt, und nur ich, das einzige Arbeiter- und Bauernkind, fühlte mich davon gestört, und wenn ich was sagte, hieß es: «Hör auf mit dieser kleinbürgerlichen Scheiße.»

Ich war eben noch in einem «falschen Bewusstsein» befangen, konnte mir aber trotzdem schon erklären, warum meine Kommunarden, die Großbürgerssöhne, über das «richtige Bewusstsein» verfügten. Sie hatten soeben herausgefunden, dass ihre Väter, die ihnen den Gebrauch von Bähwörtern verboten haben, in ihrer Jugend «Judensau» gebrüllt, «Jude verrecke» und «Kauft nicht beim Juden» an die Fensterscheiben jüdischer Bürger und Läden geschrieben hatten. Danach wurden Fensterscheiben zertrümmert, jüdische Läden geplündert, deren Besitzer durch die Straßen getrieben, und ein paar Jahre später waren sechs Millionen Juden tot.

Und von deren Mördern, die noch immer in höchst elaboriertem Code betonten, es sei juristisch alles einwandfrei gewesen damals, weshalb ja auch nur die wenigsten von ihnen je bestraft worden waren, sollten sich junge Leute vorschreiben lassen, was sich geziemt und was schicklich ist? Nein, diese Generation, die den halben Erdball verwüstete, hatte ein für alle Mal verschissen, egal ob sie aktiv mitgemacht, nur passiv zugeschaut oder bewusst weggeschaut hatte. Diese Leute wollten wir nur noch provozieren mit unserer anstößigen Sprache, unseren schlechten Manieren, unseren langen Haaren, unserer unkultivierten Kleidung, unserer «Negermusik», unserem antibürgerlichen Lebensstil.

Wir waren nicht zimperlich, auch untereinander nicht. Als ich mich 1970 freiwillig bei der Bundeswehr verpflichtete, galt ich bei meinen linken Freunden als «reaktionäres Arschloch». Offizier in der Bundeswehr, das kam in den siebziger Jahren gleich nach dem Hundeschlächter. Überhaupt nicht beleidigt konterte ich damals jeden Angriff gleichmütig mit dem Satz: «Dafür, dass ihr Deppen mich als reaktionäres Arschloch beschimpfen und ihr den Wehrdienst verweigern dürft, bin ich bereit, in den Krieg zu ziehen.» Und noch heute sehe ich in dem Urteil des Bundesverfassungsgerichts, wonach es erlaubt ist, Soldaten als Mörder zu bezeichnen, keine Beleidigung des Bundeswehrsoldaten, sondern seine stärkste Rechtfertigung, denn zur Verteidigung genau jener Freiheit, in deren Schutz jeder ungestraft über unsere Soldaten herziehen darf, ist der Soldat da.

Weil wir selber nicht zimperlich waren, störte ich mich auch nicht wirklich an Politikern wie Franz Josef Strauß, zumal ja als Gegenmittel Herbert Wehner existierte, der den Abgeordneten

Wohlrabe gelegentlich als «Abgeordneter Übelkrähe» bezeichnete und einen Zwischenrufer mit «Sie Düffeldoffel» abfertigte. Und noch heute erzählt man sich schenkelklopfend, der Abgeordnete Wohlrabe habe sich einst beschwert, dass es bei namentlichen Abstimmungen im Parlament nach dem Alphabet gehe und er deshalb immer ganz zuletzt drankomme, worauf Wehner ihm gesagt haben soll, er möge sich in «Arschloch» umbenennen, dann sei sein Problem gelöst.

Allerdings gebe ich zu, das ist alles nichts gegen das Talent, das die Italiener beim Schmähen zeigen. Wenn die jemand beleidigen wollen, dann sagen sie nicht einfach «du Arschloch» oder «du Pferdearschloch», nicht einmal «du Abschaum eines Pferdearschlochs». Nein, sie sagen es vornehmer und zugleich drastischer: «Du bist auch nicht mehr wert als der Schaum zwischen den Hinterbacken der Rösser der berühmten Bestattungsfirma Bellomondo, während sie an einem heißen Augusttag nach der achten Beerdigung die steile Straße zum Capodimonte hinaufziehen.»[2]

Im italienischen Parlament reden sie noch heute so. Dieses italienische Ergötzen an der eigenen Suada fehlt uns Deutschen. In unserer Sprache klingt es auch nicht so melodiös.

Der Letzte, der das Wort «Arschloch» im Bundestag gebrauchte, ist der heutige Außenminister Fischer. Er ist dafür gerügt worden, würde so etwas heute nicht mehr sagen, aber erscheint uns eben deshalb heute ein bisschen langweiliger als früher. Was ist schon dabei, wenn mal ein Wort fällt, das in den diversen Geschäftsordnungen oder Benimmregeln nicht vorgesehen ist?

Dass Leni Riefenstahl von Carl Zuckmayer und anderen einst «die Reichsgletscherspalte» genannt wurde, ist einfach zu kreativ, um als «ungeziemend» aus dem deutschen Sprachschatz ausgeschieden zu werden.

Aber merkwürdig, in dem Maße, in dem bei uns nach 68 Höflichkeit und gutes Benehmen zunehmend als spießig galten, wuchs der Bedarf an political correctness, vor allem in jenen Milieus, die sich aus der 68er Bewegung entwickelt hatten. Plötzlich durfte man Mongoloide nicht mehr als Mongoloide bezeichnen, sondern musste umständlich von «Menschen mit Down-Syndrom» sprechen, und in New York war auch das noch nicht korrekt genug. Dort hießen Mongos «alternativ begabte Menschen», während der Gebrauch des Wortes Arschloch gerade in den politisch korrekten Kreisen weiterhin nicht als unkorrekt empfunden wurde.

Der wissenschaftlich unhaltbare Begriff «Rasse» wurde durch die «Herkunft aus einem anderen Kulturkreis» ersetzt, in der die Superkorrekten aber auch schon wieder nur Ab- und Ausgrenzung sahen, sodass man eine Zeit lang überhaupt nicht mehr wusste, wie mit Indern, Chinesen, Angolanern, Iranern und Arabern sprachlich korrekt zu verfahren sei. Wenn die Autoren der PISA-Studie über «Ausländerkinder» schreiben, schreiben sie stets von Kindern «mit Migrantenhintergrund». Feministinnen setzten als HerrInnen über die Sprache das mit Knacklaut gesprochene «In» als neue Wortendung durch. In den USA konnte es Professoren passieren, dass Studentinnen sie wegen «sexueller Belästigung» anzeigten, weil ihre Rundschreiben in «ausgesprochen männlichem Ton» verfasst waren.

Da empfanden es viele hierzulande wie eine Erlösung, als Harald Schmidt und Herbert Feuerstein mit dieser geistigen Belästigung aufräumten und in «Schmidteinander» frauen-, polen-, neger- und behindertenfeindliche Witze rissen.

Aber neulich hörte ich unseren Neunjährigen seinen Freund beschimpfen mit dem Wort: «Du Behinderter.» Ich fragte ihn, woher er das Wort hat, was er damit meint und ob er überhaupt versteht, was er da gesagt hatte. Natürlich verstand er nichts. Er hatte es aus der Schule. Alle seine Freunde sagten es, behauptete er.

Nach einem längeren Gespräch, auch mit seinen Freunden, war

das Wort offenbar wieder aus der Welt. Jedenfalls fragte ich ihn vor kurzem, ob es noch benutzt würde. Er verneinte. Den Anlass meiner Nachfrage lieferte mir eine Berliner Freundin, die berichtete, dass an der Schule ihres Kindes ein neues Schimpfwort kursiert: «Du Opfer.»

In diese Situation platzte ein Brief von Moritz' Grundschule. Die Direktorin berichtete darin, dass in der «Hexennacht», also in der Nacht zum 1. Mai, Schüler und Jugendliche den Schulhof verwüstet, die eigene Schule verdreckt und obszöne Beleidigungen der Lehrer an die Fensterscheiben geschmiert hätten, und forderte deshalb die «betroffenen Eltern» zu einem Gespräch auf. Gerade nach «Erfurt» halte sie es für richtig, über so etwas nicht stillschweigend hinwegzugehen.

Ich war auch «Betroffener». Moritz hatte ein Ei gegen die Schultür geknallt. Ausgerechnet das Kind von diesen zwei Journalisten, die anderen Leuten erklären, wie sie ihre Kinder zu erziehen haben …

Das Gespräch zwischen Lehrern und Eltern war heftig. Die Eltern verwahrten sich gegen die Verbindung dieser «harmlosen Kinderstreiche im Rahmen des Brauchtums» mit dem Massaker in Erfurt. Die Lehrerinnen insistierten mutig, sich nicht mit obszönen Ausdrücken beleidigen lassen zu wollen. Die Eltern fanden, dass die Lehrer völlig überzogen und hysterisch reagierten, und fragten: «Haben Sie nie gesagt, dieser oder jener Lehrer sei blöd?»

Die meisten der Eltern, die da saßen, waren jünger als ich, keine 68er mehr, und doch vom Geist der 68er beseelt, der Eltern denken lässt: Wir und unser Kind lassen uns von keiner Autorität einschüchtern. Wir halten nichts von betulich-konservativ-bildungsbürgerlichen Erziehungshubern. Wir wollen, dass unser Kind stark und selbstbewusst wird und mit aufrechtem Gang durch seine Schulzeit geht. Der Rebell steht uns näher als der Untertan.

Dieser Geist rühmt Churchills Widerborstigkeit, die er schon als Schüler gegen seine gestrengen Lehrer bewiesen hat und mit der er viele Jahre später einen weit schrecklicheren Gegner daran hindern sollte, Europa unter den Stiefel zu treten. Er weigerte sich, «mensa», den Tisch, bis zum Vokativ durchzudeklinieren, weil er es für Schwachsinn hielt, «o Tisch» zu sagen. Und diese Widerspenstigkeit, die Churchill einst in der Schule von tumben Schulmeisterlein übel angekreidet wurde, hat ihm später geholfen, die Nazis zu besiegen, lautet die 68er Botschaft.

Doch nicht jeder, der den Autoritäten auf den Teppich kotzt, ist auch schon ein Rebell. Die Schule als verlängerten Arm des Obrigkeitsstaates und den Lehrer als Hilfspolizisten des Staates gibt es schon lange nicht mehr, und an widerborstigen Schülern mangelt es nicht. Heute antworten Kinder einem Sportlehrer, der sie auffordert, die Turngeräte wegzuräumen, ihre Eltern hätten ihnen gesagt, dass sie sich so eine «Zumutung» nicht gefallen zu lassen brauchen.

Heute kann es vorkommen, dass ein Erstklässler mit Fäusten auf seine Lehrerin einschlägt und gleichzeitig, gut geschult von seinen Mittelstandseltern, schreit: «Du darfst mich nicht anfassen.» Heute müssen Lehrer aufpassen, dass sich nicht stets der rücksichtsloseste Rüpel gegen alle anderen durchsetzt. Heute bräuchten wir eine Diskussion darüber, ob das von der Wirtschaft geforderte Führungsmerkmal «Durchsetzungsvermögen» wirklich schon in der Schule trainiert werden muss.

Stattdessen überlegt man sich als Eltern, ob man seinen Kindern eigentlich einen Gefallen tut, wenn man sie zu Höflichkeit, Rücksicht und Freundlichkeit erzieht, während draußen der Konkurrenzkampf tobt und die Ellbogenmentalität die größten Erfolge feiert. Sind nicht Rücksichtnahme und Höflichkeit Wettbewerbsnachteile?

Wir ergrauten 68er, die wir vor dreißig Jahren fast gefahrlos bis nach Indien trampten, wir nehmen achselzuckend hin, dass unsere Kinder auf dem Schulhof, dem Schulweg, an der Bushaltestelle und in der Disco Angst haben vor Gewalttätern ihres Alters. Deshalb lassen mich die Kälte und der raue Umgangston in unserem Alltag nicht mehr kalt. Es ist an der Zeit, unsere seit einem Vierteljahrhundert unhinterfragten Ansichten über Erziehung zu überprüfen.

Man wird dann sehen, dass dieser Geist der alten Achtundsechziger nicht mehr zur total veränderten Realität in Elternhaus, Schule und Gesellschaft passt. Man könnte auch schon längst einsehen, dass man den von uns Achtundsechzigern so bezeichneten und geschätzten «Tabubruch» neu bewerten muss. «Tabubrecher», die aussprechen, was alle denken, aber sich nicht zu sagen wagen, genießen noch immer ein hohes Ansehen, weil wir einst gelernt hatten, es als heilsam und befreiend zu empfinden, wenn endlich einer kommt und das von allen Beschwiegene einfach ausspricht.

Aber welche Tabus sind eigentlich bei uns noch nicht gebrochen worden? Gibt es noch welche? Und was bringt es, hundertfach gebrochene Tabus immer weiter zu brechen?

Und was ist, wenn plötzlich einer wie Möllemann unterstellt, mancher Jude sei selber schuld am Antisemitismus? Dann kommt Leben in den braunen Bodensatz, dann hagelt es Parteieintritte, aber kaum Austritte, dann wird die Beleidigung als Tabubruch gefeiert, und es ist völlig egal, dass die 100 000 unter uns lebenden Juden, die gerade angefangen haben, neues Zutrauen zu fassen, entsetzt sind. Weil die Gedanken frei sind, meinen manche, auf den Gefühlen anderer herumtrampeln zu dürfen.

Angesichts solcher Ungeheuerlichkeiten wirkt es läppisch, sich über den Gebrauch des Wortes Scheiße zu erregen. Aber wer Kinder zu erziehen hat, muss ihnen ja irgendwie beibringen, dass man auf seine Wörter zu achten hat, denn der Widerstand gegen die Brutalisierung des Alltags beginnt mit dem Widerstand gegen die Brutalität der Sprache. Die Sensibilität für Sprache verkümmert in einer Welt der zu Slogans verkürzten Werbebotschaften und in einer Fernsehwelt, in der für komplizierte Sachverhalte maximal eine Minute und dreißig Sekunden zur Verfügung stehen.

Die Sprache verkümmert weiter, wenn Kinder vor Computer- und Videospielen geparkt werden, für deren Kommentierung die Wörter krass, cool, geil, genial, megaout oder Scheiße mehr als ausreichend sind. Das Unterscheidungsvermögen schrumpft in dem Maß, in dem der Wortschatz schrumpft, und dann kommt es eben so weit, dass ein heilsamer Tabubruch nicht mehr von einer Unheil stiftenden Beleidigung unterschieden werden kann. Sprache ist viel zu wichtig, um sie der Gosse zu überlassen. Inzwischen bin ich überzeugt, dass es zwei falsche Reaktionsweisen auf den kindlichen Gebrauch der Gossensprache gibt. Die erste besteht im unbegründeten Verbieten und Schimpfen. An dieser Reaktion merken Kinder oft erst, dass sie etwas Interessantes gesagt haben, und dann verbreiten sie es heimlich weiter, um sich damit bei den anderen interessant zu machen. Die zweite Reaktion besteht im gelassenen, bewussten Nichtreagieren. Das kann dazu führen, dass Kinder das Interesse am Gebrauch des anstößigen Wortes verlieren, kann aber auch den Eindruck erwecken, man heiße es gut. Besser und angemessener erscheint mir die dritte Möglichkeit: mit dem Kind ruhig und gelassen darüber reden, begründen, warum man dieses Wort nicht duldet.

Das Wort Scheiße, in einer hochsprachlich-anspruchsvollen Rede einmal gezielt gesetzt, kann eine ungeheure Wirkung entfalten. Darum werde ich es nicht ganz aussondern, nur aufbewahren, für den Notfall. Ich werfe es nicht weg, sondern stecke es, zusammen mit anderen, in den Giftschrank, um es in seltenen Bedarfsfällen herauszuholen.

VORBILDER

Der Soziologe Norbert Bolz schrieb vor einiger Zeit: «Das Heilsversprechen der Religion, die Utopie der Politik, das Bildungsideal des Humanismus – all das ist für uns historisch geworden. In diesen Traditionen stecken keine Modelle für eine postmoderne Lebensführung, sondern allenfalls Themen für Dissertationen.»[1] Damit verliere das Leben sein Werte-Korsett, seinen Außenhalt in großen Ideen und Institutionen, und daher seien «die Werte obdachlos geworden». Jeder müsse nun selbst entscheiden, wer er sei, Sinn werde zunehmend zur Privatsache.

Lässig, und im sicheren Gefühl, sich auf einen längst bestehenden Konsens zu berufen, schiebt Bolz also unausgesprochen die Kirchen, den Humanismus, die Parteien und Gewerkschaften – und mit ihnen deren Wertesysteme – ins Museum für ausgemusterte Ideen und Institutionen. In der Tendenz teilen wir seine Einschätzung. Was wir aber nicht teilen, ist die Nonchalance, mit der er seine Diagnose hinzunehmen scheint. Wir möchten nicht, dass die Werte ins Museum wandern, nur, weil sie kein Haus mehr haben. Obdachlose Werte sind immer noch besser als gar keine, und soweit diese Werte bereits im Museum verstauben, sollten sie von dort wieder zurückgeholt werden in unseren Alltag.

Ohne sie wird nämlich die Erziehung unmöglich. Ohne sie können wir unsere Kinder nicht mehr lehren, was gut und böse ist. Und auch alle anderen Unterscheidungen werden hinfällig. Es bleibt dann tatsächlich als letzte Orientierung gebende Realität nur noch der Markt. Dessen «Wertesystem» besteht aus ökonomischen Werten, und das ist der Nihilismus.

Die Folgen erleben wir in der täglichen Erziehungspraxis, in der verunsicherte Eltern «nicht mehr wissen, wie sie selber leben sollen und wollen, und ebenso wenig, was ihre Rolle ist. Wenn ein Drittel aller Neun- bis Zehnjährigen über ein eigenes Fernsehen verfügen, fast ebenso viele über einen Kindercomputer und fast zwei Drittel über einen Walkman, dann heißt das: Die Eltern haben die Erziehung ihrer Kinder an andere Instanzen abgegeben – womöglich, ohne dass es ihnen bewusst ist. Sie wissen nicht, was es heißt, Eltern zu sein»[2], sagt Hartmut von Hentig.

Auf zahlreichen unserer Lesungen haben Teilnehmer zutreffend bemerkt: Die Eltern, die hier sind, sind eigentlich nicht das Problem. Das Problem sind die, die nicht hier sind, die auf keinem Elternabend in der Schule erscheinen, die offenbar nie über Bildung, Erziehung, Schule nachdenken, die sich ganz aus dem öffentlichen Leben heraushalten und von der Schule oder anderen öffentlichen Einrichtungen auch nicht behelligt werden möchten. Oft sind deren Kinder ein Problem im Kindergarten und in der Schule, und anschließend werden sie in der Wirtschaft und der Gesellschaft zu einem Dauerproblem.

So wenig wie diesen Eltern bewusst zu sein scheint, dass sie nicht wissen, was es heißt, Eltern zu sein, so wenig scheint der Gesellschaft insgesamt bewusst zu sein, wie weit sie sich schon von der Wertegesellschaft abgewandt und zur Wertpapiergesellschaft entwickelt hat. Um diese Transformation zu stoppen und umzukehren, bedarf es zunächst überhaupt eines Problembewusstseins.[3]

Die Herausforderung und zugleich die unabdingbare Voraussetzung für ein friedliches Mit- und Nebeneinander von Menschen mit unterschiedlichen Überzeugungen ist der Konsens, dass niemand im Besitz der absoluten Wahrheit ist. Und wer meint, er sei in deren Besitz, muss dulden, dass andere ihm widersprechen. Er hat kein Recht, seine Wahrheit mit Gewalt durchzusetzen. Der Papst und mit ihm viele Katholiken leiden sehr unter dieser Friedens- und Toleranzpflicht des zur weltanschaulichen

Neutralität verpflichteten Staates, der beispielsweise in der Abtreibungsfrage nicht die katholische Morallehre zur Richtschnur seiner Gesetzgebung machen kann. Die Muslime verachten die westlichen Staaten dafür.

Aber gerade weil wir ja fast täglich erleben, wohin uns religiöser Fanatismus und weltanschauliche Intoleranz führen, ist der weltanschaulich neutrale Staat ein hoher Wert, den es zu verteidigen gilt. Ein friedliches Zusammenleben unterschiedlicher Kulturen ist nur möglich, wenn sich der Staat letzter weltanschaulicher Urteile enthält und diese jedem Einzelnen überlässt.

Der Preis, den wir für diese Freiheits- und Friedensgarantie zahlen, besteht darin, dass prinzipiell alles kritisierbar, diskutierbar, ja verhandelbar zu sein scheint. Darum können wir uns nur noch mit Mühe und Not auf ethische Mindeststandards einigen. Selbst diese werden nicht von allen anerkannt und haben darum auf Dauer kaum Bestand.

Ob dieses Dilemma überhaupt lösbar ist, wissen wir nicht. Die Aufgabe, eine Handlungsanleitung für die Verteidigung der Wertegesellschaft zu entwickeln, können wir nicht leisten. Das muss jedes Elternpaar für sich lösen.

Auch hier kommt es wieder auf die Familie an. Alles, was über ethische Mindeststandards hinausgeht, muss zunächst in der Familie verwirklicht werden. Die Familien sind es, welche die obdachlosen Werte von der Straße ins Haus holen können. Danach, falls dies geschieht, sollten diese Familien versuchen, mit ihren Vorstellungen in den öffentlichen Raum hineinzuwirken, Mitstreiter zu gewinnen und auf diese Weise kleinere oder größere Inseln zu schaffen, in denen mehr gilt als nur der Minimalkonsens.

Das ist schwierig, wird nie perfekt gelingen, wird dort, wo es gelingt, immer gefährdet sein, aber eine andere Lösung haben wir nicht. Und die Lösung, die an dieser Stelle immer gerne ins Spiel gebracht wird, ist keine. Sie lautet ungefähr so: Wenn wir uns schon nicht mehr auf gemeinsame Werte einigen können, dann brauchen wir wenigstens «geeignete Vorbilder».

Aber sowenig man Werte einfach verordnen kann, so wenig kann man «geeignete Vorbilder» aus dem Hut zaubern. Solche Vorbilder wären überdies genauso umstritten wie die Werte. Mit dem Versuch, Werte durch Vorbilder zu ersetzen, wird das Problem nur verlagert, aber nicht gelöst.

Schon im Jahr 1973 widmete der Schriftsteller Siegfried Lenz diesem Problem einen ganzen Roman: «Das Vorbild». Lenz erzählt darin die Geschichte zweier Pädagogen und einer Lektorin, die sich in Hamburg treffen, um für ein Schul-Lesebuch ein Kapitel «Lebensbilder – Vorbilder» fertig zu stellen. Die drei können sich nicht einigen. Als die Vorbildsuche zu scheitern droht, macht einer von ihnen einen scheinbar konsensfähigen Vorschlag: die Geschichte der Biologin Lucy Beerbaum, die nach dem griechischen Obristenputsch vom April 1967 in einen tödlich verlaufenden Hungerstreik getreten war, um sich mit ihren verhafteten griechischen Kollegen zu solidarisieren. Aus diesem Vorschlag, auf den sich die drei mit Mühe und Not einigen, wird auch wieder nichts. Der im Verlag zuständige Redakteur lehnt ab.

Pluralistische Gesellschaften können sich nicht mehr auf einen Wertekanon einigen, das liegt in ihrem Wesen begründet. Misslingt aber die Einigung auf bestimmte Werte, muss sie zwangsläufig auch bei den Vorbildern misslingen, denn deren Funktion ist es ja gerade, Heranwachsenden beispielhaft zu zeigen, wie sie bestimmte Werte vorgelebt haben.

Der Dissens besteht nicht nur in der Wahl der richtigen Vorbilder. Er beginnt schon viel früher und entzündet sich an der Frage, ob man Kindern und Jugendlichen überhaupt Vorbilder zur Nachahmung empfehlen soll. Denn zum einen sind auch Vorbilder nur Menschen mit vielen Fehlern, zum andern entwickeln sich Vorbilder, die wir bewundern, oft zu Helden, die wir kritiklos verehren. Auch wird Vorbild-Pädagogik als Teil der autoritären Zeigefinger-

Pädagogik empfunden, die man doch seit 68 überwunden zu haben meint. Seitdem kritisieren wir das Einschüchterungspotenzial unserer Persönlichkeitsriesen. Und schon lange wissen wir, dass so manches Elternvorbild oft nur bezweckt, die Kinder nach dem eigenen Bilde zu prägen – was bis heute ein häufiger Anlass für Familientragödien ist.

Schließlich ist viel Heuchelei im Spiel. Mahatma Gandhi, Mutter Teresa, Albert Schweitzer, diese Titanen der Beispielhaftigkeit, werden zwar seit Jahrzehnten immer als nacheifernswerte Persönlichkeiten genannt. Doch wenn das wirklich ernst gemeint ist, fragen wir uns, wo all diese Gandhis, Schweitzers und Teresas sind. Wir sehen sie nicht. Was wir stattdessen sehen, sind Persönlichkeiten des öffentlichen Lebens, die in der Politik, der Wirtschaft, Wissenschaft, Kultur und im Sport öffentlich Wasser predigen und heimlich Wein trinken. Daher wäre es schon ein Fortschritt, wenn die Weintrinker ihren Wein wenigstens öffentlich tränken und die Wasserprediger sich wirklich mit Wasser zufrieden gäben. Vorbilder hätten wir damit in ihnen aber noch nicht gefunden.

Die Vermittlung der richtigen Werte durch die Wahl der richtigen Vorbilder ist also eine ähnlich untaugliche Lösung wie der Versuch, Werte in der Schule zu unterrichten. Das Ergebnis dieses Dilemmas sind verunsicherte Eltern und auch Lehrer, die nicht mehr erziehen und aus ihrer Verunsicherung heraus nun völlig auf jegliche Wertevermittlung verzichten. Und das ist auch wieder falsch.

Die Alternative kann nur darin bestehen, den Kindern und Jugendlichen etwas Besseres zu geben als vorgefertigte Wertesysteme und Tugendgiganten samt der Ermahnung, ihnen nachzueifern. Dieses Bessere müssen wir gar nicht erfinden, wir haben es schon – in uns selbst.

Wir selbst sind das Hauptvorbild und die für die Vermittlung von Werten zuständige Hauptinstanz. Was wir ihnen vorleben, das werden – jedenfalls zunächst, später kann es sich ändern – die Werte unserer Kinder sein.

Das heißt aber nicht, dass Eltern ihre Kinder ständig pädagogischen Programmen unterziehen sollen, das gerade nicht. Hentig kritisiert, dass die Kindheit heute von zu vielen Eltern zu sehr pädagogisiert wird. «Immer mehr Erwachsene filtern ihre Taten und Äußerungen gegenüber den Kindern durch das, was sie als ‹die richtige Erkenntnis von der Pädagogik› zu haben meinen; sie agieren und reagieren nicht spontan, nicht aufgrund dessen, wovon sie selber überzeugt sind, was sie selber erfahren haben und was sie darum ‹empathisch› – einfühlsam – beurteilen können»[4], stattdessen wenden sie die jeweils neueste wissenschaftliche Erkenntnis an, die sie gerade in *Psychologie heute* gelesen haben, oder erproben das soeben im neuesten Erziehungsratgeber Gelesene an ihren Kindern.

Auch bewusstes Vorbildsein ist nicht gefragt. Eher umgekehrt: Die Eltern sollen sich bewusst machen, dass sie in dem, was sie reden und tun und unterlassen, und wie sie es tun, sowieso immer schon Vorbild sind für ihre Kinder. Wie man liebt, redet, denkt, handelt, Probleme löst, Konflikte austrägt, gewinnt, verliert, trauert, sich freut – dies alles lernen die Kinder zuerst am Beispiel der Eltern.

Oder Großeltern. Dass man's eventuell auch anders machen kann, erfahren sie erst später.

NACHWIRKUNGEN EINER GROSSMUTTER

Mein ganz persönliches Kinderparadies lag in der kleinen Dachwohnung meiner Oma. Zwei- oder dreimal die Woche – und fast immer samstags – packte ich meine Schul- und Anziehsachen, nahm Hund Teddy an die Leine und zog zu meiner Großmutter. Den Fünf-Minuten-Gehweg zu ihrer Wohnung legte ich meistens hüpfend zurück.
Was für meinen Mann der Samstagabend-Badetag mit dem Radioprogramm des Bayerischen Rundfunks[1] war, war für mich die Wohnung meiner Oma. Dort wurde mein Rundum-sorglos-Paket geschnürt.
Alles war anders als bei meinen Eltern. Es fing schon damit an, dass meine Großmutter mich fragte, was ich essen wollte. Und immer – das war das Ritual – antwortete ich: Italienisches Essen. Italienisches Essen – das waren Spaghetti mit Tomatensauce – gab es zu Hause nur, wenn mein Vater nicht da war, und das geschah ziemlich selten. Ansonsten wurde gegessen, was auf den Tisch kam, zum Beispiel Nieren-Omelette und andere schreckliche Dinge. Meine Großmutter aber kochte Spaghetti, sooft ich es wünschte. Also immer. Etwas anderes hätte sie auch in Verlegenheit gebracht, denn meine Großmutter konnte gar nicht kochen. Hatte sie nie gelernt, so wenig wie meine Mutter. Und sowenig wie ich. Das scheint auch eine Art Familientradition zu sein.
Erst im Alter lernte meine Großmutter, ein paar leichte Gerichte zuzubereiten: Außer Spiegeleiern waren das noch etwas merkwürdige Schnitzel mit Sardellen drauf, die sie «à la Holstein» nannte und auf die ich verzichten konnte, «Hühnerklein» mit

Reis und besagtes «italienisches Essen», das bei meiner Großmutter seltsamerweise «Pasta asciutta» hieß. Und das mit einer Tomatensauce von heute wenig gemein hatte. Denn es wurden – wenn ich mich recht erinnere – keine Dosentomaten verwendet und natürlich erst recht keine frischen –, sondern Tomatenmark und Ketchup mit Sahne und etwas Bouillon verrührt, immerhin aber mit Oregano gewürzt. Es schmeckte himmlisch.

Der Hund bekam auch seinen Teil von unserem Mahl und war damit sehr zufrieden. Darüber hinaus wurde er mit kleinen Wohltaten wie Hundekuchen oder Kauknochen verwöhnt und durfte beim Fernsehen auf dem Sofa fläzen – eine Bequemlichkeit, die ihm bei meinen Eltern unter Strafe verboten war. Ich staunte immer, dass er – obwohl sonst recht töricht – nie verwechselte, wo welche Regeln galten.

Zwar legte meine Großmutter ja größten Wert auf Bildung, aber ich durfte bei ihr immer abends fernsehen, was bei meinen Eltern völlig unmöglich war. Wir zwei machten es uns dann vor allem samstags abends gemütlich. Am liebsten guckten wir «EWG» («Einer wird gewinnen») mit Kulenkampff. Den mochte meine Großmutter zwar, tadelte aber regelmäßig seinen ersten langen Auftritt, bei dem er sich viel zu gern selber reden hörte, wie sie meinte. «Ein Schwätzer!», sagte sie dann. «Aber charmant!»

Ihr Urteil war immer sehr klar und meistens gnadenlos. Victoria Voncampe fand sie hübsch und fein, Grzimek liebte sie trotz seines Näselns wegen der Tiere, und Werner Höfer schätzte sie als politischen Kopf. Sonst ließ sie nicht viele gelten: «Alles was schielt oder einen Sprachfehler hat, geht offenbar zum Fernsehen!», sagte sie.

Gab es kein «EWG», sahen wir «Pater Brown» mit Heinz Rühmann oder «Maigret» mit Rupert Davies. Oder einen dieser großartigen Schwarzweißfilme, die meine Großmutter alle schon kannte und die sie auch für mich gut fand. Ob die «Zwölf Geschworenen», «Liebe am Nachmittag» mit Audrey Hepburn,

«High Noon», «Casablanca» oder «Zeugin der Anklage» – alle diese Filme haben wir uns gemeinsam angesehen, und davon zehre ich noch heute.

Hinterher lag ich im Bett meiner Großmutter, spielte den ganzen Film noch einmal nach und küsste Gary Cooper in meinem Kopfkissen mit der ganzen Leidenschaft meiner zehn oder zwölf Jahre, während nebenan die Schreibmaschine klapperte. In den Nachtstunden pflegte meine Großmutter nämlich ihre umfangreiche Korrespondenz mit unzähligen Verwandten und Bekannten zu erledigen. Ein tröstliches Geräusch! Während ich mich zu Hause immer ein bisschen fürchtete, weil ich mutterseelenallein in einem riesigen Zimmer lag – weitab von den Wohnräumen der Eltern. Ich wagte nicht, dem dunklen Zimmer den Rücken zuzudrehen, weil ich nicht sicher sein konnte, was dann geschah. Ja, ich zwang mich sogar, die Augen offen zu halten, damit ich die Kontrolle über die Gegenstände nicht verlor, bis ich dann doch – trotz der Furcht – rätselhafterweise irgendwie das Bewusstsein verlor. Ich schlief also bei meiner Großmutter schon ein, wenn ich nur die alte Adler hörte und den kleinen Lichtschein unter der Tür sah. Und bis heute finde ich nichts beruhigender als einen Menschen, der nachts beim Schein einer kleinen Lampe auf einer Schreibmaschine oder der Computertastatur herumklappert.

Morgens weckte mich meine Großmutter für die Schule und hatte schon ein Frühstück gemacht – auch das genoss ich, weil ich zu Hause immer allein frühstückte, denn die Eltern standen erst gegen acht auf. Und sonntags spielten wir zusammen «Berühmte Männer» oder legten Patiencen, bis der «Frühschoppen» mit Höfer kam.

Nebenbei aber erzählte mir meine Großmutter aus ihrem Leben, das ein Leben aus einer anderen Welt war: von der schönsten und großartigsten aller Städte, Dresden, das die Engländer in Schutt und Asche gelegt und unwiderruflich für alle Zeiten zerstört hatten. Eine Geschichte, die ich auch oft von meiner Mutter gehört hatte, die mit meinen beiden Schwestern im Kinderwagen und einer dritten im Bauch aus der brennenden Stadt geflohen war, während links von ihr die Kuppel der Frauenkirche im Feuersturm in Flammen stand und jede Minute einzustürzen drohte und meine Mutter versuchte, die Kinder mit einer Decke vor den sprühenden Funken zu schützen. Meine älteste Schwester – damals vier und bei dem Baby im Wagen sitzend – träumt noch heute von den Brandlöchern in der Decke, die ihr in immer größerer Zahl die Sicht auf brennende Häuser und schreiende Menschen freigaben.

Die Geschichte meiner Mutter war eine Fluchtgeschichte. Meine Großmutter aber konnte nicht fliehen, weil es noch ihre alte Mutter gab, die sie nicht im Stich lassen wollte. Und sie erzählte, wie sie alles beobachtete, was damals noch geschah: wie die brennenden Menschen zum Elbufer hinunterrannten, um sich ins Wasser zu werfen, und wie dann die Tiefflieger kamen und aus nächster Nähe die lebenden Fackeln mit ihren MGs abknallten. Noch im Wasser haben sie sie erwischt – es ist ihnen kaum einer entkommen.

Alles Zivilisten, sagte meine Großmutter. Frauen, alte Männer und Kinder. Natürlich war das die Rache für unsere Bomben. Aber mussten die Engländer ein Verbrechen mit einem Verbrechen vergelten?

Von uns war keiner ein Nazi, sagte sie. Kein Einziger. Meine Mutter hatte sogar ihre erste Verlobung lösen müssen, weil der Frauenarzt, in den sie so verliebt war, in die Partei eingetreten war. Später war sie froh darüber, «weil er sowieso viel zu alt» für sie gewesen war. Aber Nazis, das war für meine Familie mütterlicherseits, die Dresdner, der Pöbel schlechthin. Mit solchen Leuten machte man sich nicht gemein, und Hitler verachtete man. Und meine Urgroßmutter – so erzählte die Großmutter – habe die ganze Familie in Gefahr gebracht, weil sie im Theater bei

Don Carlos' Worten «Sire, geben Sie Gedankenfreiheit!» als Einzige laut und wie wild zu klatschen begonnen habe und niemand eingefallen sei, sondern alles einige Sekunden wie erstarrt gewesen sei – auch die Schauspieler auf der Bühne. Und meiner Großmutter, die dabei war, ist der Angstschweiß ausgebrochen. Übrigens waren auch die Gersters – meine Familie väterlicherseits – keine Nazis, sondern «ordentliche Leute», die das Zentrum wählten und Hitler ablehnten, weil sich die Nazi-Ideologie mit einem wirklichen, gelebten und tief empfundenen Katholizismus nun mal überhaupt nicht vertrug. Das vergaß meine Großmutter nie zu erwähnen. So fremd – und auch ein wenig provinziell – das katholische Mainzer Milieu den weltläufigen protestantischen Dresdnern auch war – eines verband die beiden Familien: die sehr selbstbewusste liberal-konservative Bürgerlichkeit.
Die Werte, die meine Großmutter vertrat, waren sämtlich preußische Tugenden, die ohne Abstriche und in durchaus rigider Form an uns weitergegeben wurden. «Korrektheit» war sozusagen der Schlüsselbegriff für Avia, wie sich meine Großmutter immer selbst nannte, etwa auf ihren berühmten, weil sehr witzigen und bis zum Rand voll getippten Postkarten an uns – wo immer wir waren. Natürlich fanden wir es nur peinlich, unsere Großmutter «Avia» zu nennen, und quälten sie daher bis ans Ende ihrer Tage mit der ihr furchtbaren, ordinären «Oma». Korrekt sein, das bedeutete, auch ein glücklich von der Straße geklaubtes Fünf-Mark-Stück zum Fundbüro tragen zu müssen, von wo wir es dann Wochen später wieder abholen durften, weil natürlich niemand den Verlust gemeldet hatte. Selbst meine Mutter fand dies übertrieben. Zudem hatte die pädagogische Maßnahme meiner Großmutter den zweifelhaften Effekt, dass wir fortan, wenn wir Geld fanden, dieses einsteckten und weiter kein Aufhebens davon machten. Es handelte sich allerdings auch nie um größere Scheine …

Dennoch muss ich die Maxime, mir nichts Fremdes einfach anzueignen, verinnerlicht haben, denn als mein Sohn Moritz letzte Woche freudestrahlend mit einem Zehn-Euro-Schein auftauchte, den er auf der Straße gefunden hatte, befahl ich ihm sofort, das Geld aufs Fundbüro zu bringen. Worauf er mich ungläubig anstarrte und sagte, der Vater habe ihm schon erlaubt, das Geld zu behalten. Schwierige Situation. Ich sagte, das sei aber nicht korrekt. Darauf er: Bis 10 Euro dürfe man gefundenes Geld behalten, habe der Papa gesagt. Hm und soso, sagte ich und gab auf.

Ein anderes Beispiel der Korrektheit meiner Großmutter gab mir mein Onkel, lange nach ihrem Tod. Als ich ihn in Venezuela besuchte, wo er nach dem Krieg und dem Verlust der Heimat ein neues Leben als Chirurg begonnen hatte, erzählte er mir von seiner Flucht aus Dresden, zusammen mit meiner Großmutter. Das war drei Jahre nach der Bombennacht und dem Feuersturm. Die gesamte Familie hatte alles an Häusern und Besitz verloren und verließ peu à peu die zerstörte Stadt, nur mit dem, was sie am Leibe trug. Die Urgroßmutter war inzwischen gestorben, und meine Großmutter brach drei Jahre nach der Zerstörung mit dem Neffen nun auch in Richtung Westen auf. An den Kleidern und Unterröcken hatte sie einigen Schmuck, alle Broschen und Nadeln befestigt, die unterwegs bei den Bauern Stück für Stück gegen ein Stück Butter und ein Brot, eine Tasse Milch umgesetzt wurden. Zwei Zentimeter Butter gab es für eine Brillantbrosche, zum Beispiel. Die Bauern machten das Geschäft ihres Lebens mit den armen, hungernden, ausgebombten Großstädtern.

Mein Onkel nun hatte einem Bauern die teure alte Uhr seines Vaters verkauft und dafür etwas mehr zum Essen erhalten als üblich. Nach ein paar Kilometern erzählte er meiner Großmutter triumphierend, dass die Uhr kaputt gewesen sei, was der dumme Bauer in seiner Gier nicht bemerkt habe.

«Und was tat deine Großmutter?», fragte er mich als weit über

Sechzigjähriger noch mit vor Erregung vibrierender Stimme. «Sie zwang mich, all die Kilometer zu dem Bauern zurückzugehen und die Uhr wieder einzulösen, stell dir das vor! Und sie war unerbittlich. ‹Betrug ist Betrug›, sagte sie. ‹Du gehst und gibst dem Mann alles zurück, was du für die Uhr bekommen hast. Sonst spreche ich niemals mehr ein Wort mit dir.›»
Das war meine Großmutter.

Natürlich erzählte sie mir auch von ihrer Ehe, die eigentlich nur aus einer Hochzeitsreise bestanden hatte. Danach war mein Großvater ins Feld zurückgekehrt. Doch meine Mutter war schon entstanden und wurde geboren, und dann kam der junge Vater noch einmal, um sein Kind zu sehen, und dann nie mehr. Er galt als vermisst, gehörte zu jenen, die noch in den letzten Tagen des Ersten Weltkriegs in Frankreich fielen. Jahrelang reiste meine Großmutter dorthin, um nach ihm oder seinem Grab zu suchen. Vergeblich.
Aber – fast bin ich versucht zu sagen «natürlich» – meine Großmutter sah nie mehr einen Mann in ihrem Leben an. *Ihm* hatte sie gehört, ihm die Treue geschworen, und diese Treue hielt sie ihr langes Leben lang – trotz mancherlei Chancen auf eine spätere «gute Partie». Immerhin war sie eine schlanke, hoch gewachsene, sehr gut aussehende Frau.
Und für den Rest ihres Lebens trug sie schwarze Trauerkleidung, im ersten Trauerjahr sogar einen Schleier. Natürlich wurde sie innerhalb der Familie oft gefragt, warum sie ihr «Trauer-Soll» so übererfülle. Das habe mit einem «Soll» nichts zu tun, hat sie geantwortet, sondern eher etwas mit Schutz, «man möchte von keinem Mann angesprochen werden.» Und warum Treue über den Tod hinaus? Mehr als Treue bis in den Tod sei schließlich von niemandem verlangt. «Das mag so sein», sagte sie, «aber was von mir zu verlangen ist, bestimme ich selbst.»
Ach, hätte sie nur wieder geheiratet!, klagte meine Mutter indes

ihr ganzes Leben, hätte ich nur einen Vater gehabt! Hätte sie nur nicht diesen Treuewahn gehabt – auf meine Kosten! Wäre ich nur nicht mit diesem Idealbild von Vater und Mann aufgewachsen, dem kein wirklicher Mann je genügen konnte! Dann wären auch mein Leben und meine Ehe ganz anders verlaufen, sagte sie. Aber das ist wieder eine andere Geschichte.

Ich hörte mir das alles aufmerksam an, stand mit großen Augen dabei, merkte, wie absolut die Werte meiner Großmutter waren, und wie sie schon von meiner Mutter relativiert, konterkariert und umgewertet wurden. Zwar fand ich meine Mutter menschlicher und erdennäher und deshalb oft verständlicher als meine Großmutter, aber die größere Autorität, das war zweifelsfrei die Großmutter.

Und so hörte ich auch auf sie, als sie mir ihre Ansichten über das Verhältnis der Geschlechter vermittelte. Obwohl mir mit 12, 13 Jahren durchaus bewusst war, dass sie mit ihren Ansichten in der damaligen Zeit schon ziemlich danebenlag. Das Wichtigste für ein Mädchen, für eine Frau ist der Stolz, war die zentrale Botschaft. Sich niemals etwas «vergeben», gar einem Mann – horribile dictu – «nachlaufen», das war das Letzte. Und wenn die Liebe noch so groß ist.

«Mach dich rar», riet sie mir, als sie mich einmal nach der Schule in einem Pulk von Jungen vor der Eisdiele entdeckte. Ein Mädchen, das immer dabei ist, zählt bald nicht viel. Natürlich lachte ich sie aus, und der Familientisch mit Eltern und Bruder, an dem ich die Szene (in Abwesenheit meiner Großmutter) zum Besten gab, lachte ebenfalls über diese Ratschläge von «vorgestern».

Tief im Innern aber beschlich mich ein schamvolles Gefühl von Verrat, als ich sie so dem Gelächter preisgab. Und intuitiv ahnte ich, die ich die sexuelle Revolution damals noch vor mir hatte und weidlich auslebte und jede Gehirnwendung der beginnenden Emanzipation dachte und nachvollzog, dass in dem stock-

konservativen Gerede der alten Dame ein nicht unwesentlicher Wahrheitskern enthalten war. Und vielleicht kann man diesen Wahrheitskern als eine Art weiblichen Selbstschutz bezeichnen, dessen man im Umgang mit dem anderen Geschlecht durchaus zuweilen bedarf. Aber wahrscheinlich muss eine Frau diese Erfahrungen immer selber machen.
Die andere zentrale Botschaft: Man darf nie mit einem Menschen spielen. Und das hieß: nie Gefühle erwecken, die man zu erwidern nicht bereit war. Auch dies eine Lehre aus dem 19. Jahrhundert, für die ich in meinem Leben so recht keine Verwendung fand. Oder vielleicht doch? Es war dies der Appell an die Ernsthaftigkeit auch in Liebesdingen, und ernsthaft bin ich – trotz allen sexuellen Leichtsinns später – eigentlich schon geworden.
Mit diesem Maßstab betrachtete meine Großmutter auch die Literatur. Anna Karenina und Emma Bovary, die ich beide nur vom Hörensagen kannte, konnten ihrem Schicksal nicht entgehen; es lag sozusagen in der Natur der Sache, und das hieß: ihrer Taten. Ja, sie ließ keinen Zweifel daran, dass es für Ehebruch keine Entschuldigung gibt. Doch bei Effi Briest – die hatte ich mit 14 immerhin selbst gelesen – hörte mein Verständnis auf. Obwohl sie Effi angeblich auch liebte, brachte es meine Großmutter doch tatsächlich fertig, Herrn von Instetten zu verteidigen! Er konnte nicht anders handeln, pflegte sie im Ton endgültiger Wahrheit zu sagen. Worauf meine Mutter in den gewohnten Entrüstungssturm ausbrach und voll Abscheu ausrief: «Dieser Kerl, der die Mutter nicht bekommen konnte und dann der Tochter das Leben zur Hölle macht!» Da hatte sie Recht. Instetten war mir ein Gräuel. Das Inbild von einem hassenswerten Mann. Doch meine Großmutter blieb stur bei ihrer Meinung. Und behauptete sogar, Fontanes *Sympathie* gehöre zwar Effi, aber seine *Billigung* finde sie nicht. Für den armen Instetten aber – sie sagte tatsächlich immer «der arme Instetten!» – habe Fontane großes Verständnis gehabt. Meine Mutter und ich waren empört.

Einige von diesen Regeln und Botschaften aus dem vorvergangenen Jahrhundert müssen sich jedoch in mir verhakt haben. Denn als mir meine 12-jährige Tochter ihren ersten Liebeskummer gesteht, weil der Junge, den sie mag, nicht anruft, sage ich ganz spontan, dann vergiss ihn, ruf nicht an, lauf ihm auf keinen Fall nach. Sei stolz. Und dann sehe ich das ungläubige Gesicht meiner Tochter, erschrecke über den konservativen Scheiß, den ich von mir gebe, und stammele: nur zu deinem Selbstschutz … damit er dir nicht wehtut. Aber wenn du leidest, füge ich dann pflichtschuldigst hinzu, dann solltest du vielleicht doch versuchen, mit ihm zu reden.

Auf den nahe liegenden Gedanken, dass vielleicht der Junge unsicher sein könnte und auf ein Zeichen von *ihr* wartet, kommt erst der Vater.

Und dann erzähle ich der Tochter von meiner Großmutter und ihrem Leben und meiner Mutter, die schon ganz anders lebte, und schließlich von meiner Jugend und den damals aufeinander prallenden Werten und Überzeugungen. Ich erzähle von den Ideen von 68 und dass ich damals gerade 13 war. Dass mein Bruder wegen Revoluzzertums und «Nestbeschmutzung» von der Schule flog und meine Eltern am Mittagstisch die Sexualtheorien von Sigmund Freud abhandelten. Dass ich wohl mehr über Neurosen und sexuelle Frustrationen und Komplexe wusste als irgendein anderes Kind meines Alters, aber eben doch noch ein Kind war und sehr verwirrt. Denn gleichzeitig hatte ich ja auch noch die alten und altmodischen Gedanken meiner Großmutter im Kopf und den Beichtspiegel der katholischen Kirche.

Zu den Werten und Tugenden, wenn so ein unzeitgemäßes Wort hier erlaubt ist, die meine Großmutter uns vorlebte, gehörte ein – für ihre Herkunft ungewöhnliches – soziales Verantwortungsgefühl. Schon ihre Berufswahl fiel für eine «höhere Tochter aus gutem Hause» derart aus dem Rahmen, dass sie in der damaligen Verwandtschaft Stirnrunzeln bis blanke Ablehnung hervorrief:

Sie wurde nämlich Sozialarbeiterin – «Fürsorgerin» hieß das damals – und marschierte bei zarter Gesundheit 28 Jahre lang in Wind, Regen und Kälte zu Fuß durchs Dresdens Vorstädte, Arbeiter- und Armenviertel, um sich um Kriegerwitwen, Waisenkinder, ledige Mütter und Prostituierte zu kümmern. Bis sie den Beruf 1948 «wegen Erkrankung und Erschöpfung» aufgab und in den Westen übersiedelte zur Familie ihrer einzigen Tochter.

Sie erzählte mir manchmal von ihrem Alltag in diesem Beruf. Von Müttern, deren Kinder zwar vor Dreck strotzten, die aber liebevoll und herzlich mit diesen umgingen, und von anderen, bei denen alles blitzblank war, aber der Riemen, mit dem die Kinder gezüchtigt wurden, über dem Stuhl hing. Von ihr lernte ich staunend, dass es Frauen gab, die ihr Geld mit Herrenbesuch verdienten, und dass ihr eine auf die Frage, wer denn der Vater ihres Kindes sei, entrüstet geantwortet habe: «Nu, soo intim worn wer nu ooch wieder nisch.»
Sie erzählte auch, wie unangenehm es ihr gewesen sei, wenn sie mal ins Theater ging und dabei auf der Straße von einem ihrer Schützlinge in elegantem Kostüm und Mantel «erwischt» wurde. Es waren Geschichten, die ich aufsog wie die Märchen aus Tausendundeiner Nacht. Aber diese Geschichten fand ich viel interessanter, denn die Erzählerin hatte sie ja selbst erlebt. Und da sie meine Großmutter war, hatten sie auch etwas mit mir zu tun.
Auch später ging meine Großmutter – sehr zum Unwillen meiner Mutter – an keinem Betrunkenen vorbei, ohne sich um ihn zu kümmern. Sie fragte sie aus, wo sie wohnten, und erbot sich, wenn ihr eine halbwegs verständliche Antwort zuteil wurde, ihnen nach Hause zu helfen. Vor allem nachts, wenn sie zur Entlastung der Familie den Hund ausführte und es kalt war, rief sie die Polizei oder die Ambulanz, damit der arme Mann nicht erfror und seinen Rausch in einer warmen Zelle ausschlafen konnte.

Auch für Tiere und deren Wohlergehen setzte sie sich ein. Aber das war sowieso Familientradition. Oft erzählte meine Großmutter die Geschichte der Tante Anneliese, ihrer Cousine, die noch als alte Dame mit erhobenem Stock wie eine Furie auf einen Dresdener Kutscher losging, der sein Pferd geschlagen hatte. Und sie selbst stritt sich jahrelang mit den Behörden herum, verfasste Briefe und sammelte Geld, bis endlich dem armen einsamen Wolf, der sein tristes Dasein in einem kleinen Käfig des Wormser Zoos fristete, eine Gefährtin beschafft und die Zelle erweitert wurde.
Ja, die Tiere. Sie spielten eine große Rolle in der Familie. Und ein besonders kluger Pinscher aus dem 19. Jahrhundert namens Hüti, der dem Urgroßvater Hausschuhe und Zeitung zu bringen wusste, nebst einem Kater, der im Bücherregal mit dem Kopf auf der Bibel zu ruhen pflegte, sich aber auch gern auf ganz frisch gebügelte Wäsche bettete, waren mir als Persönlichkeiten der Familiengeschichte mindestens so vertraut wie Onkel und Tanten. Die Tiere, mit denen man die Wohnung teilte, galten als im Prinzip gleichberechtigte Wesen. Man schätzte sie umso mehr, je individueller und eigensinniger sie sich gebärdeten. Und lachte Tränen über sie.
Der Fürsprache meiner Großmutter ist es zu danken, dass meine älteste Schwester mit 14 ihren ersten Hund bekam, just zu der Zeit, als ich als Nr. 5 auf die Welt kam. So kam es, dass ich als Baby mit einem Mittel-Schnauzer-Bruder aufwuchs, dem ich innig verbunden war.
Kein Wunder also, wer der Hausheilige in Dresden war. Der Dichter, der von Mutter und Großmutter mit Abstand am meisten zitiert und rezitiert wurde und dessen Verse und Reime ich sozusagen mit der Muttermilch aufgenommen habe, war Christian Morgenstern. Seine Gedichte von Palmström und Korf, vom Zwölfelf und vom Gingganz, von Palma Kunkel und dem Raben Ralf waren gewebt aus philosophischer Einsicht, Liebe

und Humor. Und das weckten sie bei uns: Liebe und Humor und das Vergnügen an absurdem Tiefsinn!
Aus der Bibel hingegen lernte ich zu Hause: nichts. Fromm war ein Adjektiv, dass ich automatisch mit einer Konnotation von unbedarft, töricht, schlichten Geistes etc. verband. Wenn es Gott tatsächlich gibt, warf meine Großmutter in jede Glaubensdiskussion am Esstisch ein, dann klopfe ich nach meinem Tod dreimal an die Decke. Damit war jedes ernsthafte Gespräch ad absurdum geführt und endete in ironischem Gelächter, worüber sich mein damals noch katholischer Vater, der immerhin einmal Priester werden wollte, nicht wenig grämte. Der Spruch stammte übrigens schon von meiner Urgroßmutter, und natürlich hatte man schon vergeblich auf ihr Klopfen gewartet. Und später versprach auch meine Mutter zu klopfen, aber da hatten wir die Hoffnung auf ein Wunder eigentlich schon aufgegeben. Man war protestantisch und hing an seiner Kirche («weil sie ja doch eine Menge Gutes tut!»), bezeichnete sich aber selbstverständlich als «nicht gläubig» – allenfalls agnostisch, und das hieß so viel wie «man weiß es nicht». Aber auch das nur aus pädagogischen Gründen. In tiefster Seele sind wir alle Ketzer, sagte meine Großmutter und erzählte mir bei dieser Gelegenheit sogleich recht anschaulich, welch grässliches Ende es mit den Ketzern allesamt genommen hatte.
Und wenn du stirbst, und es gibt doch einen Gott, was machst du dann?, fragte ich sie. Dann muss ich eben in der Hölle schmoren, sagte meine Großmutter in dem sarkastischen Tonfall, den sie nur bei religiösen Gesprächsgegenständen anschlug. Wenn sie dann aber mein entsetztes Gesicht sah, lenkte sie ein und meinte versöhnlich: Der liebe Gott wird schon nicht so kleinlich sein und mich vielleicht davonkommen lassen. Das beruhigte und bestärkte mich in der Zuversicht, dass dieser großmütige und großzügige Gott meiner ungläubigen Großmutter der eigentlich wahre ist.

Die bei uns Kindern aber beliebteste ihrer vielen guten Eigenschaften war zweifellos ihre große Begabung, zu schenken. Sie schenkte mit Phantasie, Geschmack und Sorgfalt. Und grenzenlos großzügig.
Und nebenbei lehrte sie uns, die Geschenke anderer zu achten und ausführlich dafür zu danken, auch wenn das ausgesprochen lästig fiel. Sie zwang uns, bei Dankesbriefen an die Verwandtschaft einzeln aufzuführen, womit wir bedacht worden waren, und dazu jeweils einen Ausdruck der Begeisterung oder zumindest großer Freude und Dankbarkeit zu setzen. Selbst wenn es sich um ein Geschenk wie das Porträt des Papstes Paul VI. handelte, das das Kommunionskind Petra von einer der katholischen Tanten erhalten hatte und bei dem selbst meine Großmutter keine Freude mehr hätte heucheln können.
Sie selbst hielt jedoch alles in Ehren, womit sie je beglückt wurde – auch die größten Scheußlichkeiten. Ein Strauß Plastikblumen, vom Enkel auf dem Jahrmarkt geschossen, blieb ebenso über die Jahre erhalten wie alle unsere kindlichen Machwerke, die meine Mutter immer schon nach einem Jahr unauffällig verschwinden ließ. Und wenn sich ein seltener Besuch bei meiner Großmutter ankündigte, dann konnte der sicher sein, sein vor 20 Jahren geschenktes Meißner Tellerchen mit Gebäck gefüllt auf dem Tische vorzufinden.
Bei Kindergeburtstagen war sie für die Gewinne zuständig, die immer etwas ganz Besonderes waren – zum Beispiel chinesische oder japanische Muscheln, die, in ein Glas Wasser geworfen, über Nacht die herrlichste Wasserblüte gebaren. Oder einen Apfel aus Schokolade, der in sechzehn Spalten auseinander fiel, wenn man ihm mit der Faust einen Schlag verpasste.
Auch das Eis, das es zu vorgerückter Stunde für die Geburtstagsgesellschaft gab, war Sache der Großmutter. Einmal hatte sie aus Versehen ein Eis zu wenig gekauft. Dann bekommt die Lütte eben kein Eis, befand sie ganz trocken. Und sah mich mit Adler-

augen an: Nicht wahr, es wird dir nicht schwer fallen, als Gastgeberin zu verzichten! Und obwohl meine kleinen Freundinnen halbherzig daran erinnerten, dass ich doch das Geburtstagskind sei, wagte ich keinen Einwand. Ich wusste, dass er zwecklos wäre. Und tapfer lächelnd saß ich vor meinem leeren Teller, sah den andern beim Eisessen zu und fühlte mich von Minute zu Minute besser.
Natürlich wurde ich abends gelobt und anderntags großartig entschädigt. Durfte mit der Großmutter ins Eiscafé und Kuchen *und* Eis bestellen, das gab's sonst nie.
Aber, so überlege ich jetzt, würden wir unseren Kindern einen solchen Verzicht zumuten? Obwohl es lächerlich erscheint: Ich denke nicht. Wahrscheinlich würde ein ziemliches Bohai gemacht, und einer der Eltern würde sich sofort wieder ins Auto setzen und Ersatz schaffen. Und so das Kind um eine wertvolle Erfahrung bringen. Ja, da bin ich mir sogar ziemlich sicher.
Ich habe niemals mehr einen Menschen getroffen, der sich so sehr um Gerechtigkeit bemühte wie sie. Womit sie uns entschieden auf die Nerven ging. Denn jeder Mensch, den wir in irgendeiner Form angriffen oder beschuldigten – Lehrer, Mitschüler, unfreundliche Erwachsene um uns herum –, konnte ihrer Verteidigung sicher sein. Selbst wenn alles zu unseren Gunsten sprach, so war sie nicht bereit, uns Recht zu geben, solange sie die andere Seite nicht gehört hatte: «Audiatur et altera pars» war ihr Leitspruch, und sie lebte danach.
Als ich einmal als Fünfjährige im Krankenhaus lag, weil mir der Blinddarm entfernt worden war, und sehr über eine bitterböse Schwester klagte, die mich armen Wurm mit ihrer Verachtung strafte, da vermutete meine Großmutter sofort, dass diese Frau wahrscheinlich Sorgen habe, sich nicht wohl fühle etc. Das konnte und kann ich bis heute nicht ganz akzeptieren, aber die Art zu denken verblüffte und beeindruckte mich schon damals. Und manchmal versuche ich auch selbst, jemanden zu verste-

hen, der mir offensichtlich nicht freundlich gesinnt ist, aber es fällt mir verdammt schwer.

Es ist meiner Großmutter daher nicht ganz gelungen, diese Maxime an uns weiterzugeben. Schon meine Mutter war groß darin, sehr rasch ihre Urteile und Werturteile zu fällen, und auch ich habe gewöhnlich wenig Hemmungen, jemanden ein Arschloch zu nennen, den ich dafür halte. Darüber wäre meine Großmutter entsetzt, denn Gossensprache verabscheute sie. Und die ist ja aus noch ganz anderen Gründen nicht gut – siehe das vorletzte Kapitel.

Meine Großmutter war auch ein politischer Mensch. Konservativ zwar, aber auch sehr liberal. Die Kirchlichen mochte sie nicht und die Roten auch nicht. Blieb nur die FDP. Die FDP war damals die Partei der geistig Unabhängigen, befanden Eltern und Großmutter. Als sich mein Bruder anschickte, in die SPD einzutreten, da versuchte sie tatsächlich, ein Machtwort zu sprechen. Als das nichts fruchtete, griff sie in ihrer Verzweiflung zum Äußersten: Sie versuchte, ihn mit Geld von seinem Vorhaben abzubringen. Eine nicht unbeträchtliche Summe sollte er erhalten, wenn er nicht zu den Sozen ginge. Bei ihrer bescheidenen Kriegerwitwenrente damals viel Geld.

Doch sie erreichte das Gegenteil: Die Empörung war riesig, mein Bruder wies ihr Ansinnen entrüstet zurück und verbat sich ein für alle Mal solche Korruptionsversuche.

Meine Großmutter aber reagierte nicht etwa gekränkt, sondern – erfreut. Prüfung bestanden, bedeutete das. Der Enkel stand zu seinen sozialdemokratischen Überzeugungen, der Charakter war offenbar in Ordnung.

Und das war das Wichtigste, was wir Kinder von ihr lernten: nicht die guten Manieren, auf die sie so viel Wert legte, nicht die gerade Haltung, die sie nicht müde wurde uns in Erinnerung zu rufen, nicht all die preußischen Sekundärtugenden wie Ordnung, Sauberkeit und Pünktlichkeit. Nein, das waren die Selbstverständlichkeiten. Viel wichtiger schon waren Fürsorglichkeit und Verantwortungsgefühl für Mensch und Tier um einen herum. Das Wichtigste aber war ihre Botschaft, immer und überall den *eigenen* Werten zu folgen. Sich ausdrücklich *nicht* nach gesellschaftlichen Erwartungen zu richten, *nicht* danach zu fragen, ob man dic Gunst dieses oder jenes genieße, *nicht* dem Vorgesetzten gefallen zu wollen. Sondern: danach zu fragen, ob man ein richtiges Leben führt.

Das war die Frage, auf die es ankommt.

Denn nur, wer diese Frage mit ja beantworten kann, ist mit sich im Reinen. Und also frei und stark.

Ein radikaler Anspruch, der einen radikalen Geist verrät. Eine bis an die Grenzen des Hochmuts gehende innere Unabhängigkeit, von der ich zumindest noch weit entfernt bin. Aber man kann nicht früh genug damit anfangen, die Idee des eigenen Lebens in die Köpfe seiner Kinder einzupflanzen.

Jetzt, wo ich dies aufschreibe, mir zum ersten Mal bewusst mache, was unsere Großmutter uns vorgelebt hat, da schickt mir eine Freundin die Montaigne-Biographie von Stefan Zweig. Und ich finde ebendiesen Gedanken als zentrales Motiv wieder. Die innere Freiheit, die niemandem in den Schoß fällt, die man sich mühsam erwerben muss, die hat Montaigne gelebt und artikuliert in vielen seiner berühmten *Essais*. Ein Mensch des 16. Jahrhunderts. Zweig schreibt: «Montaigne hat das schwerste Ding auf Erden versucht: sich selbst zu leben, frei zu sein und immer freier zu werden.» In Montaignes eigenen Worten: «La plus grand chose au monde est savoir être à soi.» Das größte Ereignis in der Welt ist, zu verstehen, man selbst zu sein. Und Zweig fügt hinzu: »Nicht eine äußere Stellung, nicht der Vorzugs des Geblüts, der Begabung macht den Adel des Menschen, sondern der Grad, in dem es ihm gelingt, sich seine Persönlichkeit zu bewahren und sein eigenes Leben zu leben.»

Auch bei diesem Buch danken wir Jens Dehning, der unsere Texte wieder mit großem Engagement kritisch-sympathisierend begleitet und lektoriert hat. Und er hat so moderiert, dass es diesmal zu keinerlei Ehezerwürfnissen des Autorenpaars gekommen ist.

ANMERKUNGEN

STARK FÜR DAS LEBEN

1 «Bildung – die endlose Misere», Süddeutsche Zeitung, 7. 9. 2002, S. 4
2 Hartmut von Hentig, Behaltet bitte die Nerven, Die Zeit, Nr. 37, 8. 9. 1995
3 Hartmut von Hentig, Kolumnen, Radius Verlag, Stuttgart 2000, S. 42
4 von Hentig, a.a.O.

VOM NACKTARSCHIGEN AFFEN UND DEN GENEN

1 Judith Rich Harris, Ist Erziehung sinnlos? Die Ohnmacht der Eltern. Rowohlt, Reinbek 2000
2 Science v. 16. 8. 02, zitiert nach Frankfurter Allgemeine Sonntagszeitung, 18. 08. 2002, S. 48
3 FAZ 14. 01. 2002

EINE UNENDLICHE GESCHICHTE

1 Das Zürnen nach dem Schuss, Der Spiegel, 16/2002
2 So formulierte es Lamprechts Anwalt Rolf Bossi in seiner Strafanzeige wegen Beihilfe zum versuchten Totschlag gegen die Eltern des Reichenhaller Amokschützen lt. Spiegel 16/2002
3 zit. nach Lise Eliot, Was geht da drinnen vor? Die Gehirnentwicklung in den ersten fünf Lebensjahren. Berlin 2001, S. 10
4 Lise Eliot, Was geht da drinnen vor?, a.a.O., S. 9
5 Wolf Singer in seinem Vortrag: «Was kann ein Mensch wann lernen?» in einem Werkstattgespräch der Initiative «McKinsey bildet» in der Deutschen Bibliothek, Frankfurt /Main am 12. Juni 2001, inzwischen auch nachzulesen in: Kilius, Kluge, Reisch (Hrsg.), Die Zukunft der Bildung, edition suhrkamp, Frankfurt (Main) 2002
6 Wolf Singer, a.a.O.

7 Der Spiegel 47/1998
8 a.a.O.
9 a.a.O.
10 Dean Hamer/Peter Copeland: Das unausweichliche Erbe, München 1998

ELTERN – ALLEIN ZU HAUS

1 Wolf Singer, a.a.O.
2 Eliot, a.a.O.
3 Wolf Singer, a.a.O.

SCHICKSALSJAHRE

1 Bild der Wissenschaft, 14.05.2002, http://www.wissenschaft.de/sixcms/detail.php?id=122463
2 http://www.bmfsfj.de/Anlage22518/PISA_Studie.pdf
3 a.a.O.
4 a.a.O.

FUTTER FÜRS GEHIRN

1 Die in diesem Kapitel aufgeführten Fakten und Überlegungen verdanken wir im Wesentlichen dem bereits erwähnten Vortrag von Wolf Singer im Rahmen eines Werkstattgesprächs der Initiative «McKinsey bildet», vgl. Anmerkung 5 im Kapitel «Eine unendliche Geschichte».
2 Vgl. das «Manifest» zur Bildungsdebatte in Kilius/Kluge/Reisch (Hrsg.), Die Zukunft der Bildung, a.a.O., S. 176

«DANN SCHLAFEN WIR EBEN UNTER BRUCKEN»

1 H. v. Hentig. Was ist eine humane Schule? München, Wien: Hanser 1976, S. 120
2 Nachzulesen unter http://www.familienhandbuch.de/cmain/f_Fachbeitrag/a_Erziehungsbereiche/s_713.html

HAUPTAMTLICHE MÜTTER, EGOISTISCHE POWERFRAUEN

1 Siehe Kapitel «Geständnisse eines Hausmanns»

WIE VIEL MUTTER BRAUCHT DAS KIND?

1 Arme Kinder. Frankfurter Allgemeine Zeitung, 31.01.2002, S. 12
2 19.4.2002, S. 1
3 Frankfurter Allgemeine Zeitung, 5.7.2002, S. 2
4 Neue Caritas 14/2002
5 Der Fluch des Ibsenweibs, Süddeutsche Zeitung 16.8.2002
6 Gustav Seibt, Auf Wiedersehen Schönheit. In der demographischen Zeitenwende: Die gealterte Gesellschaft Süddeutsche Zeitung 10.8.2002
7 am 30.10.2002 (http://www.bmfsfj.de/top/liste/Reden/)
8 Der finanziellen Lage der Familien haben wir schon in unserem ersten Buch (Erziehungsnotstand, S. 198 ff.) ein eigenes Kapitel gewidmet, darum wird sie hier nur gestreift. Noch ausführlicher wird die materielle Seite des Familienthemas im Buch von Renate Schmidt behandelt: S.O.S. Familie, Rowohlt Berlin 2002

GESTÄNDNISSE EINES HAUSMANNS

1 Eine gekürzte Fassung dieses Kapitels ist am 7. Dezember 2000 in der Zeit (Leben) erschienen

DIE PROFIS KOMMEN

1 «Wir müssen die Männer zwingen», Interview in Die Zeit 09/2001

FLUCHT AUS DEM SCHWEIGEN

1 Ulla Hahn: «Das verborgene Wort». Deutsche Verlags-Anstalt, München
2 Der Spiegel 34/2001, S. 181
3 Deutsche Sprache – fremde Sprache. Frankfurter Allgemeine Sonntagszeitung, 27. Oktober 2002, S. 6
4 a.a.O.
5 Frankfurter Allgemeine Sonntagszeitung, a.a.O.

LESEN MACHT FREI

1 Ulrich Wechsler, Erst laufen, dann Rad fahren, Süddeutsche Zeitung v. 6.4.2002

2 Artelt, Baumert, Klieme, Neubrand, Prenzel, Schiefele, Schneider, Schümer, Stanat, Tillmann, Weiß (Hrsg.), PISA 2000, Zusammenfassung zentraler Befunde

3 Wechsler, a.a.O.

4 http://www.stiftung-lesen.de/forschung/mainframe_forschung.html, befragt wurden für die Studie der Stiftung Lesen über ihr Leseverhalten 2530 Personen ab 14 Jahren

5 a.a.O.

6 Die folgenden Zitate stammen aus: Jean-Paul Sartre, Die Wörter, Reinbek 1970, S. 28

7 Patrick Illinger, Ausgeklickt, Süddeutsche Zeitung, 30. 10. 2002

«... AUCH WENN ICH NUR EINE GANS BIN»

1 Dieser Text ist die leicht veränderte Fassung eines Beitrags, den die Autorin unter dem Titel «‹... auch wenn ich nur eine Gans bin›, Tony Buddenbrook und ich» für die Anthologie «Verführung zum Lesen» (Hrsg. von Uwe Naumann in Zusammenarbeit mit der Stiftung Lesen), Rowohlt Verlag, Reinbek 2003, geschrieben hat.

DER GENIUS SPRICHT

1 «Deutsch fürs Leben. Was die Schule zu lehren vergaß.» Reinbek 1994.

2 Schneider, a.a.O.

3 Wolf Schneider, Deutsch für Kenner, 1. Aufl., Hamburg 1987, S. 31

4 Schneider, a.a.O.

5 Jürgen Kaube, Projekt 0,08 Prozent, Frankfurter Allgemeine Zeitung, 3. 6. 2002, Seite 43

6 Versuch, einen Lehrplan zu verstehen, 30. 6. 2002, Seite 64

7 zit. nach Susanne Gaschke, Prima für Kevin, Die Zeit 25/2000

WORTE FÜR DEN EMBRYO

1 Lise Eliot, Was geht da drinnen vor?, a.a.O., S. 327 f.

2 Eliot, a.a.O.

3 Eliot, S. 547

4 Eliot, a.a.O.

5 Eliot, a.a.O.

6 Eliot, S. 550 f.

SPORT MACHT SCHLAU

1 Simon Ehlers, Generation Grobmotorik, Süddeutsche Zeitung 2. 7. 2002
2 Ehlers, a.a.O.
3 Ehlers, a.a.O.
4 FAZ, 6. 2. 2002 Seite N2
5 a.a.O.
6 Ehlers, a.a.O.
7 zit. nach Ehlers, a.a.O.
8 Ehlers, a.a.O.
9 Süddeutsche Zeitung, 8. 10. 2002
10 Hurra, die Schule rennt, FAZ. 29. 11. 2002, Seite 38
11 Ehlers, a.a.O.

GEIGEN STATT GAMEBOYS

1 Im Interview mit der Wochenzeitung Die Zeit, 15/2000, außerdem: Hans Günther Bastian: Musikerziehung und ihre Wirkung. Eine Langzeitstudie an Berliner Grundschulen, Mainz: Schott Musik International 2000; eine Zusammenfassung der wichtigsten Ergebnisse ist als Taschenbuch erschienen: Hans Günther Bastian: Kinder optimal fördern – mit Musik, Atlantis – Schott, Mainz 2001
2 a.a.O.
3 FAZ 12. 4. 2000, Seite W10
4 Geo Nr. 03/1999, S. 183
5 FAZ, a.a.O.
6 FAZ, a.a.O.
7 Die Welt, 25. August 2002
8 zit. n. Maren Schacht, Wie Musik Kinder schlau macht, S. 24
9 Der Spiegel 40/2000
10 FAZ 13. 11. 2000, Seite 16
11 FAZ 7. 3. 2001, Seite 54
12 FAZ, a.a.O.
13 Robert Spaemann, «Erziehung zur Wirklichkeit», Scheidewege 1987/88, S. 143

DAS LEBEN IN DIE SCHULE HOLEN

1 «Die Lebensgemeinschaft erzieht zum Leben»/Hartmut von Hentig im Gespräch über Reformpädagogik, Süddeutsche Zeitung 4. 12. 01
2 H. v. Hentig, Süddeutsche Zeitung a.a.O.
3 H. v. Hentig, Süddeutsche Zeitung a.a.O.

«SIEHT FREUNDLICH DRAUF VON FERN»

1 Gerd Lüdemann, Die Auferstehung Jesu. Historie, Erfahrung, Theologie. Stuttgart 1994
2 Vgl. das Kapitel «Flucht aus dem Schweigen»
3 sinngemäß bei Matth. 10, 30 und Luk. 12, 7
4 Auskunft darüber gibt mein Buch «Kirche, wo bist du?», dtv. 2000. Darin werden auch Glaubensfragen in einer Ausführlichkeit diskutiert, wie sie hier nicht möglich ist.

DAS BUCH, OHNE DAS MAN NICHTS VERSTEHT

1 Robert Spaemann, a.a.O., S. 140
2 Faust, Freud, Bach und Bibel, Die Zeit, 14/2002

EINE FLUCHT UND DIE FOLGEN

1 Daniel 14,1–22
2 2. Buch Samuel, Kapitel 11 und 12
3 Apostelgeschichte 4, 32 – 35

ACH, DIE WERTE

1 Alarmzeichen für Attentate, Frankfurter Allgemeine Zeitung, 29. 04. 2002, Seite 3
2 Betrug. Tief gestürzt: Ein deutscher Physiker fälschte systematisch, Frankfurter Allgemeine Zeitung, 27. 09. 2002, S. 33

«MIT VERLAUB, SIE SIND EIN ARSCHLOCH»

1 Robert Gernhardt: «Gedichte 1954–1997». Verlag Zweitausendeins, Frankfurt am Main 2000 (vergriffen). Gernhardt gab diesem Gedicht, die Doktorandenseminarsprache der damaligen Zeit parodierend, den

Titel «Materialien zu einer Kritik der bekanntesten Gedichtform italienischen Ursprungs».

2 Diese herrliche Beschimpfung verdanke ich Carl Wilhelm Macke, der im Bayerischen Rundfunk einen «Nachruf auf das Fluchen und Schimpfen» gesprochen hatte.

VORBILDER

1 Sind Sinnfragen überholt? Der Zerfall des Repräsentativen, Universitas August 2001, Nr. 662, S. 770

2 Hartmut von Hentig, Behaltet bitte die Nerven, Die Zeit Nr. 37, 8. 9. 1995

3 Christian Nürnberger hat sich mit diesem Problem darüber hinaus in zwei Büchern auseinander gesetzt: «Die Machtwirtschaft» und «Kirche, wo bist du?», beide bei dtv erschienen.

4 Hentig, a.a.O., S. 38

NACHWIRKUNGEN EINER GROSSMUTTER

1 siehe Kapitel «Moik, die Egerländer und ich»